高等职业教育“双高”建设新形态教材
铁路高等职业教育校企双元合作开发新形态教材

轨道作业车运用与规章

主　编◎江蓉秋　王洪亮
副主编◎唐　斌　孙国军
主　审◎廖兴强

西南交通大学出版社
·成　都·

内容简介

本教材紧扣《铁路机车车辆驾驶人员资格考试大纲》，主要内容涵盖轨道作业车司机应知应会概述、《轨道车运行控制设备运用维护管理办法》考点解析、《铁路车机联控作业》考点解析、《铁路技术管理规程（普速铁路部分）》考点解析、《铁路技术管理规程（高速铁路部分）》考点解析、《铁路信号显示规范》考点解析、《铁路交通事故调查处理规则》考点解析等七个项目，每个项目包含概述、基础知识挑战答题、考点原文对照与案例解读等模块。既可作为高等职业教育铁道机车运用与维护、铁道车辆技术专业的教材或教辅资料，也可作为中国国家铁路集团有限公司等企业新职人员入职岗前培训、铁路机车车辆驾驶人员资格考试等的复习参考教材。

图书在版编目（CIP）数据

轨道作业车运用与规章 / 江蓉秋，王洪亮主编.
成都：西南交通大学出版社，2025. 4. -- ISBN 978-7-5774-0388-5

Ⅰ. U216.61

中国国家版本馆 CIP 数据核字第 2025M6C570 号

Guidao Zuoyeche Yunyong yu Guizhang

轨道作业车运用与规章

主　编 / 江蓉秋　王洪亮

策划编辑 / 张少华　邱浩伦
责任编辑 / 宋浩田
责任校对 / 左凌涛
封面设计 / 吴　兵

西南交通大学出版社出版发行
（四川省成都市金牛区二环路北一段 111 号西南交通大学创新大厦 21 楼　610031）
营销部电话：028-87600564　　028-87600533
网址：https://www.xnjdcbs.com
印刷：四川玖艺呈现印刷有限公司

成品尺寸　185 mm × 260 mm
印张　13.5　　字数　337 千
版次　2025 年 4 月第 1 版　　印次　2025 年 4 月第 1 次

书号　ISBN 978-7-5774-0388-5
定价　42.00 元

课件咨询电话：028-81435775
图书如有印装质量问题　本社负责退换

前言

伴随着我国轨道交通行业的飞速发展，尤其是高速铁路的持续建设与发展，中国国家铁路集团有限公司（简称“国铁集团”）各铁路局工务、电务、供电等系统急需补充轨道作业车驾驶员和检修工。国铁集团不仅对新职工掌握的岗位技能要求越来越高，而且录用新职工的方式也做了很大调整，自 2021 年开始全面推行“2+1”职前教育模式，与合作院校共同开展新员工入职岗前培训，并统一制订了教学计划、考试题库等。企业入职门槛提高后，职业院校师生想要适应更加激烈的就业竞争，就必须主动对接行业企业的岗位职业技能标准，持续加强专业教学资源库建设，积极变革课堂教学模式，围绕理论学习和实操训练等方面入手，进一步提高人才培养质量。

本教材是按照教育部 2024 年 1 月最新修订的“职业教育专业目录（2021）”中对“高等职业教育专科专业目录——交通运输大类（50）——铁道运输类（5001）——铁道机车运用与维护专业（500105）、铁道车辆技术专业（500106）”的相关要求，结合“铁道机车运用与维护专业、铁道车辆技术专业”人才培养方案，为适应国铁集团等企业培养轨道作业车司机（含轨道车司机、接触网作业车司机）、轨道作业车检修工等岗位的人才需求，组织编写的。

本教材以国家人力资源和社会保障部最新颁布的轨道作业车司机（职业编码为 6-29-02-01）职业标准（2020）为参考，重点依据国铁集团现行《轨道车运行控制设备运用维护管理办法》《铁路车机联控作业》《铁路技术管理规程（普速铁路部分）》《铁路技术管理规程（高速铁路部分）》《铁路信号显示规范》《铁路交通事故调查处理规则》等规章制度，由学校和企业共同组织编写。

本教材主要内容涵盖轨道作业车司机应知应会概述、《轨道车运行控制设备运用维护管理办法》考点解析、《铁路车机联控作业》考点解析、《铁路技术管理规程（普速铁路部分）》考点解析、《铁路技术管理规程（高速铁路部分）》考点解析、《铁路信号显示规范》考点解析、《铁路交通事故调查处理规则》考点解析等七个项目，每个项目包含概述、基础知识挑战答题、考点原文对照与案例解读等模块。

针对轨道作业车司机的岗位技能需求，编者紧扣《铁路机车车辆驾驶人员资格考试大纲》，精心提炼考点，设计挑战答题题库，以考促练，以练促学。同时将大量的典型事故案例以模拟方式引入，与轨道作业车各项运用规章紧密结合，通过考点原文对照与案例解读，强化和巩固学生对各项规章制度的理解与掌握，并举一反三，学以致用。

本教材在强化铁道机车运用与维护专业、铁道车辆技术专业学生的理论学习，巩固实操技能，让其在各大企业的招聘面试中胜出，获得宝贵的就业岗位，同时满足企业日益增长的、对高素质技术技能人才的需求，促进学校和企业之间建立长效的合作机制等方面，有着重要的理论和实践意义。本书可作为高等职业教育铁道机车运用与维护专业、铁道车辆技术专业的教材或教辅资料，供铁道工程技术、铁道信号自动控制、铁道电气化等专业的学生选修，还可作为国铁集团等企业新入职人员的入职岗前培训、铁路机车车辆驾驶人员资格考试等的复习参考教材。

本教材由成都工业职业技术学院江蓉秋、中国铁路成都局集团有限公司王洪亮担任主编；成都工业职业技术学院唐斌、中国铁路成都局集团有限公司孙国军担任副主编；成都工业职业技术学院付兵、程奋元、汪渝，中国铁路成都局集团有限公司江蓉川、邓平、梁邦华参编；中国铁路成都局集团有限公司廖兴强担任主审。在编写过程中，得到中国铁路成都局集团有限公司的大力支持，在此表示衷心感谢。

由于编者水平有限，难免存在疏漏和不当之处，恳请广大读者批评指正。

编　者

2024 年 8 月

目 录

项目 1　轨道作业车司机应知应会概述……1

项目 2　《轨道车运行控制设备运用维护管理办法》考点解析……7

任务 1　基础知识挑战答题……7

任务 2　考点原文对照与案例解读……11

项目 3　《铁路车机联控作业》考点解析……17

任务 1　基础知识挑战答题……17

任务 2　考点原文对照与案例解读……19

项目 4　《铁路技术管理规程（普速铁路部分）》考点解析……28

任务 1　技术装备基础知识……28

模块 1　基础知识挑战答题……29

模块 2　考点原文对照与案例解读……33

任务 2　编组列车一般要求……41

模块 1　基础知识挑战答题……42

模块 2　考点原文对照与案例解读……45

任务 3　调车工作一般要求……48

模块 1　基础知识挑战答题……48

模块 2　考点原文对照与案例解读……52

任务 4　行车闭塞一般要求……57

模块 1　基础知识挑战答题……57

模块 2　考点原文对照与案例解读……61

任务 5　行车组织与列车运行一般要求……64

模块 1　基础知识挑战答题……65

模块 2　考点原文对照与案例解读……70

任务 6　信号显示一般要求 …… 82
模块 1　基础知识挑战答题 …… 82
模块 2　考点原文对照与案例解读 …… 83
任务 7　相关词语释义 …… 84
模块 1　基础知识挑战答题 …… 85
模块 2　考点原文对照与案例解读 …… 86

项目 5　《铁路技术管理规程（高速铁路部分）》考点解析 …… 88
任务 1　基础知识挑战答题 …… 88
任务 2　考点原文对照与案例解读 …… 91

项目 6　《铁路信号显示规范》考点解析 …… 99
任务 1　基础知识挑战答题 …… 99
任务 2　信号显示的基本要求考点原文对照与案例解读 …… 106
任务 3　固定信号考点原文对照与案例解读 …… 108
任务 4　移动信号及手信号考点原文对照与案例解读 …… 124
任务 5　信号表示器及标志考点原文对照与案例解读 …… 142
任务 6　听觉信号考点原文对照与案例解读 …… 159

项目 7　《铁路交通事故调查处理规则》考点解析 …… 162
任务 1　基础知识挑战答题 …… 162
任务 2　考点原文对照与案例解读 …… 166

参考文献 …… 169

附录 …… 171
附录 A　《轨道车运行控制设备运用维护管理办法》挑战答题参考答案及解析 …… 171
附录 B　《铁路车机联控作业》挑战答题参考答案及解析 …… 174
附录 C　《铁路技术管理规程（普速铁路部分）》挑战答题参考答案及解析 …… 175
模块 1　技术装备基础知识参考答案及解析 …… 175
模块 2　编组列车一般要求参考答案及解析 …… 178
模块 3　调车工作一般要求参考答案及解析 …… 179

模块 4　行车闭塞一般要求参考答案及解析 …………………………… 181
模块 5　行车组织与列车运行一般要求参考答案及解析 ……………… 184
模块 6　信号显示一般要求参考答案及解析 …………………………… 187
模块 7　相关词语释义参考答案及解析 ………………………………… 187
附录 D　《铁路技术管理规程（高速铁路部分）》挑战答题参考答案及解析 ····· 188
附录 E　《铁路信号显示规范》挑战答题参考答案及解析 ……………… 190
附录 F　《铁路交通事故调查处理规则》挑战答题参考答案及解析 …… 194
附录 G　配套数字媒体资源 ………………………………………………… 196
附录 H　《技规》中的附表、附件若干 …………………………………… 198

项目 1　轨道作业车司机应知应会概述

项目描述

铁路自轮运转特种设备是在铁路营业线上运行的铁路轨道车、救援起重机及铁路施工、维修专用车辆（包括架桥机、铺轨机、接触网作业车、大型养路机械等）的总称。

轨道作业车是轨道车和接触网作业车的统称，是用于铁路基础设施检测维修、应急抢险等工作的重要装备，是工电自轮运转特种设备的重要组成部分。

最新国家职业资格目录（2021 年版）共颁布专业技术人员职业资格 59 项（其中准入类 33 项，水平评价类 26 项），技能人员职业资格 13 项（其中准入类 10 项，水平评价类 3 项）。“建筑施工特种作业人员——轨道作业车司机”属于准入类技能人员职业资格，由住房和城乡建设主管部门及相关机构按照《中华人民共和国安全生产法》《中华人民共和国特种设备安全法》《特种设备安全监察条例》等文件共同设定并实施准入考核。

2020 年 2 月，人力资源和社会保障部会同国家市场监管总局、国家统计局联合印发《关于发布智能制造工程技术人员等职业信息的通知》（人社厅发〔2020〕17 号），在遴选确定了“智能制造工程技术人员”等 16 个新职业信息的同时，调整变更了“轨道作业车司机”等 11 个相关职业信息。在“6 生产制造及有关人员”大类—“6-29 建筑施工人员”中类—“6-29-02 土木工程建筑施工人员”小类中，“6-29-02-01 铁路自轮运转设备工”职业下增设“轨道作业车司机”工种，同时取消该职业原下设的“轨道车司机”和“接触网作业车司机”2 个工种。调整后，该职业下共有“轨道作业车司机”“自轮运转设备检修工”“大型养路机械司机”“大型桥梁机械操作工”等 4 个工种。

该职业被定义为“驾驶、操作铁路自轮运转设备，进行铁路施工、维修作业及特种设备检修的人员”。其主要工作任务有：驾驶、操作铺轨机，进行吊装、铺轨作业；操作运、架桥机械，运输、架设桥梁；驾驶、操作大型养路机械，维修养护线路；驾驶轨道车，运输工程材料及人员；驾驶、操作接触网作业车，进行接触网施工、维修；判断、处理自轮运转设备机械、电气、液压、气动、安全装置故障，并进行保养；检修自轮运转设备等。

本教材针对《铁路机车车辆驾驶人员资格考试大纲（L3 类—轨道车、接触作业车）》对《铁路技术管理规程（普速铁路部分）》等规章制度的考核要求（具体考点详见项目 2～项目 7），着重梳理轨道作业车司机应知应会的“规章知识”部分的重点和难点。

本项目主要梳理轨道作业车司机应知应会的理论知识和实操技能，厘清规章知识和专业知识的考点架构。在项目 2～项目 7 中，通过设计挑战答题题库，供学习者学习后进行自我检测，检查对相关理论知识和技能考核要点的掌握情况，开展自我评价和小结。

应知应会概述

轨道作业车司机的职业定义为：“驾驶轨道车，运输工程材料及人员，驾驶、操作接触网作业车进行接触网施工、维修等的人员”，职业编码为“6-29-02-01”，要求达到的普通受教育程度为：“大学专科毕业[或本标准发布前，已取得铁路机车车辆驾驶证人员可以为中等专业毕业（或同等学力）]”。由于职业环境条件为“室外移动作业，接触噪声、粉尘、振动”等，故需要具备以下职业能力特征："有较强的反应能力和较好的分析判断能力；形体感和空间感强；心理素质好；动作协调性好；有一定的语言（普通话）和文字表达能力；有一定的计算能力和较强的应急处置能力；身体状况符合铁路机车车辆驾驶人员健康检查规范。"

轨道作业车司机职业技能标准从理论知识和技能要求两个方面入手，对职业道德、基础知识、轨道作业车驾驶、轨道作业车维护保养、故障和应急处理等提出了具体的考核要求。

结合《铁路机车车辆驾驶人员资格考试大纲》，梳理该工种应知应会的理论知识和实操技能如下。

一、铁路机车车辆驾驶人员资格考试简介

我国国家铁路局在《铁路机车车辆驾驶人员资格考试大纲》中明确指出：铁路机车车辆驾驶人员资格考试是依据《铁路安全管理条例》《铁路机车车辆驾驶人员资格许可办法》《铁路机车车辆驾驶人员资格许可实施细则》等法规制度规定，依法设立的全国性职业资格考试，由国家铁路局铁路机车车辆驾驶人员资格考试中心（以下简称"考试中心"）具体组织实施。铁路机车车辆驾驶资格申请人符合条件并经国家铁路局组织考试合格后，由国家铁路局颁发相应类别的铁路机车车辆驾驶证。

铁路机车车辆驾驶人员资格考试旨在提高铁路机车车辆驾驶人员技能素质，规范铁路机车车辆驾驶人员职业行为，加强铁路机车车辆驾驶人员队伍建设，为服务铁路高质量发展提供技能人才支撑。

铁路机车车辆驾驶人员资格考试分为机车系列和自轮运转车辆系列考试，考试具体代码及对应的准驾机车车辆类型如下。

（1）机车系列。

① J5 类——内燃机车。

② J6 类——电力机车。

③ J7 类——动力分散型电力动车组。

④ J8 类——动力集中型内燃动车组。

⑤ J9 类——动力集中型电力动车组。

（2）自轮运转车辆系列。

① L2 类——大型养路机械。

② L3 类——轨道车、接触网作业车。

铁路机车车辆驾驶人员资格考试分为理论考试和实际操作考试（以下简称实作考试）两部分。理论考试包括行车安全规章、专业知识两个科目。每个科目的试卷均采用百分制，其中：行车安全规章科目 90 分及格，专业知识科目 80 分及格。两个科目均及格后理论考试即为合格。自 2024 年下半年起理论考试统一采用计算机考试的方式进行，题型为选择题（单选题、多选题）、判断题，考试时间为 120 分钟。

实作考试包括检查与试验、驾驶两个科目。每个科目考试均采用百分制，每科 80 分及格。两个科目均及格后实作考试即为合格。

实作考试流程：考生在申请的考试机型或模拟驾驶装置上按考试标准逐项独立操作，由实作考评员或模拟驾驶考评系统按标准评定。

理论考试合格者，由考试中心核发相应的理论考试合格证明，该合格证明有效期为两年。

在理论考试合格证明有效期内，申请人最多可参加三次实作考试。理论考试和实作考试均合格者，方可取得相应类别的铁路机车车辆驾驶资格。

二、轨道作业车司机应知应会

以轨道作业车司机职业技能标准、轨道作业车司机技能培训规范等为参考，轨道作业车司机应掌握以下规章制度、专业理论知识及实操技能。

（一）行车安全规章

（1）《中华人民共和国安全生产法》（2021 年 9 月 1 日施行）。

（2）《中华人民共和国铁路法》（2015 年 4 月 24 日修正）。

（3）《中华人民共和国行政许可法》（2004 年 7 月 1 日施行）。

（4）《中华人民共和国刑法》（2020 年 12 月 26 日修正）。

（5）《中华人民共和国噪声污染防治法》（2022 年 6 月 5 日施行）。

（6）《铁路安全管理条例》（国务院令第 639 号）。

（7）《铁路机车车辆驾驶人员资格许可办法》（交通运输部令 2019 年第 43 号）。

（8）《违反〈铁路安全管理条例〉行政处罚实施办法》（交通运输部令 2013 年第 22 号）。

（9）《铁路机车车辆驾驶人员资格许可实施细则》（国铁设备监规〔2020〕15 号）。

（10）《铁路机车车辆驾驶人员资格考试管理办法》（国铁设备监规〔2022〕14 号）。

（11）《铁路信号显示规范》（TB/T 30010—2023）。

① 基本要求。

② 固定信号。

③ 移动信号及手信号。

④ 信号表示器及标志。

⑤ 听觉信号。

（12）《铁路技术管理规程》（普速铁路部分）（铁总科技〔2014〕172 号）。

① 技术设备。

② 行车组织。

③ 信号显示。

④ 词语释义。

（13）《铁路技术管理规程》（高速铁路部分）（铁总科技〔2014〕172 号）。

① 技术设备。

② 行车组织。

（14）《铁路交通事故调查处理规则》（原铁道部令第 30 号）。

（15）《铁路车机联控作业》（TB/T 30003—2020）。

（16）《轨道车运行控制设备运用维护管理办法》（铁工电〔2022〕142 号）。

其中，“铁路信号显示规范、铁路技术管理规程（普、高速）、铁路交通事故调查处理规则、铁路车机联控作业、轨道车运行控制设备运用维护管理办法”等考核比重占 90%，须重点掌握。

“中华人民共和国安全生产法、铁路法、行政许可法、刑法、中华人民共和国噪声污染防治法、铁路安全管理条例、铁路机车车辆驾驶人员资格许可办法、违反《铁路安全管理条例》

行政处罚实施办法、铁路机车车辆驾驶人员资格许可实施细则、铁路机车车辆驾驶人员资格考试管理办法”等考核比重占10%。

（二）专业理论知识

轨道作业车司机应掌握的专业理论知识如表1.1所示。

表1.1　专业理论知识

序	知识模块	主要考核内容	考核比重
1	轨道车概述	1. 轨道车的分类； 2. 轨道车型号的规定； 3. 轨道车车体组成部分； 4. 轨道车主要尺寸、方位； 5. 轨道平车方位	28%
2	动力传动系统	1. 发动机的常用术语； 2. 发动机工作循环； 3. 发动机曲柄连杆机构、配气机构、进排气、燃油供给、润滑、冷却系统的作用、工作方式、保养； 4. 空气滤清器、柴油滤清器的作用； 5. 机油加注及更换的注意事项； 6. 冷却介质的使用注意事项； 7. 发动机常见故障； 8. 传动系统的概念、作用、类型； 9. 机械传动、液力传动系统的组成； 10. 离合器、变速箱、换向箱、车轴齿轮箱、万向传动装置的作用、组成； 11. 离合器、变速箱、换向箱操作注意事项； 12. 离合器常见故障类型； 13. 液力传动的工作特点； 14. 液力偶合器、液力变矩器的组成、作用	28%
3	走行系统	1. 转向架的组成、作用； 2. 转向架和轮对顺序的规定； 3. 轮对技术要求，轴箱的定位方式； 4. 减振装置的位置、类型； 5. 旁承的作用、运用中的规定； 6. 牵引拉杆装置的作用； 7. 轨道车运用中轴箱温度的检查及要求	28%
4	车钩缓冲装置	1. 车钩缓冲装置作用； 2. 车钩的组成、分类； 3. 缓冲器的种类、常用型号； 4. 车钩三态的定义、作用、特点； 5. 车钩摘解、连挂的注意事项及要求	10%

续表

序	知识模块	主要考核内容	考核比重
5	制动系统	1. 制动、缓解、常用制动、紧急制动、制动距离的定义； 2. 避免空转的措施； 3. 空气制动系统的组成、作用、要求； 4. 无火回送的操作要求； 5. 基础制动装置组成、作用、要求； 6. 人力制动机的作用、使用方法； 7. JZ-7 型空气制动机自阀、单阀的作用、作用位置、操纵方法，主要阀件的控制关系，自动、单独制动性能和参数，制动机操纵原则，操纵要求	20%
6	电气控制系统	1. 轨道车电源组成、应用； 2. 蓄电池结构、应用与保养； 3. 直流起动电动机、交流发电机、辅助电气、控制仪表、照明装置的操作及应用	14%
7	行车安全装备	1. 行车安全装备定义、组成； 2. 轨道车运行控制设备（GYK+BTM）基本概念、组成、功能； 3. 轨道车运行控制设备（GYK+BTM）基本原理、监控模式； 4. 车载无线通信设备种类； 5. 机车综合无线通信设备（CIR）组成、功能	
8	运行操纵	1. 机械传动轨道车起步、行驶、停车、换端操作的要点及要求； 2. 液力传动轨道车行驶、停车、换端操作的要点及要求； 3. 出乘前的准备工作； 4. 运行前副司机检查与试验、发动机启动要求； 5. 库内摘解、连挂；出库走行；中间站停车过夜； 6. 入库作业； 7. 收车后检查；“十六字令”内容、意义； 8. 呼唤应答手比姿势	28%
9	检查保养	1. 日常、定期、走合期、换季保养的定义； 2. 轨道车车辆检查，发动机、传动系统、走行系统、车钩缓冲装置、空气制动系统、基础制动装置的日常检查保养； 3. 车钩缓冲装置的定期检查项目及要求	
10	救援起复	1. 常见救援起复的方法、定义； 2. 起复索具的作用	

（三）技能培训考核要求

轨道作业车司机实作技能考试的主要车型为 GC-220 型轨道车或 JW-4 型接触网作业车，技能培训考核要求详见表 1.2。

表 1.2　技能培训考核要求

序	技能模块	主要考核内容	考核要求	用时标准	失格项目
1	检查与试验	1. 车辆检查。按照《铁路自轮运转车辆驾驶人员资格实作考试技术规范》中检查线路示意图要求的顺序进行车辆运行前检查。 2. JZ-7 型制动机五步闸性能试验。 3. 故障判断与排除。在车辆全面检查过程和制动机试验过程中，查找车辆预设的 5 个故障（其中走行系统故障 1 个，动力传动系统故障 1 个，电气故障 2 个，制动故障 1 个），并判断出故障原因，给出故障排除方法	严格遵守轨道车或接触网作业车运行前的检查作业程序进行检查、制动机试验等操作。发现假设故障，准确提报	车辆检查与试验考试时间 35 分钟，超时 5 分钟内进行相应扣分，超过 5 分钟停止考试	1. 电气、制动系统故障未完全发现或不能正确排除； 2. 操作不当导致人身伤害、设备损坏； 3. 严重违反安全作业规程
2	驾驶	每个考生独立驾驶轨道车，考试内容包括：发车前的准备工作、调度命令的执行、行车安全装备的使用、车机联控、信号识别、呼唤应答、车辆操纵（包括起步、加减速度控制、对标停车操作等）、信号旗的使用、车辆连挂与摘解、停车后的防护	按调度命令行车。列车起、停及运行平稳。严格执行车机联控标准与呼唤应答制度。严格按照信号显示要求行车。遵守各项允许及限制速度。彻底瞭望，确认信号。按规定鸣笛。停车对标位置准确。防止列车冲动和响钩		1. 车辆超速触发自停动作的； 2. 制动不当引起车轮擦伤的； 3. 未确认连挂信号连挂车辆的； 4. 不会使用行车安全装备的； 5. 违反行车安全相关规定（未撤除防溜设施开车、溜车或乘务作业结束未采取防溜措施，未取得行车凭证、发车信号或确认错误开车，行车方向错误，进站信号识别错误进站，道岔开通确认错误或未确认道岔开通情况通过道岔，换端操作未保压制动，摘车程序错误等）； 6. 发生责任行车、劳动安全事故

项目 2 《轨道车运行控制设备运用维护管理办法》考点解析

项目描述

轨道作业车是轨道车和接触网作业车的统称，是用于铁路基础设施检测维修、应急抢险等工作的重要装备，是工电自轮运转特种设备的重要组成部分。

轨道车包括重型轨道车（含隧道检修车）、起重轨道车、发电轨道车、轨道平车、起重轨道平车、收轨平车及轻型轨道车等。

接触网作业车包括接触网检修作业车（含接触网多功能检修作业车、接触网检修车列、接触网多平台作业车、接触网高空作业车等）、接触网检测车、接触网放线车、接触网专用平车、接触网立杆作业车、绝缘子水冲洗车等。

轨道车运行控制设备（以下简称 GYK 设备）是中国列车运行控制系统的组成部分，是防止轨道车冒进信号、运行超速并辅助司机提高操纵能力的重要行车设备。在国家铁路营业线上运行的轨道车、接触网作业车、大型养路机械等具有自运行能力的自轮运转特种设备均须安装 GYK 设备。

中国国家铁路集团有限公司为规范 GYK 设备管理，保障铁路行车安全，根据《铁路技术管理规程》，特制定了“轨道车运行控制设备运用维护管理办法”。该办法所指 GYK 设备包括 GYK 型、GYK-160 型，适用于 GYK 设备采购、安装、控制模式设定、数据文件编制、运行揭示数据文件编制、模拟检验、运行试验、数据文件更换、检修及使用的管理，规定了相关工作必须遵循的基本原则、主要工作方法和作业要求等。

本项目在重点解读“铁路机车车辆驾驶人员资格考试大纲”相关考点的同时，尝试通过挑战答题的方式，以练促学，引导学习者理解并掌握《轨道车运行控制设备运用维护管理办法》的基础知识，包括总则、组织管理机构及职责、技术管理、数据管理、运用管理、检修管理和附则等。

任务列表

任务 1　基础知识挑战答题

任务 2　考点原文对照与案例解读

任务 1　基础知识挑战答题

【任务描述】

《轨道车运行控制设备运用维护管理办法》基础知识挑战答题包含单选题（共 4 题）、多选题（共 10 题）、填空题（共 12 题）、判断题（共 13 题）等四种题型，共 39 题，其分值、测试时长、及格标准等均可自行设置，也可以根据需要选择题目进行组合。学习者可自制答题卡答题或扫描附录 G 中的对应二维码进行在线测试，请自觉控制好答题时间。答题后，可对照附录中的参考答案及解析开展自我评价和小结，提出自我改进措施。

【挑战答题】

一、单选题（共 4 题）

1.（　　）是防止轨道车冒进信号、运行超速并辅助司机提高操纵能力的重要行车设备。

A. LKJ 设备　　B. 轨旁红外线探测设备

C. ATP 车载设备　　D. GYK 设备

2.（　　）是 GYK 基本数据、GYK 基础数据的依据。

A. 机车周转图　　B. 列车编组计划

C. 列车运行图技术资料　　D. 调车作业通知单

3. 轨道车跨局到达运用局运用前，轨道车运用单位须提前向当地（　　）提出 GYK 设备数据文件更换申请，由该段负责更换本局数据文件。

A. 机务段　　B. 工务段　　C. 电务段　　D. 车务段

4. GYK 设备运行揭示数据文件须打印保存，与相关记录一并按日存档，保存期不少（　　）。

A. 1 个月　　B. 3 个月　　C. 6 个月　　D. 12 个月

二、多选题（共 10 题）

1. 在国家铁路营业线上运行的（　　）均须安装 GYK 设备。

A. 轨道车　　B. 接触网作业车

C. 大型养路机械　　D. 动车组

E. 内燃机车

2. GYK 设备主要包括（　　）。

A. 主机　　B. 人机界面单元 DMI

C. 机车信号机　　D. 机车信号接收线圈及应答器信息接收装置

E. 速度传感器和外部接口

3. GYK 相关设备主要包括（　　）。

A. 主机　　B. 人机界面单元 DMI

C. 公用数据箱　　D. GMS 车载设备

E. 车载 UPS 电源

4. GYK 基础数据包括基础线路数据和基础运行组织数据。主要有（　　）。

A. 信号机数据　　B. 侧线股道信息

C. 车站名　　D. 区段限速

E. 曲线、桥梁、道口、隧道、坡道等

5. GYK 设备司机操作使用手册遇（　　）等引起 GYK 设备操作发生变化时，应及时修订或重新发布。

A. 数据变更　　B. 控制模式调整

C. 升级改造　　D. 操作规定改变

E. 轨道作业车司机换班

6. 轨道车每次上线运行前，轨道作业车司机须（　　）等情况。

A. 包乘制确认“GYK 设备合格证”有效　　B. 核对 GYK 数据版本信息

C. 检查确认 GYK 设备安装状态良好　　D. 对 GYK 设备进行自检、制动试验

E. 做好检查记录

7. 遇(　　)等非正常行车办法时，轨道车司机须在确认行车凭证正确后，方可进行 GYK 设备“解锁”相关的确认操作。

A. 使用绿色许可证　　B. 上、下行列车停车会让

C. 停基改电　　D. 使用容许信号

E. 使用引导信号

8. 轨道作业车司机发现 GYK 设备故障时，应及时将（　　）上报并进行记录，由运用单位填写“GYK 设备故障处理通知单”，书面通知对口电务段。

A. 故障现象　　B. 发生时间

C. 发生地点　　D. 故障轨道车型号与车号

E. 联系人信息

9. 轨道车运用单位须配合电务段人员进行检修作业，主要负责(　　)等操作及安全监护。

A. 轨道车启动　　B. 动车　　C. 制动

D. 工况转换　　E. 防溜

10. 轨道车在(　　)情况下发生轮径值变化时，运用单位应向电务段书面提供轮径值，电务段负责设置。

A. 新造　　B. 转配属　　C. 年修

D. 大修　　E. 日常镟轮

三、填空题（共 12 题）

1. 运用单位在收到 GYK 设备数据文件及修改说明后，结合操作手册组织（　　）等有关人员学习，并按更换电报的要求根据轨道车运用需要及时提报（　　）计划，并配合完成更换工作。

2. 轨道作业车司机须按规定正确输入 GYK 设备(　　)、选用(　　)模式、调用(　　)文件，在运行和作业时严格按（　　）操作。

3. 轨道车担当补机任务时，应将 GYK 设备转为（　　）状态，担当本务时须立即转为（　　）状态。

4. 轨道车运行时，GYK 设备须按规定全程（　　），严禁擅自（　　）或（　　）运行。

5. 轨道车运行途中，遇 GYK 设备发生故障时，轨道作业车司机应立即使用（　　）设备报告车站值班员或列车调度员，并根据实际情况掌握（　　）运行，操纵轨道车以规定的速度运行至前方站（　　）处理；在自动闭塞区间，轨道车运行速度不超过（　　）km/h。

6. 轨道车运行途中，遇 GYK 设备运行揭示数据与地面移动减速信号牌、列车无线调度通信设备通知的限速值、限速地点等不一致时，轨道作业车司机须按（　　）限速值和

（　　）限速距离控制轨道车运行，并立即报告（　　），做好记录，运行作业完毕后按规定报告。

7. 轨道车运行途中，遇须取消 GYK 设备运行揭示数据文件控制时，轨道作业车司机以列车调度员发布的（　　）为依据，解除相应 GYK 设备运行揭示数据文件的控制，并作好记录。

8. 轨道车运用单位根据（　　）编制 GYK 设备运行揭示数据文件，做到“编、核分离”，并进行模拟运行验证。

9. 遇运行途中接收到临时限速的调度命令时，轨道作业车司机根据调度命令（　　）输入运行揭示并（　　），同时做好（　　）。

10. GYK 设备产生的运行记录数据是轨道车运行安全分析的重要依据，各业务部门可根据业务需求（　　），任何单位和人员均不得（　　）。

11. 定期检修是根据 GYK 设备（　　）和范围所开展的设备维修工作；定期检修需在具备车载设备（　　）条件的地点进行，由电务检修人员和轨道车（　　）单位共同完成。

12. 电务段和运用单位共同按计划对 GYK 设备进行检修，检修合格后电务段发放“GYK 设备合格证”，并由双方（　　），电务段收回旧合格证。“GYK 设备合格证”有效期为（　　）。

四、判断题（共 13 题）

1. 轨道作业车司机使用 GYK 设备前须经过基本原理和操作方法的培训并于考试合格后方可担当轨道车值乘任务。（　　）

2. GYK 设备的功能、结构、控制软件等可以随意进行扩充、删减或变更。（　　）

3. 轨道作业车司机应熟悉 LKJ 设备的基本结构、基本功能和控制模式，按照铁路局集团公司发布的 LKJ 司机操作使用手册规范操作。（　　）

4. GYK 设备合格证过期、状态不良，严禁上线运行。（　　）

5. 轨道车跨局运用时，司机可按本局线路选用 GYK 设备数据文件。（　　）

6. 轨道车在自动闭塞区间运行途中，遇 GYK 设备发生故障时，运行速度不得超过 45 km/h。（　　）

7. 轨道车运行途中，遇 GYK 设备运行揭示数据与地面移动减速信号牌、列车无线调度通信设备通知的限速值、限速地点等不一致时，轨道作业车司机须按最高限速值和最短限速距离控制轨道车运行。（　　）

8. 轨道车运用单位须严格 GYK 设备“解锁”相关的确认操作管理，发现轨道作业车司机违章操作时，应按有关规定严肃处理。（　　）

9. 轨道车运行作业前，轨道作业车司机将 GYK 设备运行揭示数据文件载入 GYK 设备后，即可上线运行。（　　）

10. 轨道车由带道司机带道在跨管界区段运行时，带道司机须携带相关的运行揭示、GYK 设备运行揭示数据文件等资料，轨道作业车司机载入 GYK 设备并做好记录。（　　）

11. 轨道车运用单位对 GYK 设备运行记录数据的保存时间不少于 1 年。发生事故的 GYK 设备运行记录数据，保存时间不得少于 6 个月。（　　）

12. 轨道车运用单位和机务段共同编制 GYK 设备检修计划，并共同按计划进行检修作业。（　　）

13. 轨道车新配属到段或经委外修理后返段及长期备用解备后，运用单位负责在轨道车投入运用 48 小时前通知对口电务段，电务段负责将 GYK 设备调整到运用状态。（　　）

任务 2　考点原文对照与案例解读

【任务描述】

按照“铁路机车车辆驾驶人员资格考试大纲（L3 类—轨道车、接触网作业车）”中理论考试对《轨道车运行控制设备运用维护管理办法》的要求，主要包含第 2 条、第 3 条、第 5 条、第 9 条、第 20 条、第 29 条、第 35 条、第 37 条、第 40 条、第 45 至 56 条、第 58 条、第 61 至 64 条、第 66 条、第 69 条、第 70 条、第 71 条、第 74 条、第 83 条等，共 32 个考点，其原文对照如下。

【考点原文对照与案例解读】

一、总　则

【考点 2-1】GYK 设备的安装要求

第 2 条　在国家铁路营业线上运行的轨道车、接触网作业车、大型养路机械等具有自运行能力的自轮运转特种设备（以下简称轨道车）须安装 GYK 设备。

【考点 2-2】GYK 设备的作用

第 3 条　GYK 设备是中国列车运行控制系统的组成部分，是防止轨道车冒进信号、运行超速并辅助司机提高操纵能力的重要行车设备。

【考点 2-3】GYK 设备的组成

第 5 条　GYK 设备包括主机、人机界面单元（DMI）、机车信号接收线圈、应答器信息接收装置（根据需求）、机车信号机、速度传感器和外部接口（包括压力传感器、电磁阀、制动隔离装置、信息输入输出接口设备等）。

GYK 相关设备包括装设于轨道车上的公用数据箱、GYK 设备远程维护监测系统（GMS）车载设备、车载 UPS 电源等。

GYK 设备和 GYK 相关设备的性能要求应符合相关技术文件规定。GYK 设备和 GYK 相关设备应配套安装使用。

【考点 2-4】轨道车司机须培训考核后使用 GYK 设备

第 9 条　轨道车司机使用 GYK 设备前须经过基本原理和操作方法的培训并考试合格后方可担当轨道车值乘任务。

二、技术管理

【考点 2-5】GYK 设备软硬件变更要求

第 20 条 GYK 设备功能、结构、控制软件须符合国铁集团发布的技术条件。GYK 设备的软、硬件变更应符合国铁集团相关规定，未经批准，任何单位和个人不得进行扩充、删减或变更。

三、数据管理

【考点 2-6】GYK 数据文件

第 29 条 GYK 数据文件分为 GYK 基本数据和 GYK 基础数据，分别适用 GYK 型和 GYK-160 型设备。

GYK 基本数据的依据是铁路局集团公司发布的《列车运行图技术资料》，主要包括线路固定限速、线路里程断链、长大下坡道、进站信号机、车站名等。

GYK 基础数据是指能纳入铁路局集团公司《列车运行图技术资料》中的线路、信号、站场等设备以及行车组织方面的固定数据，包括基础线路数据和基础运行组织数据。GYK 基础数据主要包括信号机数据、侧线股道信息、车站名、区段限速、曲线、桥梁、道口、隧道、坡道等。

【考点 2-7】GYK 设备数据修改与确认

第 35 条 运用单位在收到 GYK 设备数据文件及修改说明后，结合操作手册组织轨道车司机等有关人员学习，并按更换电报的要求根据轨道车运用需要及时提报更换计划，并配合完成更换工作。

【考点 2-8】跨局更换 GYK 数据文件的要求

第 37 条 轨道车跨局到达运用局运用前，轨道车运用单位须提前向当地电务段提出 GYK 设备数据文件更换申请，由当地电务段负责更换本局数据文件；在外局运用期间由运用单位与当地电务段签订维护协议。

四、运用管理

【考点 2-9】GYK 设备司机操作使用手册

第 40 条 轨道车运用管理部门应组织编写、发布 GYK 设备司机操作使用手册，遇 GYK 设备数据变更、控制模式调整、升级改造、操作规定改变等引起 GYK 设备操作发生变化时，应及时修订或重新发布轨道车司机 GYK 设备操作使用手册。司机操作使用手册应随车配备。

【考点 2-10】轨道车司机应知应会

第 45 条 轨道车司机应熟悉 GYK 设备的基本结构、基本功能和控制模式，按照铁路局集团公司发布的轨道车 GYK 设备司机操作使用手册规范操作。

【考点 2-11】确认 GYK 设备合格证与状态

第 46 条 轨道车每次上线运行前，轨道车司机须确认“GYK 设备合格证”（如表 2.1 所示）有效，核对 GYK 数据版本信息；检查确认 GYK 设备安装状态良好；对 GYK 设备进行自检、制动试验；并做好检查记录。GYK 设备合格证过期、状态不良时，严禁上线运行。

铁路局集团公司应制定运用单位 GYK 设备日常保养范围。

表 2.1　GYK 设备合格证

GYK 设备合格证

***＿＿＿＿＿＿＿电务段　　　　　　　　　　　　　　　　　　　　编号:

运用单位		车型		车号		作业地点	
设备状态							
检修日期							
电务作业人员							
运用单位确认							
备注							

注：1. 本合格证一式两份，由电务段存档，保存 12 个月。
2.“设备状态”栏中各项目按标准检修合格后填记“合格”。
3. 本合格证有效期 6 个月。
4. 合格证尺寸为：10 cm × 15 cm。

【考点 2-12】输入参数

第 47 条　轨道车司机须按规定正确输入 GYK 设备参数、选用控制模式、调用数据文件，在运行和作业时严格按规定操作。

【考点 2-13】轨道车跨局运用

第 48 条　轨道车跨局运用时，司机须按运用线路正确选用 GYK 设备数据文件。

【考点 2-14】轨道车担当补机时

第 49 条　轨道车担当补机任务时，应将 GYK 设备转为补机状态，担当本务时须立即转为本务状态。

【考点 2-15】GYK 设备全程运转规定

第 50 条　轨道车运行时，GYK 设备须按规定全程运转，严禁擅自关机或隔离运行。

【考点 2-16】运行途中遇 GYK 设备发生故障时

第 51 条　轨道车运行途中，遇 GYK 设备发生故障时，轨道车司机应立即使用列车无线调度通信设备报告车站值班员或列车调度员，并根据实际情况掌握速度运行，操纵轨道车以规定的速度运行至前方站停车处理；在自动闭塞区间，轨道车运行速度不超过 20 km/h。

【考点 2-17】非正常行车时先确认再解锁

第 52 条　遇停用基本闭塞法改用电话闭塞、使用绿色许可证、使用引导信号等非正常行车办法时，轨道车司机须在确认行车凭证正确后，方可进行 GYK 设备“解锁”相关的确认操作。

【考点 2-18】运行途中遇 GYK 设备运行揭示数据与地面数据不一致时

第 53 条　轨道车运行途中，遇 GYK 设备运行揭示数据与地面移动减速信号牌、列车无线调度通信设备通知的限速值、限速地点等不一致时，轨道车司机须按最低限速值和最长限速距离控制轨道车运行，并立即报告车站值班员或列车调度员，做好记录，运行作业完毕后按规定报告。

【考点 2-19】运行途中遇须取消 GYK 设备运行揭示数据文件控制时

第 54 条　轨道车运行途中，遇须取消 GYK 设备运行揭示数据文件控制时，轨道车司机以列车调度员发布的行车调度命令为依据，解除相应 GYK 设备运行揭示数据文件的控制，并作好记录。

【考点 2-20】须严格管理 GYK 设备“解锁”确认

第 55 条 轨道车运用单位须严格 GYK 设备“解锁”相关的确认操作管理，加强现场检查指导和 GYK 设备运行记录数据分析，对 GYK 设备“解锁”相关的确认操作进行重点分析，发现轨道车司机违章操作时，应按有关规定严肃处理。

【考点 2-21】GYK 设备运行揭示数据文件的编制

第 56 条 轨道车运用单位根据运行揭示调度命令编制 GYK 设备运行揭示数据文件，编制完成的 GYK 设备运行揭示数据文件须对照运行揭示调度命令原件进行核对，做到“编、核分离”，并使用模拟运行测试设备对 GYK 设备运行揭示数据文件进行模拟运行验证，模拟运行验证通过后由专人负责审核、发布。

【考点 2-22】GYK 设备运行揭示数据文件的载入与核对

第 58 条 轨道车运行作业前，轨道车司机须将 GYK 设备运行揭示数据文件载入 GYK 设备，并对载入的 GYK 运行揭示数据文件逐条核对，核对无误后方可上线运行。

【考点 2-23】GYK 设备运行揭示数据文件的保存

第 61 条 GYK 设备运行揭示数据文件须打印保存，与相关记录一并按日存档，保存期不少于 3 个月。

【考点 2-24】遇运行途中接收到临时限速的调度命令时

第 62 条 遇运行途中接收到临时限速的调度命令时，轨道车司机根据调度命令人工输入运行揭示并核对，同时做好记录。

【考点 2-25】由带道司机带道在跨管界区段运行时

第 63 条 轨道车由带道司机带道在跨管界区段运行时，带道司机须携带相关的运行揭示、GYK 设备运行揭示数据文件等资料，轨道车司机载入 GYK 设备并做好记录。

【考点 2-26】GYK 设备产生的运行记录数据不得毁损

第 64 条 GYK 设备产生的运行记录数据是轨道车运行安全分析的重要依据，各业务部门根据业务需求取用，任何单位和人员均不得毁损。

【考点 2-27】GYK 设备运行记录数据保存时间

第 66 条 轨道车运用单位对 GYK 设备运行记录数据保存时间不少于 6 个月。发生事故的 GYK 设备运行记录数据，保存时间不得少于 1 年。

五、检修管理

【考点 2-28】定期检修相关规定

第 69 条 定期检修是根据 GYK 设备修程周期和范围所开展的设备维修工作；定期检修需在具备车载设备检修条件的地点进行，由电务检修人员和轨道车运用单位共同完成。具体流程如下：

（1）电务段会同运用单位共同编制 GYK 设备检修计划，按计划将轨道车停放在规定地点。

（2）按照 GYK 设备维护管理分工，电务段和运用单位共同按计划对 GYK 设备进行检修，检修合格后电务段发放“GYK 设备合格证”，并由双方签认，电务段收回旧合格证。“GYK 设备合格证”有效期为 6 个月。

【考点 2-29】故障报修相关规定

第 70 条 故障报修。故障报修及处理流程如下：

（1）轨道车司机发现 GYK 设备故障时，应及时将故障现象、发生时间和地点上报并进行记录，由运用单位填写“GYK 设备故障处理通知单”（如表 2.2 所示），书面通知对口电务段。

（2）电务段接到 GYK 设备故障通知后，及时安排人员进行检修，运用单位应积极配合。

（3）设备故障修复后，电务段人员填写“GYK 设备故障处理记录”（如表 2.3 所示），运用单位和电务段共同签字确认，设备恢复正常使用。

【考点 2-30】运用单位检修职责

第 71 条 运用单位须配合电务段人员进行检修作业，负责轨道车启动、动车、制动、工况转换、防溜等操纵及安全监护。

表 2.2 GYK 设备故障处理通知单

GYK 设备故障处理通知单

<table>
<tr><td colspan="2">***______电务段：</td></tr>
<tr><td colspan="2">我单位×××××型×××××号轨道车（大型养路机械）于××××年××月××日××时××分在×××××线×××××处发生 GYK 设备故障，请组织处理。</td></tr>
<tr><td colspan="2">故障现象：</td></tr>
<tr><td>联系人及电话：</td><td></td></tr>
<tr><td>交付人（签字）：</td><td>交付单位（盖章）：
年 月 日</td></tr>
<tr><td>接收人（签字）：</td><td>接收单位（盖章）：
年 月 日</td></tr>
<tr><td colspan="2">注：本通知单以传真形式（A4 纸）传递，接收单位签认后回传，各自存档，保存期 1 年。</td></tr>
</table>

表 2.3 GYK 设备故障处理记录

GYK 设备故障处理记录

<table>
<tr><td>运用单位</td><td></td><td>车型</td><td></td><td>车号</td><td></td></tr>
<tr><td>报修人</td><td></td><td>报修时间</td><td></td><td>处理地点</td><td></td></tr>
<tr><td>处理段</td><td></td><td>处理人员</td><td></td><td>到达现场时间</td><td></td></tr>
<tr><td>GYK 设备故障现象</td><td colspan="5"></td></tr>
<tr><td>GYK 设备故障处理情况及结果</td><td colspan="5">电务段（签字）：
运用单位（签字）：</td></tr>
</table>

注：本记录在处理 GYK 设备故障时填写，保存期 1 年。

【考点 2-31】轨道车到段后 GYK 的状态调整

第 74 条 轨道车新配属到段或经委外修理后返段，及长期备用解备后，运用单位负责在轨道车投入运用 72 h 前通知对口电务段，电务段负责将 GYK 设备调整到运用状态。

【考点 2-32】轨道车发生轮径值变化时

第 83 条 轨道车新造、转配属、年修、大修或日常因镟轮等发生轮径值变化时，运用单位应向电务段书面提供轮径值，电务段负责设置。

注：考点原文对照与案例解读可通过扫描附录 G 中的对应二维码获取，供学习者随时对照、研读。

项目 3　《铁路车机联控作业》考点解析

项目描述

铁路车机联控作业是指铁路车务、机务等行车有关人员使用列车无线调度通信设备，按规定联络，提示行车安全信息、确认行车要求的互控方式。在车机联控作业中首先进行呼叫的一方是呼叫人，被呼叫后进行应答的一方是被呼叫人，被呼叫或回应（应答）后进行重复应答的一方是复诵人。

《铁路车机联控作业》（TB/T 30003—2020）是国家铁路局颁布的铁道行业标准，规定了铁路车机联控的设备、作业人员、作业程序及用语，适用于国家铁路、地方铁路、专用铁路及铁路专用线的车机联控作业。因劳动组织和作业方法不同，由车站值班员执行的联控用语可按岗位职责规定由有关岗位人员执行。未纳入本标准的作业联系用语，企业可补充规定。调度集中区段，执行车机联控的具体要求由企业规定。

本项目在重点解读“铁路机车车辆驾驶人员资格考试大纲”相关考点的同时，尝试通过挑战答题的方式，以练促学，引导学习者理解并掌握《铁路车机联控作业》的基础知识，包括范围、规范性引用文件、术语和定义、设备、作业人员、要求等，涵盖了轨道作业车司机作业标准的全过程。

任务列表

任务 1　基础知识挑战答题

任务 2　考点原文对照与案例解读

任务 1　基础知识挑战答题

【任务描述】

《铁路车机联控作业》基础知识挑战答题包含单选题（共 3 题）、多选题（共 6 题）、填空题（共 8 题）、判断题（共 4 题）等四种题型，共 21 题，其分值、测试时长、及格标准等均可自行设置，也可以根据需要选择题目组合。学习者可自制答题卡答题或扫描附录 G 中的对应二维码，进行在线测试，请自觉控制好答题时间。答题后，可对照附录中的参考答案及解析开展自我评价和小结，提出自我改进措施。

【挑战答题】

一、单选题（共 3 题）

1. 机车乘务员或轨道作业车司机应根据车机联控时(　　)指明的站内停车或通过股道，输入股道号，并按压[确认]键。

A. 车辆乘务员
B. 列车调度员
C. 车站值班员
D. 机车调度员

2. 车机联控用语中，（　　）的车次读法是正确的。

A. T8 次读作“客车特 8 次”
B. G5001 次读作“客车临 5001 次”
C. C2002 次读作“客车内 2002 次”
D. D3015 次读作“客车游 3015 次”

3.（　　）制度是车务、机务等行车有关人员使用列车无线调度通信设备，按规定联络，提示行车安全信息、确认行车要求的互控方式。

A. 确认呼唤（应答）
B. 旱地行车
C. 一次乘务作业标准
D. 车机联控

二、多选题（共 6 题）

1. 机车乘务员在（　　）情况下，应执行车机联控制度。

A. 在始发站发车时
B. 在中间站停车后再开时
C. 在通过限速地段时
D. 在发现有危及行车安全的情况时
E. 在接近前方车站时

2. 执行车机联控须使用的设备主要有（　　）。

A. 车站电台
B. 机车电台
C. 便携电台
D. 通信记录装置
E. 6A 系统

3. 以下动车组或旅客列车种类的读法中正确的有（　　）。

A.“G”读作“高”
B.“C”读作“游”
C.“D”读作“动”
D.“Z”读作“直”
E.“T”读作“特”

4. 以下数字的读法，正确的有（　　）。

A.“0”读作“d ò ng（洞）”
B.“1”读作“y ā o（幺）”
C.“2”读作“li ǎ ng（两）”
D.“7”读作“gu ǎ i（拐）”
E.“6”读作“陆”

5.（　　）情况下，均应由车站值班员首先发起呼唤，列车司机应答。

A. 列车临时机外停车
B. 发车进路一次排通时发车
C. 车站引导接车
D. 列车经过限速地段
E. 列车被迫停车

6.（　　）情况下，车站值班员等相关行车指挥人员应首先呼叫相关列车司机。

A. 列车通过晃车地段
B. 线路发生险情
C. 道口发生险情
D. 列车经过限速地段
E. 列车被迫停车后妨碍邻线

三、填空题（共 8 题）

1. 车机联控是指车务、机务等（　　）有关人员使用（　　）设备，按规定联络，提示行车安全信息、确认行车要求的（　　）方式。

2. 车机联控必须“(　　)呼唤应答”，联控作业程序应(　　)，用语要准确、清晰，并全程使用(　　)话。

3. 车机联控实施两种制度，即(　　)行车和(　　)行车。

4. 为预防路外伤亡事故，列车运行中司机应认真执行(　　)瞭望和(　　)制度，且机车乘务人员不同时点烟、喝水等。

5. 列车起动前，必须二人及以上确认(　　)和发车信号显示正确，准确(　　)应答，执行车机(　　)，先(　　)再起动列车。

6. 列车运行中，各有关工作人员应按规定执行(　　)联控。

7. 正常接车时，应由(　　)首先发起呼叫“××(站)××(次)接近”，再由(　　)进行指路行车：“××(次)××(站)×(道)通过”。

8. 通过列车变更为停车时，在列车接近前，应由车站值班员首先发起呼叫“(　　)”再由列车司机确认“××(次)××(站)×(道)停车，司机明白”。

四、判断题(共4题)

1. 列车在运行中，机车司机使用列车无线调度电话与车站联系执行车机联控，不得使用列车无线调度电话进行与行车无关的通话，同时应遵守保密的有关规定。(　　)

2. 车机联控的主要目的是在机车乘务员、车站值班员等行车人员之间及时交流信息，确认行车有关内容和要求，保证列车运行安全。(　　)

3. 穿越正线调车作业时必须执行车机联控制度。(　　)

4. 列车在区间被迫停车时，列车司机应立即报告车站值班员：“××(站)××(次)被迫停车”。(　　)

任务2　考点原文对照与案例解读

【任务描述】

按照“铁路机车车辆驾驶人员资格考试大纲(L3类—轨道车、接触网作业车)”中理论考试对《铁路车机联控作业》的要求，包含其全部内容，共6大版块8个考点，其原文对照如下。

【考点原文对照与案例解读】

【考点3-1】范围

1　范围

本标准规定了铁路车机联控的设备、作业人员、作业程序及用语。

本标准适用于国家铁路、地方铁路、专用铁路及铁路专用线的车机联控作业。

【考点3-2】规范性引用文件

2　规范性引用文件

本文件没有规范性引用文件。

【考点 3-3】术语和定义

3　术语和定义

下列术语和定义适用于本文件。

3.1　　车机联控

车务、机务等行车有关人员使用列车无线调度通信设备，按规定联络，提示行车安全信息、确认行车要求的互控方式。

3.2　　呼叫人

在车机联控作业中首先进行呼叫的一方。

3.3　　被呼叫人

在车机联控作业中被呼叫后进行应答的一方

3.4　　复诵人

在车机联控作业中被呼叫或回应（应答）后进行重复应答的一方。

【考点 3-4】设备

4　设备

4.1　车机联控使用的设备包括：纳入列车无线调度通信系统的调度所列车调度通信设备、车站列车调度通信设备、车载无线通信设备（机车、动车组、自轮运转特种设备）、无线对讲设备，GSM-R 手持终端、语音记录装置等。

4.2　上线运行的机车、动车组、自轮运转特种设备等应装设车载无线通信设备。机车（动车组、自轮运转特种设备）司机，车辆乘务员及参与车机联控的有关人员应配备列车无线调度通信（便携）设备。

【考点 3-5】作业人员

5　作业人员

5.1　参与车机联控的人员应经过培训，能够正确使用列车无线调度通信设备，掌握车机联控的作业标准，严格按照标准作业。

5.2　执行车机联控时，应使用普通话，做到用语准确、吐字清晰。

【考点 3-6】要求

6.1　基本要求

6.1.1　执行车机联控时遇数字“0”“1”“2”“7”可读“dòng（洞）”“yāo（幺）”“liǎng（两）”“guǎi（拐）”，但车次首位为“0”或车次首位及第二位均为“0”时，应发“零”音。

旅客列车车次中的“G”“C”“D”“Z”“T”“K”“L”“Y”“F”分别读“高”“城”“动”“直”“特”“快”“临”“游”“返”，动车组列车以外的旅客列车在车次前冠以“客车”。

“DJ”“X”分别读“动检”“行（读 xing）”。其他车次用语由企业规定。

6.1.2　因劳动组织和作业方法不同，由车站值班员执行的联控用语可按岗位职责规定由有关岗位人员执行。

6.1.3　本标准联控用语中（　　）内的字可省略，[　　]内的字与加粗字根据实际情况选择。

【考点 3-7】作业要求

6.2　作业要求

作业要求应符合以下规定：

（1）接车

① 正常接车：正常接车的呼叫时机和联控用语应符合表 3.1 的规定。

表 3.1　正常接车的呼叫时机和联控用语表

<table>
<tr><th rowspan="2">呼叫时机</th><th colspan="3">联控用语</th></tr>
<tr><th>作业人</th><th>列车司机</th><th>车站值班员</th></tr>
<tr><td rowspan="3">自动闭塞区段，列车接近第一接近通过信号机或规定的呼叫点；半自动闭塞区段（自动站间闭塞、双线反方向行车时），列车在规定的呼叫点</td><td>呼叫人</td><td>××（站）××（次）接近</td><td></td></tr>
<tr><td>被呼叫人</td><td>——</td><td>××（次）××（站）×（道）通过[停车]</td></tr>
<tr><td>复诵人</td><td>××（次）×（道）通过[停车]，司机明白</td><td></td></tr>
<tr><td colspan="4">一端有两个及以上运行方向的车站（车场、线路所），列车通过时应在联控用语后增加“去××方向”，能够接收列车进路预告信息时不联控</td></tr>
</table>

② 通过列车变为停车：通过列车变为停车的呼叫时机和联控用语应符合表 3.2 的规定。

表 3.2　通过列车变为停车的呼叫时机和联控用语表

<table>
<tr><th rowspan="2">呼叫时机</th><th colspan="3">联控用语</th></tr>
<tr><th>作业人</th><th>车站值班员</th><th>列车司机</th></tr>
<tr><td rowspan="2">列车接近前</td><td>呼叫人</td><td>××（次）××（站）×（道）停车</td><td></td></tr>
<tr><td>被呼叫人</td><td>——</td><td>××（次）×（道）停车，司机明白</td></tr>
</table>

③ 原规定为通过的旅客列车由正线变更为到发线接车：原规定为通过的旅客列车由正线变更为到发线接车的呼叫时机和联控用语应符合表 3.3 的规定。

表 3.3　原规定为通过的旅客列车由正线变更为到发线接车的呼叫时机和联控用语表

<table>
<tr><th rowspan="2">呼叫时机</th><th colspan="3">联控用语</th></tr>
<tr><th>作业人</th><th>车站值班员</th><th>列车司机</th></tr>
<tr><td rowspan="2">列车接近前</td><td>呼叫人</td><td>××（次）××（站）变更×（道）通过[停车]</td><td></td></tr>
<tr><td>被呼叫人</td><td>——</td><td>××（次）××（站）变更×（道）通过[停车]，司机明白</td></tr>
<tr><td colspan="4">一端有两个及以上运行方向的车站（车场、线路所），列车通过时应在联控用语后增加“去××方向”</td></tr>
</table>

④ 列车直进侧出（固定径路除外）：列车直进侧出的呼叫时机和联控用语应符合表 3.4 的规定。

表 3.4　列车直进侧出的呼叫时机和联控用语表

呼叫时机	联控用语		
	作业人	车站值班员	列车司机
列车接近前	呼叫人	××（次）××（站）×（道）通过，直进侧出	
	被呼叫人	——	××（次）×（道）通过，直进侧出，司机明白
一端有两个及以上运行方向的车站（车场、线路所），应在联控用语后增加“去××方向”。 未应用列车运行监控装置的区段，应在联控用语后增加“限速××公里”（“限速××公里”的取值，不超过列车出站进路上辙叉号数最小的道岔侧向运行允许速度值，具体数值由企业明确）			

⑤ 列车通过、出站反方向行车：列车通过、出站反方向行车的呼叫时机和联控用语应符合表 3.5 的规定。

表 3.5　列车通过、出站反方向行车的呼叫时机和联控用语表

呼叫时机	联控用语		
	作业人	车站值班员	列车司机
列车接近前	呼叫人	××（次）××（站）×道通过，反方向运行	
	被呼叫人	——	××（次）×道通过，反方向运行，司机明白
侧向出站时，应在联控用语后增加“侧向出站，限速××公里”（“限速××公里”的取值，不超过列车出站进路上辙叉号数最小的道岔侧向运行允许速度值，具体数值由企业明确）。 一端有两个及以上运行方向的车站（车场、线路所），应在联控用语后增加“去××方向”			

⑥ 列车临时机外停车：列车临时机外停车的呼叫时机和联控用语应符合表 3.6 的规定。

表 3.6　列车临时机外停车的呼叫时机和联控用语表

呼叫时机	联控用语		
	作业人	车站值班员	列车司机
列车接近前	呼叫人	××（次）××（站）机外停车	
	被呼叫人	——	××（次）××（站）机外停车，司机明白

⑦ 呼叫机外停车后接车：呼叫机外停车后接车的呼叫时机和联控用语应符合表 3.7 的规定。

表 3.7　呼叫机外停车后接车的呼叫时机和联控用语表

呼叫时机	联控用语		
	作业人	车站值班员	列车司机
已呼叫司机机外停车，信号开放后	呼叫人	××（次）进站[接车进路]信号好（了），×道通过[停车]	
	被呼叫人	——	××（次）进站[接车进路]信号好（了），×道通过[停车]，司机明白
一端有两个及以上运行方向的车站（车场、线路所），列车通过时应在联控用语后增加“去××方向”			

⑧ 车站引导接车：车站引导接车的呼叫时机和联控用语应符合表 3.8 的规定。

表 3.8　车站引导接车的呼叫时机和联控用语表

呼叫时机	联控用语		
	作业人	车站值班员	列车司机
列车接近前	呼叫人	××（次）××（站）引导接车，×道停车[通过]，注意引导信号	
	被呼叫人	——	××（次）××（站）引导接车，×道停车[通过]，司机明白
一端有两个及以上运行方向的车站（车场、线路所），应在联控用语后增加“去××方向”			

（2）发车。

① 发车进路一次排通时发车：发车进路一次排通时发车的呼叫时机和联控用语应符合表 3.9 的规定。

表 3.9　发车进路一次排通时发车的呼叫时机和联控用语表

呼叫时机	联控用语		
	作业人	车站值班员	列车司机
出站信号开放后，或发车进路及出站信号均开放后	呼叫人	××（次）×道出站[发车进路]信号好（了）	
	被呼叫人	——	××（次）×道出站[发车进路]信号好（了），司机明白
一端有两个及以上运行方向的车站（车场、线路所），应在联控用语后增加“去××方向”			

② 分段排列发车进路时发车：分段排列发车进路时发车的呼叫时机和联控用语应符合表 3.10 的规定。

表 3.10　分段排列发车进路时发车的呼叫时机和联控用语表

呼叫时机	联控用语		
	作业人	列车司机	车站值班员
发车进路信号开放后，前方进路或出站信号关闭	呼叫人	××（次）×道发车进路信号好（了），前方出站[×进路]信号机关闭	
	被呼叫人		××（次）×道发车进路信号好（了），前方出站[×进路]信号机关闭，司机明白
	复诵人		
一端有两个及以上运行方向的车站（车场、线路所），应在区分运行方向的信号机开放后，在“××（次）×道发车进路信号好（了）”联控用语后增加“去××方向”			

③ 分段排列发车进路时，发车后、后续进路办理好：分段排列发车进路时、发车后、后续进路办理好的呼叫时机和联控用语应符合表 3.11 的规定。

表 3.11　分段排列发车进路时、发车后、后续进路办理好的呼叫时机和联控用语表

呼叫时机	联控用语		
	作业人	车站值班员	列车司机
当前出站信号开放后	呼叫人	××（次）出站信号好（了）	
	被呼叫人	—	××（次）出站信号好（了），司机明白
当前进路信号开放，前方出站（进路）信号关闭	呼叫人	××（次）×进路信号好（了），前方出站[进路]信号机关闭	
	被呼叫人	—	××（次）×进路信号好（了），前方出站[进路]信号机关闭，司机明白
当前进路信号及后续进路、出站信号均开放后	呼叫人	××（次）×进路信号好（了），前方出站信号机已开放	
	被呼叫人	—	××（次）×进路信号好（了），前方出站信号机已开放，司机明白
一端有两个及以上运行方向的车站（车场、线路所），应在区分运行方向的信号机开放后，在“××（次）出站信号好（了）”或“××（次）×进路信号好（了）”联控用语后增加“去××方向”			

（3）列车经过限速地段。

① 已纳入运行揭示的临时限速：已纳入运行的临时限速的呼叫时机和联控用语应符合表 3.12 的规定。

表 3.12　已纳入运行的临时限速的呼叫时机和联控用语表

<table>
<tr><td rowspan="2">呼叫时机</td><td colspan="3">联控用语</td></tr>
<tr><td>作业人</td><td>车站值班员</td><td>列车司机</td></tr>
<tr><td rowspan="2">列车接近前</td><td>呼叫人</td><td>××（次）××（站）×道通过[停车]，站内限速××公里[区间××公里××米，限速××公里]</td><td></td></tr>
<tr><td>被呼叫人</td><td>——</td><td>××（次）××（站）×道通过[停车]，站内限速××公里[区间××公里××米，限速××公里]，司机明白</td></tr>
<tr><td colspan="4">“区间××公里××米”是指列车运行方向限速起始点。区间有多处限速时，分别联控。
站内、区间均有限速（不含站内跨区间），联控用语为“站内限速××公里，区间××公里××米限速××公里”。如站内同时有多处不同速度值限速地段时，按低值联控。
遇有站内跨区间连续限速时，按限速区段起止里程联控：“××公里××米至××公里××米限速××公里”。
站内跨区间包括区间跨站内，区间跨站内再跨区间、站内跨区间再跨站内。
发车作业时比照执行</td></tr>
</table>

② 未纳入运行揭示的临时限速：未纳入运行揭示的临时限速的呼叫时机和联控用语应符合表 3.13 的规定。

表 3.13　未纳入运行揭示的临时限速呼叫时机和联控用语表

<table>
<tr><td rowspan="2">呼叫时机</td><td colspan="3">联控用语</td></tr>
<tr><td>作业人</td><td>车站值班员</td><td></td></tr>
<tr><td rowspan="2">限速地点站，列车接近或发车时</td><td>呼叫人</td><td>××（次），××号命令，××公里××米至××公里××米，限速××公里</td><td>列车司机</td></tr>
<tr><td>被呼叫人</td><td>——</td><td>××号命令，××公里××米至××公里××米，限速××公里，××（次）司机明白</td></tr>
<tr><td colspan="4">列车进入限速地点前的关系站在列车通过（开车）前，应与司机核对限速内容时，在“××号命令”前增加“××站核对”用语</td></tr>
</table>

（4）列车被迫停车

① 列车被迫停车，列车司机呼叫车站：列车被迫停车，列车司机呼叫车站的呼叫时机和联控用语应符合表 3.14 的规定。

表 3.14　列车被迫停车，列车司机呼叫车站的呼叫时机和联控用语表

呼叫时机	联控用语		
	作业人	列车司机	车站值班员
列车在区间被迫停车	呼叫人	××（站）××（次）在××公里（处）被迫停车	
	被呼叫人	——	××（次）在××公里（处）被迫停车，××（站）明白
在××公里后应说明被迫停车原因； 列车被迫停车后可能妨碍邻线时应在被迫停车后增加“可能侵入邻线”			

② 列车被迫停车，车站立即呼叫追踪列车：列车被迫停车，车站立即呼叫追踪列车的呼叫时机和联控用语应符合表 3.15 的规定。

表 3.15　列车被迫停车，车站立即呼叫追踪列车的呼叫时机和联控用语表

呼叫时机	联控用语		
	作业人	车站值班员	追踪列车司机
车站接到列车在区间被迫停车的通知	呼叫人	××（次）在××公里（处）被迫停车，××（次）注意运行	
	被呼叫人	——	××（次）在××公里（处）被迫停车，注意运行，××（次）司机明白

③ 列车可能妨碍邻线，车站立即呼叫邻线列车：列车可能妨碍邻线，车站立即呼叫邻线列车的呼叫时机和联控用语应符合表 3.16 的规定。

表 3.16　列车可能妨碍邻线，车站立即呼叫邻线列车的呼叫时机和联控用语表

呼叫时机	联控用语		
	作业人	车站值班员	邻线列车司机
车站接到列车可能妨碍邻线的通知	呼叫人	××（次）立即停车，××（次）在××公里（处）侵限	
	被呼叫人	——	××（次）立即停车，司机明白

（5）道口发生险情：道口发生险情的呼叫时机和联控用语应符合表 3.17 的规定。

表 3.17　道口发生险情的呼叫时机和联控用语表

呼叫时机	联控用语		
	作业人	道口工	列车司机
道口发生险情	呼叫人	××道口发生险情，××（次）立即停车	
	被呼叫人	——	××（次）立即停车，司机明白
在多线区间，应在“××道口”前增加“××线”；在枢纽地区，应在“××道口”前增加“××（站）至××（站）间”； 如不知道车次时呼叫“××道口发生险情，上[下]行接近列车立即停车”；若道口上下行都发生险情，上[下]应为“上、下”			

（6）线路发生险情：线路发生险情的呼叫时机和联控用语应符合表 3.18 的规定。

表 3.18　线路发生险情的呼叫时机和联控用语表

呼叫时机	联控用语		
	作业人	巡守人员	列车司机
线路发生险情	呼叫人	××线××公里（处）线路发生险情，上[下]行接近列车立即停车	
	被呼叫人	——	立即停车，××（次）司机明白
如知道车次时呼叫××（次）； 若上下行都发生险情，上[下]行应为“上、下”			

（7）列车通过晃车地段，司机呼叫车站：列车通过晃车地段，司机呼叫车站的呼叫时机和联控用语应符合表 3.19 的规定。

表 3.19　列车通过晃车地段，司机呼叫车站的呼叫时机和联控用语表

呼叫时机	联控用语		
	作业人	列车司机	车站值班员
列车通过晃车地段	呼叫人	××（站），××（次），××公里××米晃车	
	被呼叫人	——	××公里××米晃车，××（站）明白

【考点 3-8】其他规定

6.3　其他规定

6.3.1　本标准未纳入的作业联系用语，企业可补充规定。

6.3.2　调度集中区段，执行车机联控的具体要求由企业规定。

注：考点原文对照与案例解读可通过扫描附录 G 中的对应二维码获取，供学习者随时对照、研读。

项目 4　《铁路技术管理规程（普速铁路部分）》考点解析

项目描述

《铁路技术管理规程》（以下简称《技规》）是由中国国家铁路集团有限公司为加强铁路技术管理，确保国家铁路安全正点、方便快捷、高速高效，根据有关法律、法规、规章和技术标准等制定的规程。

《技规》总则指出：铁路是国民经济大动脉、国家重要基础设施和大众化交通工具，是综合交通运输体系骨干、重要的民生工程和资源节约型、环境友好型运输方式，在我国经济社会发展中的地位至关重要。

《技规》是国家铁路技术管理的基本规章，各部门、各单位制定的技术管理文件等，都必须符合本规程的规定。在中国国家铁路集团有限公司明令修改以前，任何部门、任何单位、任何人员都不得违反本规程的规定。

铁路运输具有高度集中的特点，各工作环节须紧密联系、协同配合。国家铁路工作人员必须严格遵守和执行本规程的规定，在自己的职责范围内，以对国家和人民负责的态度来保证安全生产。各单位对遵守本规程成绩突出者，应予表扬或按有关规定给予奖励；对违反者，应视其违反程度和造成事故的性质、情节及后果，给予教育、处分。

《技规》包括高速铁路和普速铁路两部分，普速铁路部分适用于速度为 200 km/h 以下的铁路（仅运行动车组列车的铁路除外）。主要内容涉及线路、桥梁、隧道、信号、通信、联锁、闭塞等设备的基本概念，车站及枢纽，机车、车辆、供电设备等等。

本项目是重点学习内容。但因篇幅所限，本项目主要针对《铁路技术管理规程（普速铁路部分）》的重要考点，设计“挑战答题”题库，供学习者自行训练，以练促学，考点原文对照与案例解读可通过扫描二维码获取，供学习者随时对照、研读。

任务列表

任务 1　技术装备基础知识
任务 2　编组列车一般要求
任务 3　调车工作一般要求
任务 4　行车闭塞一般要求
任务 5　行车组织与列车运行一般要求
任务 6　信号显示一般要求
任务 7　相关词语释义

任务 1　技术装备基础知识

【任务描述】

在《技规》中，技术设备是指与铁路运输组织、安全生产直接相关的设备，包括铁路机车车辆、线路、桥隧、通信、信号、牵引供电、电力、给水、房建、信息、安全、防灾救援、铁路轮渡、客货运设备及其相关维修、检测、监测、监控设备等。铁路用地虽不是铁路技术设备，但纳入铁路技术设备管理。

按照“铁路机车车辆驾驶人员资格考试大纲（L3 类—轨道车、接触网作业车）”中理论考试对《铁路技术管理规程（普速铁路部分）》（铁总科技〔2014〕172 号）的要求，“第一编技术设备”主要包含以下 45 个考点：

第一章　基本要求　第 23 条

第二章　线路、桥梁及隧道　第 32 条、第 41 条、第 42 条、第 43 条、第 44 条、第 46 条、第 49 条、第 55 条、第 56 条、第 67 条

第三章　信号、通信　第 68 条、第 69 条、第 70 条、第 71 条、第 72 条、第 73 条、第 74 条、第 75 条、第 76 条、第 77 条、第 78 条、第 79 条、第 80 条、第 81 条、第 82 条、第 83 条、第 85 条、第 86 条、第 87 条、第 88 条、第 93 条、第 94 条、第 101 条、第 102 条、第 104 条、第 125 条、第 126 条、第 127 条、第 129 条

第六章　机车车辆　第 170 条、第 193 条、第 194 条、第 195 条

第七章　供电、给水　第 205 条

本任务主要针对 45 个考点，设计“挑战答题”题库，供学习者自行训练，以练促学。

【模块列表】

模块 1　基础知识挑战答题

模块 2　考点原文对照与案例解读

模块 1　基础知识挑战答题

一、单选题（共 11 题）

1. 连接车站并贯穿或直股伸入车站的铁路线路被称为（　　）。

A. 段管线　　B. 正线

C. 岔线　　D. 站线

2. 如图 4.1 所示（　　）为贯穿该车站的正线。

A. 1 股道　　B. Ⅱ股道

C. 3 股道　　D. 4 股道

3.（　　）线路是指由机务、车辆、工务、电务等段专用，并由其管理的线路。

A. 段管线　　B. 正线

C. 岔线　　D. 站线

4.（　　）线路是指在区间或站内接轨，通往路内外单位（如：厂矿企业、砂石场、港湾、码头及货物仓库等）的专用线路。

A. 正线　　B. 站线

C. 岔线　　D. 段管线

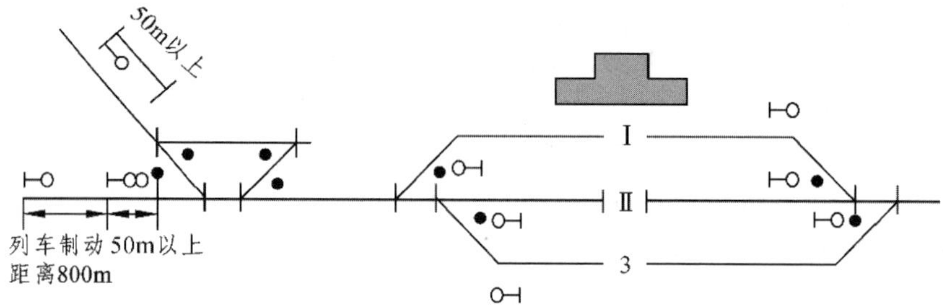

图 4.1　单选第 2 题、第 7 题、第 8 题图

5.（　　）线路是为了为防止机车、车辆或列车进入为其他列车准备的进路而设置的尽头线或站线，是一种隔开设备。

A. 正线　　　　B. 安全线

C. 岔线　　　　D. 段管线

6. 确定列车运行方向的基本原则，是以开往（　　）方向的列车为上行列车；反之为下行列车。

A. 深圳　　　　B. 上海

C. 成都　　　　D. 北京

7. 如图 4.1 中的“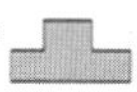”代表的是车站的（　　）。

A. 站台　　　　B. 站房

C. 站界标　　　　D. 边缘

8. 如图 4.1 中的红色小圆点代表的是（　　）。

A. 出站信号机　　　　B. 站房

C. 股道　　　　D. 警冲标

9.（　　）属于上行方向。

A. 开往北京方向　　　　B. 背离北京方向

C. 向左行驶方向　　　　D. 向右行驶方向

10. 如图 4.2 所示为铁路单线车站平面图，该站共有（　　）股道。

A. 5 条　　　　B. 3 条

C. 4 条　　　　D. 6 条

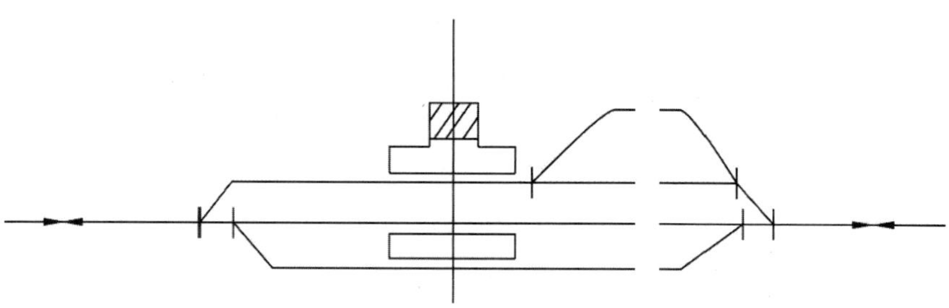

图 4.2　单选第 10 题图

11. 如图 4.3 所示的车站股道编号从上向下依次为（　　）。

A. Ⅰ，Ⅱ，3，4，5

B. 5，4，3，Ⅱ，Ⅰ

C. 5，3，Ⅰ，Ⅱ，4

D. 6，4，Ⅱ，Ⅰ，3

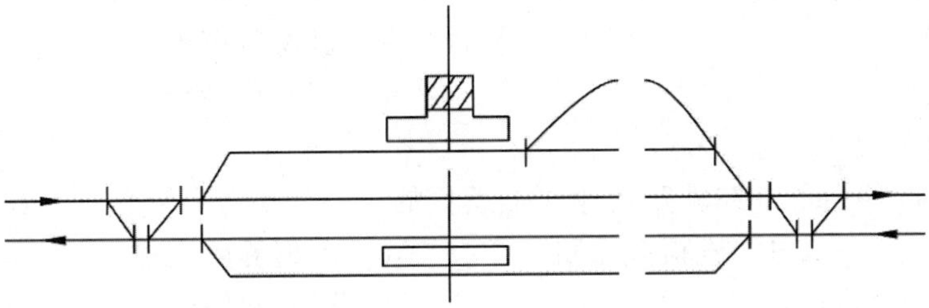

图 4.3　单选第 11 题图

二、多选题（共 9 题）

1. 为了完成铁路运输的客货运任务和进行行车作业并保证各项作业安全，应修建和设置不同的线路。铁路线路除了正线，还包括（　　）等线路。

A. 站线

B. 段管线

C. 岔线

D. 安全线

E. 特别用途线

2. 车站上的站线按照用途可以分为（　　）。

A. 到发线

B. 调车线

C. 货物线

D. 单线

E. 站修线

3.（　　）是属于铁路线路上的分界点。

A. 车站

B. 岔线

C. 线路所

D. 通过色灯信号机

E. 正线

4. 钢轨接头的预留轨缝应根据（　　）等因素经计算确定。

A. 当地历史最高轨温

B. 当地历史最低轨温

C. 更换钢轨时的轨温

D. 调整轨缝时的轨温

E. 钢轨长度

5.（　　）等装置均属于道岔加锁装置。

A. 锁板

B. 勾锁器

C. 闭止把加锁

D. 带柄标志加锁

E. 防跳装置

6.（　　）等车载设备的电源均应取自车上直流控制电源系统（DC 110 V）。

A. 轨道车运行控制设备（GYK）

B. 车载无线通信设备

C. 列车运行监控装置（LKJ）

D. 牵引电动机

E. 机车信号设备

7. 轨道车运行控制设备（GYK）具有（　　）等主要功能。

A. 轨道电路信息接收

B. 运行监控与警醒

C. 运行数据记录　　D. 语音记录

E. 人机交互

8. 轨道车运行控制设备（GYK）具有（　　）等控制模式。

A. 正常监控模式　　B. 目视行车模式

C. 调车模式　　D. 区间作业模式

E. 非正常行车模式

9. 自轮运转特种设备是在铁路营业线上运行的（　　）等铁路施工、维修专用车辆。

A. 铁路轨道车　　B. 救援起重机　　C. 大型养路机械

D. 架桥机、铺轨机等　　E. 接触网作业车

三、填空题（共 19 题）

1. 正线连接车站的部分称为（　　）正线，贯穿或直股伸入车站的部分为（　　）正线。

2. 岔线、段管线与正线、到发线接轨时，为了保证正线、到发线列车通行或调车作业通行不致与岔线相关作业的机车车辆发生冲突，应在（　　）处铺设安全线。

3. 在进站信号机外制动距离内为超过 6‰下坡道的车站，应在正线或到发线接车方向（　　）设置安全线，以保证下坡进站的列车不致闯入前方区间，与正线上对向进站的列车或站内发出的列车发生冲突。

4. 避难线是为防止在（　　）线路上失去控制的列车发生冲突或颠覆而设置的，应根据线路情况，计算确定在区间或站内设置避难线。

5. 我国铁路规定在双线区间按左侧单方向行车，这个运行方向称为（　　）方向。

6. 我国铁路规定在双线区间按（　　）行车，这个运行方向称为正方向，相应的闭塞设备、机车信号机等行车设备也按此设置，以保证行车安全。

7. 双线铁路车站的股道编号是从正线开始，向两侧顺序编号，下行方向一侧编（　　）数，上行方向一侧编（　　）数。

8. 尽头式车站的道岔编号应按向线路（　　）方向顺序编号，上行列车到达方向编为双数，下行列车到达方向编为单数。

9. 道岔的定位是指其按规定（　　）的向某一线路开通的位置，向另一线路开通的位置称为其（　　）。

10. 引向安全线的道岔，其定位为向（　　）开通的位置。

11. 引向避难线的道岔，其定位为开通（　　）的位置。

12.（　　）和（　　）是构成铁路线路的两个基本环节。

13. 为保证行车安全和必要的线路通过能力，铁路上每隔一定的距离需要设置一个（　　），它们把每一条铁路线划分成若干个长度不同的线段，每一段线段称为（　　）。

14. 为了保证行车安全和分清工作责任，车站和它两端所衔接的区间以（　　）机柱中心线或（　　）中心线分割明确的界限，通常称为站界。

15. 区间又可以进一步划分为（　　）区间、（　　）区间和闭塞分区。

16. 设有线群出站信号机时，在线群每一条发车线路的警冲标内方适当地点，应装设（　　）表示器。

17. 站内正线及到发线上的道岔，均须与有关信号机（　　）。区间内正线上的道岔，须

与有关信号机或（　　）设备联锁。

18. 车站联锁是指进路、道岔、信号机三者间的制约关系。当进路上的有关道岔开通位置不对或敌对信号机未关闭时，防护该进路的信号机（　　）开放；信号机开放后，该进路上的有关道岔不能（　　），其敌对信号机不能开放。

19. 轨道车等自轮运转特种设备按列车运行时，轨道车运行控制设备、列车无线调度通信设备应作用（　　），运行状态下应满足机车车辆（　　）的规定。

四、判断题（共 15 题）

1. 安全线有效长，一般应不少于 100 m，约为 1 台机车加 2 辆货车的长度，并要求向车挡方向不应采用下坡道。（　　）

2. 机车车辆因制动原因进入安全线并不能保证其本身安全，只是起隔开作用，以保证其他机车车辆的安全。（　　）

3. 干线是指连接大中城市，在路网中起骨干作用且客、货行车量达到或超过 15 对的线路。（　　）

4. 在双线正方向区间发生自然灾害、因事故中断行车、线路封锁施工等特殊情况下，经铁路局调度所值班主任准许，方可反方向运行。（　　）

5. 我国铁路规定车站上的正线用阿拉伯数字编号，站线用罗马数字编号。（　　）

6. 尽头式车站的股道编号需根据站房与股道的相对位置来决定。（　　）

7. 道岔均使用罗马数字编号，由上行列车到达方向起，顺序编为双号；由下行列车到达方向起，顺序编为单号。（　　）

8. 道岔的号数 N（$N=\cot\alpha$）就是指道岔的编号。（　　）

9. 单线铁路车站正线进站道岔的定位为由车站两端向不同线路（即侧线或站线）开通的位置。（　　）

10. 双线铁路车站正线进站道岔的定位规定为由正线向各站线开通的位置。（　　）

11. 警冲标是信号标志的一种，设在两会合线路线间距离为 4 m 的中间，用来指示机车车辆停留的位置，防止机车车辆的正面冲撞。（　　）

12. 无缝线路只适用于高速铁路，不适用于重载铁路。（　　）

13. 线路两股钢轨顶面，在曲线地段应保持同一水平。（　　）

14. 半自动闭塞、自动站间闭塞及三显示自动闭塞区段，正线上的出站信号机未开放时，进站信号机不能开放通过信号。（　　）

15. 机车、动车组应根据运行区段装备相应的车载无线通信设备，自轮运转特种设备不用装备。（　　）

模块 2　考点原文对照与案例解读

按照“铁路机车车辆驾驶人员资格考试大纲（L3 类—轨道车、接触网作业车）”中理论考试对《铁路技术管理规程（普速铁路部分）》（铁总科技〔2014〕172 号）的要求，“第一编　技术设备”主要包含以下 45 个考点，其原文对照如下。

一、基本要求

【考点 4-1】救援设备

第 23 条 在铁路总公司（作者注：现已改组为国铁集团，后同）指定地点设事故救援列车、电线路修复车、接触网抢修车，配备应急通信设备，并处于整备待发状态，其工具备品应保持齐全整洁，作用良好。

根据运输生产需要，铁路局应在无救援列车的编组站、区段站和二等以上车站成立事故救援队，配备简易起复设备和工具。

铁路总公司（国铁集团）、铁路局应急救援指挥中心应建设应急平台，配备相应的应急指挥设施和通信等设备，确保事故现场的图像、话音及数据在规定的时限内传送至应急救援指挥中心。

机车、自轮运转特种设备上均应备有复轨器和铁鞋（止轮器）。

动车组应配备止轮器（铁鞋）、紧急用渡板、应急梯、过渡车钩和专用风管。

救援列车停留线，原则上应设在两端接通、便于救援列车出动的段管线（站线）上。救援列车基地应配备生产、生活、培训设施设备。

二、线路、桥梁及隧道

【考点 4-2】铁路线路的分类

第 32 条 铁路线路分为正线、站线、段管线、岔线、安全线及避难线。

正线是指连接车站并贯穿或直股伸入车站的线路。

站线是指到发线、调车线、牵出线、货物线及站内指定用途的其他线路。

段管线是指机务、车辆、工务、电务、供电等段专用并由其管理的线路。

岔线是指在区间或站内接轨，通向路内外单位的专用线路。

安全线是为防止列车或机车车辆从一进路进入另一列车或机车车辆占用的进路而发生冲突的一种安全隔开设备。

避难线是在长大下坡道上能使失控列车安全进入的线路。

【考点 4-3】轨道

第 41 条 新建、改建铁路正线采用 60 kg/m 钢轨的跨区间无缝线路，重载铁路正线宜采用 60 kg/m 及以上类型钢轨的无缝线路。钢轨优先采用 100 m（60 kg/m）、75 m（75 kg/m）长定尺轨。

设计速度 120 km/h 以上铁路正线有砟轨道应采用Ⅲ型轨枕和与轨枕配套的弹条扣件、一级碎石道砟。

【考点 4-4】轨距

第 42 条 轨距是钢轨头部踏面下 16 mm 范围内两股钢轨工作边之间的最小距离。直线轨距标准为 1 435 mm，曲线轨距按表 4.1 中的规定加宽。

表 4.1 曲线轨距加宽值

曲线半径 R/m	加宽值/mm
$r \geqslant 295$	0
$295 > r \geqslant 245$	5
$245 > r \geqslant 195$	10
$r < 195$	15

注：曲线轨距加宽值不符合上述规定时，应有计划地进行改造。

验收线路时，线路、道岔轨距相对于上述标准的静态允许偏差规定见表 4.2。

表 4.2　线路、道岔轨距静态允许偏差

线路允许速度/（km/h）	$v \leqslant 120$	$120 < v \leqslant 160$	$160 < v \leqslant 200$
线路/mm	+6 -2	+4 -2	±2
道岔/mm	+3 -2	+3 -2	±2

【考点 4-5】外轨超高

第 43 条　线路两股钢轨顶面，在直线地段应保持同一水平。

曲线地段的外轨超高，应按有关规定的办法和标准确定。最大实设超高：双线地段不得超过 150 mm，单线地段不得超过 125 mm。

验收线路时，线路两股钢轨水平，较上述标准的静态允许偏差规定见表 4.3。

表 4.3　钢轨水平静态允许偏差

线路允许速度/（km/h）	$v \leqslant 120$	$120 < v \leqslant 160$	$160 < v \leqslant 200$
正线及到发线/mm	4	4	3
道岔/mm	4	4	3

【考点 4-6】轨缝

第 44 条　钢轨接头的预留轨缝应根据钢轨长度、当地历史最高及最低轨温、更换钢轨或调整轨缝时的轨温经计算确定。

绝缘接头的最小轨缝为 6 mm，最大轨缝为构造轨缝。长度大于或等于 25 m 钢轨铺设在历史最高与最低轨温差大于 100℃的地区时，预留轨缝应进行个别设计。

【考点 4-7】道岔辙叉号数

第 46 条　道岔辙叉号数选择应符合下列规定：

（1）正线道岔的直向通过速度不应小于路段设计行车速度。

（2）用于侧向通过列车的单开道岔的辙叉号数应根据列车侧向通过的最高速度合理选用。

（3）侧向接发停车旅客列车的单开道岔，不得小于 12 号。

（4）侧向接发停车货物列车并位于正线的单开道岔，在中间站不得小于 12 号，在其他车站不得小于 9 号。

（5）列车轴重大于 25 t 的铁路正线单开道岔不得小于 12 号。

（6）其他线路的单开道岔不得小于 9 号。

（7）狭窄的站场采用交分道岔不得小于 9 号，但尽量不用于正线，必须采用时不得小于 12 号。

（8）峰下线路的对称道岔不得小于 6 号，三开道岔不得小于 7 号。

（9）段管线的对称道岔不得小于 6 号。

既有道岔的类型及辙叉号数不符合上述规定时，应按该道岔的辙叉号数限制行车速度，且应有计划地进行改造。

【考点 4-8】道岔加锁装置

第 49 条 联锁道岔应配备紧固、加锁装置，以备联锁失效时用以锁闭道岔。联锁失效时防止扳动的办法，应在《车站行车工作细则》（简称《站细》）内规定。

未设联锁而需加锁的道岔也应安装加锁装置。

加锁装置包括锁板、勾锁器、闭止把加锁、带柄标志加锁。

【考点 4-9】安全线的设置

第 55 条 安全线设置应符合有关设计规范的规定。

岔线、段管线与正线、到发线接轨时，均应铺设安全线。岔线与站内到发线接轨，当站内有平行进路及隔开道岔并有联锁装置时，可不设安全线。

在进站信号机外制动距离内进站方向为超过 6‰下坡道的车站，应在正线或到发线的接车方向末端设置安全线。

合资铁路、地方铁路及专用铁路与国家铁路车站接轨，其接轨处或接车线末端应设隔开设备（设有平行进路并有联锁时除外）。

安全线向车挡方向不应采用下坡道，其有效长度一般不小于 50 m。

【考点 4-10】避难线的设置

第 56 条 为防止在长大下坡道上失去控制的列车发生冲突或颠覆，应根据线路情况，计算确定在区间或站内设置避难线。

【考点 4-11】车载设备的电源

第 67 条 机车信号设备、列车运行监控装置（LKJ）、轨道车运行控制设备（GYK）和车载无线通信设备等的电源，均应取自车上直流控制电源系统，直流输出电压为 110 V 时，电压波动允许范围为 − 20% ~ +5%。

三、信号、通信

【考点 4-12】信号装置的分类

第 68 条 信号装置一般分为信号机和信号表示器两类。

信号机按类型分为色灯信号机、臂板信号机和机车信号机；信号机按用途分为进站、出站、通过、进路、预告、接近、遮断、驼峰、驼峰辅助、复示、调车信号机。

信号表示器分为道岔、脱轨、进路、发车、发车线路、调车及车挡表示器。

【考点 4-13】信号的显示距离

第 69 条 各种信号机及表示器，在正常情况下的显示距离：

（1）进站、通过、接近、遮断信号机，不得小于 1 000 m；

（2）高柱出站、高柱进路信号机，不得小于 800 m；

（3）预告、驼峰、驼峰辅助信号机，不得小于 400 m；

（4）调车、矮型出站、矮型进路、复示信号机，容许、引导信号及各种表示器，不得小于 200 m。

在地形、地物影响视线的地方，进站、通过、接近、预告、遮断信号机的显示距离，在最坏的条件下，不得小于 200 m。

【考点 4-14】信号机的类型

第 70 条 铁路信号机应采用色灯信号机。色灯信号机应采用高柱信号机，在下列处所可采用矮型信号机：

（1）不办理通过列车的到发线上的出站、发车进路信号机；

（2）道岔区内的调车信号机及驼峰调车场内的线束调车信号机；

（3）自动闭塞区段，隧道内的通过信号机。

特殊情况需设矮型信号机时，须经铁路局批准。

【考点 4-15】信号机的设置要求

第 71 条 信号机设在列车运行方向的左侧或其所属线路的中心线上空。反方向运行进站信号机可设在列车运行方向的右侧；其他特殊地段因条件限制，需设于右侧时，须经铁路局批准。

在确定设置信号机地点时，除满足信号显示距离的要求外，还应考虑到该信号机不致被误认为邻线的信号机。

【考点 4-16】进站信号机的设置要求

第 72 条 车站必须设进站信号机。进站信号机应设在距进站最外方道岔尖轨尖端（顺向为警冲标）不小于 50 m 的地点，因调车作业或制动距离需要延长时，一般不超过 400 m。

双线自动闭塞区间反方向进站信号机前方应设置预告标。

【考点 4-17】出站信号机的设置要求

第 73 条 在车站的正线和到发线上，应设出站信号机。出站信号机应设在每一发车线的警冲标内方（对向道岔为尖轨尖端外方）适当地点。

在调车场的编发线上，必要时可设线群出站信号机。

【考点 4-18】通过信号机的设置要求

第 74 条 通过信号机应设在闭塞分区或所间区间的分界处。自动闭塞区段的通过信号机，不应设在停车后可能脱钩、牵引供电分相的处所，也不宜设在起动困难的地点。

自动闭塞区段信号机设置位置和显示关系应根据列车牵引计算确定，并应满足列车运行速度规定的制动距离和线路通过能力的要求。

在自动闭塞区段内，当货物列车在设于上坡道上的通过信号机前停车后起动困难时，在该信号机上应装设容许信号。在进站信号机前方第一架通过信号机上，不得装设容许信号。

在三显示自动闭塞区段的进站信号机前方第一架通过信号机柱上，应涂三条黑斜线；四显示自动闭塞区段的进站信号机前方第一、第二架通过信号机的机柱上，应分别涂三条、一条黑斜线。

【考点 4-19】遮断信号机的设置要求

第 75 条 有人看守道口设遮断信号机；在有人看守的桥隧建（构）筑物及可能危及行车安全的坍方落石地点，根据需要设遮断信号机。该信号机距防护地点不得小于 50 m。

【考点 4-20】预告或接近信号机的设置要求

第 76 条 半自动闭塞、自动站间闭塞区段，进站信号机为色灯信号机时，设色灯预告信号机或接近信号机。

遮断信号机和半自动闭塞、自动站间闭塞区段线路所通过信号机，设预告信号机。

列车运行速度不超过 120 km/h 的区段，预告信号机与其主体信号机的安装距离不得小于

800 m，当预告信号机的显示距离不足 400 m 时，其安装距离不得小于 1 000 m。

列车运行速度超过 120 km/h 的区段，设置两段接近区段，在第一接近区段和第二接近区段的分界处，设接近信号机，在第一接近区段入口内 100 m 处，设置机车信号接通标。

【考点 4-21】同方向相邻信号机的设置要求

第 77 条 特殊地段因条件限制，同方向相邻两架指示列车运行的信号机（预告、遮断、复示信号机除外）间的距离小于制动距离时，按下列方式处理：

（1）在列车运行速度不超过 120 km/h 的区段，当两架信号机间的距离小于 400 m 时，前架信号机的显示，必须完全重复后架信号机的显示；当两架信号机间的距离在 400 m 及以上，但小于 800 m 时，后架信号机在关闭状态时，则前架信号机不准开放。

（2）在列车运行速度超过 120 km/h 的区段，两架有联系的信号机间的距离小于列车规定速度级差的制动距离时，应采取必要的降级或重复显示措施。

【考点 4-22】进路表示器的设置要求

第 78 条 出站信号机有两个及以上的运行方向，而信号显示不能分别表示进路方向时，应在信号机上装设进路表示器。

发车进路兼出站信号机，根据需要可装设进路表示器，区分进路方向。

双线自动闭塞区段，有反方向运行条件时，出站信号机设进路表示器。

【考点 4-23】发车表示器的设置要求

第 79 条 发车信号辨认困难的车站，在便于司机瞭望的地点可装设发车表示器。

【考点 4-24】调车信号机和调车表示器的设置要求

第 80 条 为满足调车作业的需要，应设调车色灯信号机。

在作业繁忙的调车场上，因受地形、地物影响，调车机车司机看不清调车指挥人的手信号时，设调车表示器。

【考点 4-25】发车线路表示器的设置要求

第 81 条 设有线群出站信号机时，在线群每一条发车线路的警冲标内方适当地点，装设发车线路表示器。

【考点 4-26】进路信号机的设置要求

第 82 条 设有两个及以上车场的车站，转场进路应设进路色灯信号机。

【考点 4-27】引导信号的设置要求

第 83 条 进站及接车进路色灯信号机，均应设引导信号。

【考点 4-28】复示信号机的设置要求

第 85 条 进站、出站、进路信号机及线路所通过信号机，因受地形、地物影响，达不到规定的显示距离时，应设复示信号机。

设在车站岔线入口处的调车色灯信号机，达不到规定的显示距离时，根据需要可设调车复示信号机。

【考点 4-29】道岔表示器、脱轨表示器的设置要求

第 86 条 非集中操纵的接发车进路上的道岔，装设道岔表示器，集中操纵的道岔、调车场及峰下咽喉的道岔，不装设道岔表示器；其他道岔根据需要装设道岔表示器。

集中联锁调车区进行连续溜放作业的分歧道岔，设道岔表示器。

集中联锁以外的脱轨器及引向安全线或避难线的道岔，设脱轨表示器。

【考点 4-30】联锁的分类

第 87 条 联锁设备分为集中联锁（计算机联锁和继电联锁）和非集中联锁（色灯电锁器联锁和臂板电锁器联锁）。

编组站、区段站和电源可靠的其他车站，采用集中联锁。列车调度指挥系统（TDCS）和调度集中系统（CTC）区段，车站应采用集中联锁。

【考点 4-31】车站联锁

第 88 条 站内正线及到发线上的道岔，均须与有关信号机联锁。区间内正线上的道岔，须与有关信号机或闭塞设备联锁。各种联锁设备（驼峰除外）应满足下列条件：

（1）当进路上的有关道岔开通位置不对或敌对信号机未关闭时，防护该进路的信号机不能开放；信号机开放后，该进路上的有关道岔不能扳动，其敌对信号机不能开放。

（2）半自动闭塞、自动站间闭塞及三显示自动闭塞区段，正线上的出站信号机未开放时，进站信号机不能开放通过信号；主体信号机未开放时，预告信号机不能开放。

（3）装有转换锁闭器，电动、电液转辙机的道岔，当第一连接杆处（分动外锁闭道岔为锁闭杆处）的尖轨与基本轨间、心轨与翼轨间有 4 mm 及以上水平间隙时，不能锁闭或开放信号机。

（4）区间辅助所内正线上的道岔，未开通正线时，两端站不能开放有关信号机。设在辅助所的闭塞设备与有关站闭塞设备应联锁。

【考点 4-32】闭塞设备的分类及设置条件

第 93 条 闭塞设备分为自动闭塞、自动站间闭塞和半自动闭塞。具体设置条件如下：

（1）在单线区段，应采用半自动闭塞或自动站间闭塞，繁忙区段可根据情况采用自动闭塞；

（2）在双线区段，应采用自动闭塞。

在一个区段内，原则上应采用同一类型的闭塞方式。

【考点 4-33】速差式自动闭塞的紧急制动距离

第 94 条 在列车运行速度超过 120 km/h 的双线区段，采用速差式自动闭塞，列车紧急制动距离由两个及以上闭塞分区长度保证。

【考点 4-34】行车安全装备的搭配使用

第 101 条 最高运行速度不超过 160 km/h 的机车，机车信号设备与列车运行监控装置（LKJ）结合使用，轨道车等自轮运转特种设备使用轨道车运行控制设备（GYK）。

【考点 4-35】机车信号的分类与显示要求

第 102 条 机车信号分为连续式和接近连续式。自动闭塞区段应装设连续式机车信号，半自动闭塞和自动站间闭塞区段应装设接近连续式机车信号。

车站正线、到发线应实现电码化或采用与区间同制式轨道电路。

机车信号的显示，应与线路上列车接近的地面信号机的显示含义相符。机车停车位置，应以地面信号机或有关停车标志为依据。

【考点 4-36】轨道车运行控制设备的功能和控制模式

第 104 条 轨道车运行控制设备（GYK）具有轨道电路信息接收、运行监控、警醒、数据记录、语音记录及人机交互等功能。

轨道车运行控制设备（GYK）具有正常监控模式、目视行车模式、调车模式、区间作业模式和非正常行车模式等控制模式。

【考点 4-37】列车（有线）调度电话的使用

第 125 条 列车（有线）调度电话准许列车调度员、机车（动车组）调度员、车辆调度员、机务段（客运段）调度员（值班员）、客运调度员、车站值班员（车站调度员）、供电（电力）调度员、电力牵引变电所值班人员、道口看守员加入通话，根据需要允许动车组随车机械师（简称随车机械师）、车辆乘务员、机车（动车组）司机、列车长、自轮运转特种设备司机、救援列车主任和施工负责人及巡守人员利用区间通信设施加入通话。

站间行车电话及扳道电话，禁止其他电话接入。

【考点 4-38】列车无线调度电话系统的使用

第 126 条 在无线列调区段，列车无线调度电话系统准许列车调度员、机车（动车组）调度员、车站值班员、助理值班员、机车（动车组）司机、自轮运转特种设备司机、列车长、纳入联控的道口看守人员、随车机械师（车辆乘务员）加入通话；允许救援列车主任在执行救援任务时，临时加入通话；未纳入联控的道口看守、防护人员、车站客运值班员和巡守人员在紧急情况下，可临时加入通话。

【考点 4-39】列车 GSM-R 无线调度电话系统的使用

第 127 条 在 GSM-R 移动通信区段，根据调度指挥的需要设置组呼。列车 GSM-R 无线调度电话系统准许列车调度员、车站值班员、助理值班员、信号员、机车（动车组）司机、自轮运转特种设备司机、纳入联控的道口看守人员加入组呼通话，根据需要允许列车长、随车机械师（车辆乘务员）、客运值班员、救援列车主任加入组呼通话；未纳入联控的道口看守、防护人员和巡守人员在紧急情况下，可加入组呼通话。

【考点 4-40】车载无线通信设备

第 129 条 机车、动车组及自轮运转特种设备，根据运行区段装备相应的车载无线通信设备。

四、机车车辆

【考点 4-41】机车出段前应达到的状态要求

第 170 条 牵引列车的机车在出段前，必须达到运用状态，主要部件和设备必须作用良好，符合铁路总公司（国铁集团）有关机车运用、维修的规定，并符合下列要求：

（1）车钩中心水平线距钢轨顶面高度为 815 ~ 890 mm。

（2）轮对：

① 轮对内侧距离为 1 353 mm，允许偏差为 ± 3 mm；

② 轮箍或轮毂不松弛；

③ 轮箍、轮毂、辐板（辐条）、轮辋无裂纹；

④ 轮缘的垂直磨耗高度不超过 18 mm，并无碾堆；

⑤ 车轮踏面擦伤深度不超过 0.7 mm；

⑥ 车轮踏面上的缺陷或剥离长度不超过 40 mm，深度不超过 1 mm；

⑦ 轮缘厚度在距踏面基线向上 H 距离处测量应符合表 4.4 的规定（轮缘原设计厚度在 25 mm 及以下，由铁路局规定）；

表 4.4 机车轮缘厚限度

序号	车轮踏面类型	测量点与踏面基线之间距离 H/mm	轮缘厚限度/mm
1	JM2、JM3	10	34 ~ 23
2	JM	12	33 ~ 23

⑧ 车轮踏面磨耗深度不超过 7 mm；采用轮缘高度为 25 mm 磨耗型踏面时，磨耗深度不超过 10 mm。

【考点 4-42】自轮运转特种设备的定义

第 193 条 自轮运转特种设备是在铁路营业线上运行的铁路轨道车、救援起重机及铁路施工、维修专用车辆（包括架桥机、铺轨机、接触网作业车、大型养路机械等）。

【考点 4-43】自轮运转特种设备运行要求

第 194 条 自轮运转特种设备须符合国家和铁道行业有关标准。轨道车等自轮运转特种设备按列车运行时，轨道车运行控制设备、列车无线调度通信设备应作用良好，运行状态下应满足机车车辆限界的规定。

【考点 4-44】自轮运转特种设备相关规定

第 195 条 自轮运转特种设备的设计、制造、审查、监造、验收、试验、运用、检修及过轨技术检查，按有关规定执行。

五、供电、给水

【考点 4-45】接触网下的安全作业要求

第 205 条 为保证人身安全，除专业人员执行有关规定外，其他人员（包括所携带的物件）与牵引供电设备带电部分的距离，不得小于 2 000 mm。

在设有接触网的线路上，严禁攀登车顶及在车辆装载的货物之上作业；如确需作业时，须在指定的线路上，将接触网停电接地并采取安全防护措施后，方准进行。

双线电气化铁路实行 V 形天窗作业时，为确保人身安全，应在设备、机具、照明、作业组织等方面采取相应措施。

注：考点原文对照与案例解读可通过扫描附录 G 中的对应二维码获取，供学习者随时对照、研读。

任务 2 编组列车一般要求

【任务描述】

在《技规》中，列车是指编成的车列并挂有机车及规定的列车标志。动车组列车为自走行固定编组列车。单机、大型养路机械及重型轨道车，虽未完全具备列车条件，亦应按列车办理。

在铁路运输生产中，列车是非常重要的一个概念。按照“铁路机车车辆驾驶人员资格考试大纲（L3 类—轨道车、接触网作业车）”中理论考试对《铁路技术管理规程（普速铁路部分）》的要求，“第二编 行车组织”中“编组列车”部分主要包含第 247 条 ~ 278 条，其中考点有：第 256 条、第 262 条、第 263 条、第 264 条、第 265 条、第 266 条、第 274 条共 7 个。

本任务主要针对 7 个考点，设计“挑战答题”题库，供学习者自行训练，以练促学。

【模块列表】

模块 1 基础知识挑战答题

模块 2 考点原文对照与案例解读

模块 1 基础知识挑战答题

一、单选题（共 8 题）

1.（ ）是为运送军队和军用物资开行的列车。

A. 小运转列车　　B. 军用列车

C. 直达货物列车　　D. 高速动车组列车

2.（ ）是专为完成铁路本身的任务（如：运送铁路专用器材）而开行的列车。

A. 军用列车　　B. 旅客列车

C. 路用列车　　D. 特快货物班列

3.（ ）运行等级最高。

A. 动车组列车　　B. 普通旅客列车

C. 军用列车　　D. 货物列车

4.（ ）运行等级最低。

A. 特快旅客列车　　B. 路用列车

C. 军用列车　　D. 货物列车

5.（ ）机车标记属于产权标记。

A.“电化区段严禁攀登”　　B. 路徽

C. 某局某段　　D. $SS_9$0001

6.（ ）机车标记属于机车本配属管理单位的标记。

A. 路徽　　B.“电化区段严禁攀登”

C. 某局某段　　D. 160 km/h

7.（ ）机车标记属于安全管理方面的标记。

A.“电化区段严禁攀登”　　B. HXD_{3B}2001

C. 某局某段　　D. 路徽

8.（ ）机车标记标识了机车的类型、构造及其生产制造顺序号码。

A. HXN_{1C}1003　　B. 路徽

C.“中车成都机车车辆有限公司”　　D. 160 km/h

二、多选题（共 12 题）

1.“列车”必须具备（　　）等条件。

A. 按有关规定编挂成列
B. 必须挂有发电车
C. 挂有牵引机车
D. 挂有规定的列车标志
E. 按规定编有一定的车次

2.（　　）等机车车辆被禁止编入列车。

A. 车体倾斜的车辆
B. 在自然灾害中损坏未经检查确认的
C. 装载货物超出了机车车辆限界，无挂运命令的
D. 缺少车门的
E. 超过了定期检修期限的

3.（　　）等机车车辆被禁止编入列车。

A. 无跨装特殊装置，又装载了跨装货物的平车
B. 违反了货物装载和加固技术条件的敞车
C. 未关闭侧开门的棚车
D. 装载了易燃货物未按规定关闭自动制动机的
E. 未经检查确认的企业自备机车和车辆

4.（　　）是机车应具有的识别标记。

A. 路徽
B. 配属局段的简称
C. 车型
D. 车号
E. 最高运行速度

5.（　　）是电力机车应具有的识别标记。

A.“电化区段严禁攀登”
B. 生产制造铭牌
C. 国徽
D. 最高运行速度
E. 配属局段的简称

6.（　　）是机车须配备的行车安全装置。

A. 机车信号
B. 列车运行安全监控系统 LKJ
C. 无线调度通信设备 CIR
D. 机车列尾控制设备
E. 空调设备

7.（　　）是机车应逐步配备的设备。

A. 机车车载安全防护系统
B. 机车限鸣示警系统
C. 机车空气防滑装置
D. 车型车号标记
E. 生产制造铭牌

8. 为满足旅客和货物运输的需要，列车按运输性质主要（　　）类。

A. 旅客列车
B. 特快货物班列
C. 军用列车
D. 货物列车
E. 路用列车

9. 旅客列车根据车底及运行速度的不同，又可以分为（　　）类。

A. 动车组列车
B. 特快旅客列车
C. 快速旅客列车
D. 特快货物班列
E. 普通旅客列车

10. 货物列车主要有（　　）类。

A. 超限货物列车　　B. 冷藏货物列车

C. 快速货物班列　　D. 直达货物列车

E. 自备车列车

11. 机车上必须配备的行车安全设备主要有（　　）。

A. 机车信号　　B. 列车运行监控装置（LKJ 等）

C. 车载无线通信设备　　D. 机车列尾控制设备

E. 列车供电设备

12. 直流传动机车的定期检修修程分为（　　）。

A. 大修　　B. 中修　　C. 小修

D. 辅修　　E. 特大修

三、填空题（共 9 题）

1. 编组列车时必须符合列车运行图关于列车（　　）和（　　）标准的要求。

2. 我国国铁集团规定列车长度是由牵引区段内各站到发线的（　　），并预留 30 m 的附加制动距离来确定的。

3. 牵引机车出段前，应检查车钩中心水平线距钢轨的轨顶面高度，应为（　　）mm。

4. 动车组以外的列车中相互连挂的车钩中心水平线的高度差不得超过（　　）mm。

5. 关门车是指在某些特定情况下，准许关闭制动支管上的（　　）而本身失去制动力的车辆。

6.（　　）是指在列车运行图中，不铺画列车运行线或调整、抽减列车运行线，为营业线施工、维修作业预留的时间。

7. 天窗按用途可分为（　　）天窗和（　　）天窗。

8. 机车的检修周期是指机车经过一定的（　　）或者（　　）后进行检修的间隔。

9. 动车组采用机车调车作业时，随车机械师或动车段（所）胜任人员负责（　　）车钩和专用风管的安装与拆卸、（　　）连接线的连结与摘解，并打开车门，调车人员负责车钩连结与摘解、（　　）摘结。

四、判断题（共 13 题）

1. 牵引定数即列车重量标准，是根据机车牵引力、区段内限制坡度等因素，通过计算、试运行和各种类型牵引重量的平衡，最后取整而定的。（　　）

2. 我国国铁集团规定货物列车牵引重量允许上下波动 100 t。（　　）

3. 我国国铁集团规定货物列车的换长可以允许超过 1.5 倍。（　　）

4. 一般情况下，工作机车应挂于列车的头部，正向运行。（　　）

5. 单机附挂车辆时，可以挂装载爆炸品、超限货物的车辆。（　　）

6. 电力机车跨机车交路区段回送时，原则上采用无动力回送。（　　）

7. 旅客列车和货物列车的编组要求完全一样，没有区别。（　　）

8. 所有列车在出发前都必须要进行自动制动机试验，以确保制动系统能够正常使用。（　　）

9. 自动过分相装置是电力机车应配置的设备，必要时还需配置弓网检测装置。（　　）

10. 机车列尾控制设备不是机车必须配置的，可有可无。（　　）

11. 机车信号是所有机车都必须配置的运行安全装备，是当前指挥行车的主体信号。（　　）

12. 机车车载安全防护系统（6A 系统）应逐步配齐，以更好地保证行车安全。（　　）

13. 列车中车辆的连挂，由调车司机负责。（　　）

模块 2　考点原文对照与案例解读

按照“铁路机车车辆驾驶人员资格考试大纲（L3 类—轨道车、接触网作业车）”中理论考试对《铁路技术管理规程（普速铁路部分）》的要求，“第二编　行车组织”中“编组列车”部分主要包含第 247 条 ~ 278 条，其中考点有：第 256 条、第 262 条、第 263 条、第 264 条、第 265 条、第 266 条、第 274 条等共 7 个，其原文对照如下。

一、列车中机车的编挂

【考点 4-46】机车编挂位置要求

第 256 条　工作机车应挂于列车头部，正向运行（牵引小运转、路用、救援列车的机车除外）；无转向设备的，可逆向运行。

双机或多机牵引时，本务机车的职务由第一位机车担当。

补机原则上应挂于本务机车的前位或次位，在特殊区段或需途中返回时，经铁路局批准，可挂于列车后部，如后部补机不接软管时，由铁路局规定保证安全办法。

二、列车制动限速及其编组要求

【考点 4-47】关门车相关规定

第 262 条　列车中的机车和车辆的自动制动机，均应加入全列车的制动系统。

货物列车中因装载的货物规定需停止制动作用的车辆，自动制动机临时发生故障的车辆，准许关闭截断塞门（简称关门车），但列检作业场所在站编组始发的列车中，不得有制动故障关门车。编入列车的关门车数不超过现车总辆数的 6%（尾数不足一辆按四舍五入计算）时，可不计算每百吨列车重量的换算闸瓦压力，不填发制动效能证明书；超过 6%时，按第 261 条规定计算闸瓦压力，并填发制动效能证明书交与司机。关门车不得挂于机车后部三辆车之内；在列车中连续连挂不得超过两辆；列车最后一辆不得为关门车；列车最后第二、三辆不得连续关门。对于不适于连挂在列车中部但走行部良好的车辆，经列车调度员准许，可挂于列车尾部，以一辆为限，如该车辆的自动制动机不起作用时，须由车辆人员采取安全措施，保证不致脱钩。

旅客列车、特快货物班列不准编挂关门车。在运行途中（包括在站折返）如遇自动制动机临时故障，在停车时间内不能修复时，准许关闭一辆，但列车最后一辆不得为关门车，120 km/h 速度等级及编组小于 8 辆的 140 km/h、160 km/h 速度等级列车应按第 261 条规定计算闸瓦压力。

编有货车的军用列车、路用列车编挂关门车时，除有特殊规定外，执行货物列车的规定。

【考点 4-48】紧急制动距离的规定

第 263 条　列车在任何线路上的紧急制动距离限值按附录 H 第 27 表规定。

三、列车中车辆的连挂

【考点 4-49】钩高差

第 264 条　动车组以外的列车中相互连挂的车钩中心水平线的高度差，不得超过 75 mm。

【考点 4-50】列车中车辆的连挂分工

第 265 条　列车中车辆的连挂，由调车作业人员负责。软管的连结，有列检作业的始发列车由列检人员负责；无列检作业的由调车作业人员负责。

动车组采用机车调车作业时，随车机械师或动车段（所）胜任人员负责过渡车钩和专用风管的安装与拆卸、电气连接线的连结与摘解，并打开车门，调车人员负责车钩连结与摘解、软管摘结。

动车组无动力回送或被救援时，过渡车钩、专用风管的安装与拆卸由随车机械师负责，司机配合。

【考点 4-51】挂车作业的分工

第 266 条　列车机车与第一辆车的连挂，由机车乘务员负责。单班单司机值乘的，由列检人员负责；无列检作业的列车，由车辆乘务员负责；无车辆乘务员的列车，由车站人员负责。

列车机车与第一辆车的车钩摘解、软管摘结，由列检人员负责。无列检作业的列车，车钩、软管摘解由机车乘务员（单班单司机值乘的由车辆乘务员）负责，软管连结由车辆乘务员负责；无车辆乘务员的列车，由机车乘务员（单班单司机值乘的由车站人员）负责。

列车机车与第一辆车电气连接线的连结与摘解由客列检作业人员负责，无客列检作业人员时，由车辆乘务员负责。

货物列车本务机车在车站调车作业时，无论单机或挂有车辆，与本列的车辆摘挂和软管摘结，均由调车作业人员负责。

旅客列车在途中摘挂车辆时，车辆的摘挂和软管摘结，由调车作业人员负责，密封风挡和电气连接线的连结与摘解由车辆乘务员负责，其他则由列检作业人员负责，无列检作业人员时，由车辆乘务员负责，必要时打开车门，以便于调车作业。装有密接式车钩的客车车辆摘挂时，过渡车钩的安装与拆卸由列检人员负责，无列检人员时由车辆乘务员负责。

列车机车与动车组过渡车钩的连结与摘解、软管摘结、电气连接线的连结与摘解，由随车机械师负责。

四、列车中的车辆检查及修理

【考点 4-52】动车组以外列车的制动机试验

第 274 条　动车组以外的列车自动制动机应按下列规定进行试验。

1. 全部试验

（1）货车列检对解体列车到达后施行一次到达全部试验，对编组列车始发前施行一次始发全部试验，对有调车作业中转列车，到达后首先施行到达全部试验，发车前只施行始发全部试验中的漏泄试验；

（2）货车特级列检和安全保证距离在 500 km 左右的一级列检对无调车作业中转列车始发前施行一次始发全部试验；

（3）无列检作业场车站始发的列车，在途经第一个列检作业场进行无调车中转技术检查作业时施行一次始发全部试验；

（4）列检作业场对运行途中自动制动机发生故障的到达列车；

（5）旅客列车库内检修作业；

（6）在有客列检作业的车站折返的旅客列车。

站内设有试风装置时，应使用列车试验器试验，连挂机车后只做简略试验。对装有空气弹簧等装置的旅客列车应同时检查辅助用风系统的泄漏。

2. 简略试验

（1）货车列检对始发列车、中转作业列车连挂机车后；

（2）客列检作业后和旅客列车始发前；

（3）更换机车或更换机车乘务组时；

（4）无列检作业的始发列车发车前；

（5）列车软管有分离情况时；

（6）列车停留超过 20 min 时；

（7）列车摘挂补机，或第一机车的自动制动机损坏交由第二机车操纵时；

（8）机车改变司机室操纵时；

（9）单机附挂车辆时；

（10）列车进行摘、挂作业开车前。

在站简略试验：有列检作业的由列检人员负责，无列检作业的由车辆乘务员负责，无车辆乘务员的由车站人员负责。挂有列尾装置的列车由司机负责（挂有列尾装置的旅客列车，始发前、摘挂作业开车前及在途中换挂机车站、客列检作业站，有列检作业的由列检人员负责，无列检作业的由车辆乘务员负责）。

3. 持续一定时间的全部试验

有列检作业场的车站发出的货物列车运行前方途经长大下坡道区间的，在始发、中转作业时应进行持续一定时间的全部试验，列检应填发制动效能证明书交给司机；在有列检作业场车站至长大下坡道区间之间的各站始发或进行摘挂作业的列车，是否进行持续一定时间的全部试验并填发制动效能证明书交给司机，由铁路局规定。具体试验和凉闸的地点、办法，由铁路局规定。

旅客列车出库前应进行持续一定时间的全部试验，在接近长大下坡道区间的车站，是否进行持续一定时间的全部试验，由铁路局规定。

长大下坡道为：线路坡度超过 6‰，长度为 8 km 及以上；线路坡度超过 12‰，长度为 5 km 及以上；线路坡度超过 20‰，长度为 2 km 及以上。

注：考点原文对照与案例解读可通过扫描附录 G 中的对应二维码获取，供学习者随时对照、研读。

任务 3　调车工作一般要求

【任务描述】

行车工作和调车工作是机车乘务员的两大作业范畴。调车工作是指在铁路运输生产过程中，除列车在车站的到达、出发、通过以及在区间内运行外，凡机车车辆进行的一切有目的移动。按照“铁路机车车辆驾驶人员资格考试大纲（L3 类—轨道车、接触网作业车）”中理论考试对《铁路技术管理规程（普速铁路部分）》的要求，“第二编 行车组织”中“调车作业”部分主要包含第 279 条～第 307 条，其中考点有：第 279 条、第 284 条、第 285 条、第 286 条、第 287 条、第 288 条、第 291 条、第 292 条、第 293 条、第 294 条、第 295 条、第 296 条、第 297 条、第 300 条、第 302 条、第 303 条、第 305 条、第 306 条等共 18 个考点。

本任务主要针对 18 个考点，设计“挑战答题”题库，供学习者自行训练，以练促学。

【模块列表】

模块 1　基础知识挑战答题

模块 2　考点原文对照与案例解读

模块 1　基础知识挑战答题

一、单选题（共 18 题）

1. 调车作业中，无线调车灯显信号应与（　　）配合使用。

A. 列车运行监控装置 LKJ　　B. 列尾装置

C. 计轴装置　　D. 轨道电路

2. 在调车作业中，应由（　　）正确、及时地显示信号（发出指令），指挥调车机车的行动。

A. 调车长　　B. 连接员

C. 制动员　　D. 扳道员

3.（　　）不能领导车站的调车工作。

A. 车站调度员　　B. 调车区长

C. 车站值班员　　D. 调车机车司机

4.（　　）负责正确、及时地编制和布置调车作业计划。

A. 调车机车司机　　B. 制动长

C. 调车长　　D. 驼峰作业员

5. 当调动装载危险货物的车辆时，速度应不准超过（　　）。

A. 30 km/h　　B. 40 km/h

C. 15 km/h　　D. 5 km/h

6. 当调车人员不足（　　）人时，不准进行调车作业。

A. 3　　B. 2　　C. 5　　D. 4

7. 车站的正线、(　　)线主要办理列车的接发、通过、会让和越行。

A. 调车　　B. 到发

C. 货物　　D. 牵出

8. 占用或影响车站正线、到发线的调车作业，必须要经过(　　)的准许，以免妨碍列车的接发。

A. 调车长　　B. 调车区长

C. 车站值班员　　D. 助理值班员

9. 在接发列车时，应按照《站细》规定的时间，停止(　　)的调车作业。

A. 影响列车进路　　B. 影响调车进路

C. 影响站修作业　　D. 影响线路施工

10. 影响列车进路的调车作业，均应在《站细》规定的(　　)的时机前停止，严禁抢钩作业。

A. 关闭信号机　　B. 开放信号机

C. 锁闭道岔　　D. 转换道岔

11. 调车指挥人必须严格按照车站值班员所指定的(　　)进行调车，以免影响接发列车。

A. 时间　　B. 司机

C. 调车班组　　D. 调车任务

12. 在超过(　　)坡度的线路上，不得无动力停留机车车辆。

A. 5‰　　B. 6‰　　C. 10‰　　D. 4‰

13. (　　)操作可以达到防溜效果。

A. 拧紧人力制动机　　B. 提起车钩提杆

C. 摘开制动软管　　D. 用铁鞋叉子取下铁鞋

14. 双线区间正方向越出站界调车时，必须保证(　　)空闲。

A. 车站　　B. 区间或每一闭塞分区

C. 调车线　　D. 牵出线

15. 跟踪出站调车最远不得越出站界(　　)。

A. 1 000 m　　B. 800 m　　C. 500 m　　D. 1 200 m

16. 跟踪出站调车只允许在单线区间及双线(　　)方向的线路上办理。

A. 正　　B. 反　　C. 前　　D. 后

17. 遇到(　　)，禁止跟踪出站调车。

A. 降雾、暴风雨雪时　　B. 出站方向区间内没有长大坡道时

C. 出站方向区间内设有桥梁或隧道时　　D. 只能采用电话闭塞法时

18. 车站的调车工作，由(　　)统一领导。

A. 车站调度员　　B. 扳道员

C. 连结员　　D. 调车机车司机

二、多选题（共 10 题）

1. 按照调车设备的不同，调车工作可以分为(　　)。

A. 驼峰调车
B. 编组调车
C. 取送调车
D. 平面牵出线调车
E. 解体调车

2. 按照调车的目的来分，调车工作可以分为（　　）。

A. 摘挂车辆调车
B. 解体调车
C. 驼峰调车
D. 编组调车
E. 取送调车

3. 在调车作业中，（　　）等情况下，前方进路的确认由调车机车司机负责。

A. 推进车辆运行
B. 单机运行
C. 牵引车辆运行
D. 在非集中联锁车站
E. 无起动信号时

4.（　　）等车辆被禁止溜放。

A. 动车组
B. 客车
C. 落下孔车
D. 棚车
E. 凹形车

5.（　　）等车辆被禁止通过驼峰。

A. 客车
B. 落下孔车
C. 棚车
D. 装载石油、天然气的罐车
E. 钳夹车

6.（　　）是影响列车进路的调车作业。

A. 占用接车进路调车
B. 占用牵出线调车
C. 占用站修线调车
D. 穿过通过进路调车
E. 占用发车进路调车

7. 在（　　）等线路上，禁止停留机车车辆。

A. 到发线
B. 调车线
C. 安全线
D. 避难线
E. 牵出线

8.（　　）是调车工作中使用的防溜工具。

A. 铁鞋
B. 防溜枕木
C. 制动软管
D. 折角塞门
E. 止轮器

9. 参加车站调车工作的人员应做到（　　）等要求。

A. 及时编组、解体列车
B. 保证按列车运行图的规定时刻发车，不影响接车
C. 认真执行作业标准，保证调车有关人员的人身安全及行车安全
D. 充分运用调车机车及一切技术设备，采用先进工作方法用最少的时间完成调车任务
E. 及时取送客货作业和检修的车辆

10.（　　）是调车长的职责。

A. 组织调车人员正确及时地完成调车任务

B. 正确及时地显示信号（发出指令），指挥调车机车的行动

C. 负责调车人员的人身安全和行车安全

D. 督促组内人员充分做好准备，认真进行作业前检查

E. 正确、及时地回应调车指令，操纵并移动调车机车

三、填空题（共 18 题）

1. 在铁路运输生产中，除列车在（　　）的到达、出发、通过以及在（　　）内的运行外，凡机车车辆进行的一切（　　）统称为调车工作。

2. 车站调车工作必须按照车站（　　）作业过程和（　　）作业计划的要求进行。

3. 参加调车工作的人员应做到及时编组、解体列车，保证按（　　）的规定时刻发车，并不影响（　　）。

4. 调车工作人员应充分应用（　　）机车及一切技术设备，采用先进工作方法，以（　　）的时间完成调车任务。

5. 调车工作“九固定”制度规定，在调车工作中，应固定调车作业区域、固定（　　）使用、固定（　　）机车、固定（　　）和班次、固定（　　）的时间和地点、固定工具数量及（　　）。

6. 无线调车灯显设备正常时，调车作业人员应按照无线调车灯显信号规定，使用该设备指挥调车作业，对灯显以外的作业指令采用（　　）方式。当其发生故障时，调车长应改用（　　）信号指挥作业。

7. 调车作业由（　　）单一指挥。

8. 调车机车司机在调车作业中应时刻注意（　　）信号，不间断地进行（　　），认真执行呼唤应答制，（　　）、（　　）地执行信号显示（作业指令）和调车速度的要求。

9.（　　）是指规定调车作业的具体任务、内容、方法、顺序、完成时间及注意事项的具体行动计划。

10. 调车作业时所有调车作业人员都必须正确、及时地显示调车（　　）；调车机车的（　　）要认真确认信号，并回示。

11. 调车作业中摘车时，必须按规定采取（　　）措施，方可摘开车钩；挂车时，没有连挂（　　）不得撤除该措施。

12. 线路两旁堆放货物，距钢轨头部外侧不得小于（　　）m；站台上堆放货物，距站台边缘不得小于（　　）m。

13. 设有固定机车走行线时，出入段机车必须走固定走行线。 机车固定走行线上禁止（　　）机车车辆。

14. 中间站停留车辆，无论停留的线路是否有坡道，均应（　　）在一起，并做好（　　）措施。

15. 设有停放制动装置的动车组无动力停留时，由（　　）负责将动车组处于停放制动状态。

16. 单线半自动闭塞区间和双线反方向出站调车时，必须有停止使用（　　）的调度命令，与邻站办理电话闭塞手续，并发给司机（　　）通知书，方可出站调车。

17. 跟踪调车作业完毕，车站值班员确认跟踪调车通知书收回后，向邻站发出（　　）号

码，确认跟踪出站调车完毕。

18.（ ）在调车作业前，必须亲自并督促组内人员充分做好准备，认真进行检查。

四、判断题（共16题）

1. 在车站上进行调车作业会延长车辆停留时间，影响车辆周转，不能保证按运行图组织行车。（ ）

2. 调车工作只针对货车车辆，不包括旅客列车。（ ）

3. 调车工作是铁路运输生产的基本环节，是车站工作的主要内容之一。（ ）

4. 所有机车都可以用作调车机车。（ ）

5. 没有信号（指令）的情况下，调车机车司机不准动车；信号（指令）不清的情况下应立即停车。（ ）

6. 调车指挥人确认有关人员均已了解调车作业计划后，方可开始调车作业。（ ）

7. 货物线两旁堆放货物时，距钢轨头部外侧不得少于15 m。不足该规定距离时，不得进行调车作业。（ ）

8. 停留有装载爆炸品、气体类危险货物车辆的线路禁止进行溜放作业。（ ）

9. 调动装载超限货物的车辆时，调车速度不准超过5 km/h。（ ）

10. 列车进路包括接车进路和发车进路。（ ）

11. 机车车辆必须停留在警冲标内方。（ ）

12. 动车组无停放制动装置或在坡度为20‰以上的区间无动力停留时，由司机通知随车机械师进行防溜，防溜时使用止轮器牢靠固定。（ ）

13. “越出站界调车”是指因受调车设备限制需要越过进站信号机或站界标进入车站的调车作业。（ ）

14. 双线自动闭塞区间反方向越出站界调车时，必须首先得到列车调度员“停基改电”的调度命令。（ ）

15. 单线自动闭塞区间办理越出站界调车时，闭塞系统必须在发车位置。（ ）

16. 跟踪出站调车必须经列车调度员口头准许，取得本站车站值班员承认的电话记录号码后，才能发给司机跟踪调车通知书。（ ）

模块2 考点原文对照与案例解读

按照“铁路机车车辆驾驶人员资格考试大纲（L3类—轨道车、接触网作业车）”中理论考试对《铁路技术管理规程（普速铁路部分）》的要求，“第二编 行车组织”中“调车作业”部分主要包含第279条~第307条，其中考点有：第279条、第284条、第285条、第286条、第287条、第288条、第291条、第292条、第293条、第294条、第295条、第296条、第297条、第300条、第302条、第303条、第305条、第306条等共18个考点，其原文对照如下。

一、一般要求

【考点4-53】车站调车工作的要求

第 279 条 车站的调车工作，应按车站的技术作业过程及调车作业计划进行。参加调车作业的人员应做到：

（1）及时编组、解体列车，保证按列车运行图的规定时刻发车，不影响接车；

（2）及时取送客货作业和检修的车辆；

（3）充分运用调车机车及一切技术设备，采用先进工作方法，用最少的时间完成调车任务；

（4）认真执行作业标准，保证调车有关人员的人身安全及行车安全。

二、领导及指挥

【考点 4-54】调车工作的领导

第 284 条 车站的调车工作，由车站调度员（未设车站调度员的由调车区长，未设调车区长的由车站值班员）统一领导。分场（区）时，各场（区）的调车工作，由负责该场（区）的车站调度员或该场（区）的调车区长领导。

动车段（所）调车工作的领导及指挥由铁路局规定。

【考点 4-55】调车作业单一指挥

第 285 条 调车作业由调车长单一指挥。利用本务机车进行调车作业时，可由车站值班员或助理值班员担任指挥工作。遇有特殊情况，可由经鉴定、考试合格取得调车长资格的胜任人员代替。

【考点 4-56】调车长的职责

第 286 条 调车长在调车作业前，必须亲自并督促组内人员充分做好准备，认真进行检查。在作业中应做到：

（1）组织调车人员正确及时地完成调车任务；

（2）正确及时地显示信号（发出指令），指挥调车机车的行动；

（3）负责调车人员的人身安全和行车安全。

【考点 4-57】司机在调车作业中的任务

第 287 条 司机在调车作业中应做到：

（1）组织机车乘务人员正确及时地完成调车任务；

（2）负责操纵调车机车，做好整备，保证机车质量良好；

（3）时刻注意确认信号，不间断地进行瞭望，认真执行呼唤应答制，正确及时地执行信号显示（作业指令）和调车速度的要求，没有信号（指令）不准动车，信号（指令）不清立即停车；

（4）负责调车作业的安全。

三、计划及准备

【考点 4-58】调车作业计划的制订

第 288 条 调车领导人应正确及时地编制、布置调车作业计划。布置调车作业计划，应使用调车作业通知单。中间站利用本务机车调车，应使用有示意图的调车作业通知单（示意图可另附）。使用无线调车灯显设备的车站，调车作业计划布置方法，由铁路局规定。

列车在到达线路内拉道口、对货位、直接后部摘车、本务机车（包括重联机车、补机）摘挂及转线、企业自备机车进入站内交接线整列取送作业，可不使用调车作业通知单。

自轮运转特种设备调车作业是否需要使用调车作业通知单由铁路局规定。

调车领导人与调车指挥人必须亲自交接计划。由于设备原因，亲自交接计划确有困难以及设有调车作业通知单传输装置的车站，交接办法在《站细》内规定。

调车指挥人应根据调车作业计划制定具体作业方法，连同注意事项，亲自向司机交递和传达；对其他有关人员，应亲自或指派连结员进行传达。具体传达办法，在《站细》内规定。

调车指挥人确认有关人员均已了解调车作业计划后，方可开始作业。

动车段（所）调车工作的计划编制及下达办法由铁路局规定。

四、调车作业

【考点 4-59】调车作业信号显示与确认

第 291 条 调车作业时，调车人员必须正确及时地显示信号；机车乘务人员要认真确认信号，并回示。

推进车辆连挂时，要显示十、五、三车的距离信号，没有显示十、五、三车的距离信号，不准挂车，没有司机回示，应立即显示停车信号。

推送车辆时，要先试拉。车列前部应有人瞭望，及时显示信号。

当调车指挥人确认停留车位置有困难时，应派人显示停留车位置信号。

调车人员不足 2 人，不准进行调车作业。

【考点 4-60】司机与调车人员的配合

第 292 条 在调车作业中，单机运行或牵引车辆运行时，前方进路的确认由司机负责；推进车辆运行时，前方进路的确认由调车指挥人负责，如调车指挥人所在位置确认前方进路有困难时，可指派调车组其他人员确认。

没有看到调车指挥人的起动信号，不准动车（但单机返岔子或机车出入段时，可根据扳道员显示的道岔开通信号或调车信号机显示的允许运行的信号动车）。无扳道员和调车信号机时，调车指挥人确认道岔开通正确（如为集中操纵的道岔，还须与操纵人员联系）后，向司机显示起动信号。

非集中区调车作业时，要认真执行要道还道制度。扳道员之间的要道还道办法及集中区与非集中区间的作业办法，在《站细》内规定。连续溜放和驼峰解散车辆时，第一钩应实行要道还道制度（集中联锁设备除外），从第二钩起，按调车作业通知单的要求扳动道岔。

【考点 4-61】调车作业速度及安全距离

第 293 条 调车作业要准确掌握速度及安全距离，并遵守下列规定：

（1）在空线上牵引运行时，不准超过 40 km/h；推进运行时，不准超过 30 km/h。

（2）调动乘坐旅客或装载爆炸品、气体类危险货物、超限货物的车辆时，不准超过 15 km/h。

（3）接近被连挂的车辆时，不准超过 5 km/h。

（4）推上驼峰解散车辆时的速度和装有加、减速顶的线路上的调车速度，在《站细》内规定。经过道岔侧向运行的速度，由工务部门根据道岔具体条件规定，并纳入《站细》。

（5）在尽头线上调车时，距线路终端应有 10 m 的安全距离；遇特殊情况，必须近于 10 m 时，要严格控制速度。

（6）电力机车、动车组在有接触网终点的线路上调车时，应控制速度，距接触网终点标应有 10 m 的安全距离；遇特殊情况，必须近于 10 m 时，要严格控制速度。

（7）旅客未上下车完毕，除本务机车、补机摘挂作业外，不得进行旅客列车（车底）的连挂作业。

（8）遇天气不良等非正常情况，应适当降低速度。

【考点 4-62】禁止溜放的车辆、线路及其他限制

第 294 条 禁止溜放的车辆、线路及其他限制：

（1）装有禁止溜放货物的车辆；

（2）非工作机车、铁路救援起重机、大型养路机械、机械冷藏车、凹型车、落下孔车、客车、动车组和特种用途车；

（3）乘坐旅客的车辆及停有该车辆的线路，停有动车组的线路；

（4）超过 2.5‰坡度的线路（为溜放调车而设的驼峰和牵出线除外）；

（5）停有正在进行技术检查、修理、装卸作业车辆及无人看守道口的线路；

（6）停有装载爆炸品、气体类危险货物车辆的线路；

（7）停留车辆距警冲标的长度，容纳不下溜放车辆（应附加安全制动距离）的线路；

（8）中间站正线、到发线及与其衔接而未设隔开设备的线路；

（9）调车组不足 3 人时，禁止溜放作业；

（10）不准采用牵引溜放法调车。

【考点 4-63】调车作业中摘解车辆

第 295 条 调车作业摘车时，必须停妥，按规定采取好防溜措施，方可摘开车钩；挂车时，没有连挂妥当，不得撤除防溜措施。

转场或在超过 2.5‰坡度的线路上调车时（驼峰作业除外），10 辆及以下是否需要连结软管及连结软管的数量，11 辆及以上必须连结软管的数量，以及以解散作业为目的的牵出是否需要连结软管，由车站和机务段根据具体情况共同确定，并纳入《站细》。

【考点 4-64】禁止溜放的车辆

第 296 条 机车（调车机车除外）、铁路救援起重机、客车、动车组、大型养路机械、凹型车、落下孔车、钳夹车及其他涂有禁止上驼峰标记的车辆禁止通过驼峰。装载活鱼（包括鱼苗）、跨装货物的车辆（跨及两平车的汽车除外）等，是否可以通过驼峰，由车站会同车辆段等有关单位做出具体规定，并纳入《站细》。

如因迂回线故障等原因，机械冷藏车必须通过设有车辆减速器（顶）的驼峰时，以不超过 7 km/h 的速度推送过峰。不得附挂机械冷藏车溜放其他车辆（推峰除外）。

曲线外轨、调车场以外的线路和外闸瓦车、直径 950 mm 及以上的大轮车，严禁使用铁鞋制动。

【考点 4-65】调车线路与货物的安全距离

第 297 条 线路两旁堆放货物，距钢轨头部外侧不得小于 1.5 m。站台上堆放货物，距站台边缘不得小于 1 m。货物应堆放稳固，防止倒塌。

不足上述规定距离时，不得进行调车作业。

五、在正线、到发线上的作业

【考点 4-66】在正线、到发线上调车时须经车站值班员允许

第 300 条 在正线、到发线上调车时，要经过车站值班员的准许。在接发列车时，应按

《站细》规定的时间，停止影响列车进路的调车作业。

【考点 4-67】越出站界调车

第 302 条 越出站界调车时，双线区间正方向，必须区间（自动闭塞区间为第一个闭塞分区）空闲；单线自动闭塞区间，闭塞系统必须在发车位置，第一个闭塞分区空闲，经车站值班员口头准许并通知司机后，方可出站调车。

单线半自动闭塞区间和双线反方向出站调车时，须有停止使用基本闭塞法的调度命令，与邻站办理闭塞手续，并发给司机出站调车通知书（附录 H 中《技规》附件 5）。

【考点 4-68】跟踪出站调车

第 303 条 跟踪出站调车，只准许在单线区间及双线正方向线路上办理，并须经列车调度员口头准许，取得邻站值班员承认的电话记录号码，发给司机跟踪调车通知书（附录 H 中《技规》附件 5）。在先发列车尾部越过预告、接近信号机（或靠近车站的第一个预告标）或《站细》规定的间隔时间后，方可跟踪出站调车，但最远不得越出站界 500 m。

遇下列情况，禁止跟踪出站调车：

（1）出站方向区间内有瞭望不良的地形或有长大上坡道（站名表由铁路局公布）；

（2）先发列车需由区间返回，或挂有由区间返回的后部补机；

（3）一切电话中断；

（4）降雾、暴风雨雪时；

（5）动车组调车作业。

跟踪调车作业完毕，车站值班员确认跟踪调车通知书收回后，向邻站发出电话记录号码。列车虽已到达邻站，但跟踪调车通知书尚未收回时，禁止办理区间开通手续。

六、机车车辆的停留

【考点 4-69】机车车辆的停留

第 305 条 机车车辆必须停在警冲标内方。调车作业中，车辆临时停在警冲标外方时，一批作业完了后，应立即送入警冲标内方。因特殊情况需在警冲标外方进行装卸作业时，须经车站值班员、调车区长准许，在不影响列车到发及调车作业的情况下方可进行，装卸完了后，应立即送入警冲标内方。

安全线及避难线上，禁止停留机车车辆；在超过 6‰坡度的线路上，不得无动力停留机车车辆。

装载爆炸品、气体类危险货物的车辆及救援列车，必须停放在固定的线路上，两端道岔应扳向不能进入该线的位置并加锁；临时停留公务车线路上的道岔也应扳向不能进入该线的位置并加锁。集中操纵的道岔可在控制台上进行单独锁闭。

【考点 4-70】在不同车站线路上停留

第 306 条 编组站、区段站在到发线、调车线以外的线路上停留车辆，不进行调车作业时，应连挂在一起，并须拧紧两端车辆的人力制动机，或以铁鞋（止轮器、防溜枕木等）牢靠固定。因装卸车对货位等情况，不能连挂在一起时，应分组做好防溜措施。

中间站停留车辆，无论停留的线路是否有坡道，均应连挂在一起，拧紧两端车辆的人力制动机，并以铁鞋（止轮器、防溜枕木等）牢靠固定。因装卸车对货位等情况，不能连挂在一起时，应分组做好防溜措施。一批调车作业中临时停留的车辆，须拧紧两端车辆的人力制动机或以铁鞋（止轮器）止轮。

编组站和区段站的到发线、调车线是否需要防溜以及作业量较大中间站执行上述规定有困难时，由铁路局规定。

注：考点原文对照与案例解读可通过扫描附录 G 中的对应二维码获取，供学习者随时对照、研读。

任务 4　行车闭塞一般要求

【任务描述】

行车闭塞法是指在组织列车运行时，通过人工或基本闭塞设备等的控制，使一个区间（或闭塞分区）在同一时间内，只准许一列列车占用的技术方法。行车闭塞法在保证列车运行安全和提高运输效率方面发挥着重要作用。

按照“铁路机车车辆驾驶人员资格考试大纲（L3 类—轨道车、接触网作业车）”中理论考试对《铁路技术管理规程（普速铁路部分）》的要求，“第二编　行车组织”中“行车闭塞”部分主要包含第 308 条～第 330 条，其中考点有：第 308 条、第 309 条、第 310 条、第 311 条、第 314 条、第 315 条、第 316 条、第 317 条、第 319 条、第 320 条、第 321 条、第 323 条、第 324 条、第 326 条、第 327 条等共 15 个。

本任务主要针对 15 个考点，设计“挑战答题”题库，供学习者自行训练，以练促学。

【模块列表】

模块 1　基础知识挑战答题

模块 2　考点原文对照与案例解读

模块 1　基础知识挑战答题

一、单选题（共 13 题）

1. 行车闭塞法的作用是（　　），以保证列车安全运行。

A. 使列车与列车之间保持长时间的通信　　B. 使列车与列车之间保持一定的距离

C. 使列车与列车之间能够同步供电　　D. 使列车与列车之间保持相同的速度

2. 当自动闭塞区间内两架及以上通过信号机故障或灯光熄灭时，应采用（　　）闭塞法指挥行车。

A. 电话闭塞　　B. 自动闭塞

C. 半自动闭塞　　D. 自动站间闭塞

3. 在单线铁路上，车站与车站间以（　　）的机柱中心线为车站与区间的分界线来划分站间区间。

A. 出站信号机　　B. 预告信号机

C. 进站信号机　　D. 调车信号机

4. 在双线或多线铁路上，车站与车站间分别以各正线的进站信号机机柱中心线或(　　)为车站与区间的分界线来划分站间区间。

A. 预告标　　B. 站界标

C. 机车停车位置标　　D. 警冲标

5. 自动闭塞区间以该线上同方向相邻的两架（　　）信号机机柱中心线为闭塞分区的分界线。

A. 出站　　B. 通过

C. 进站　　D. 调车

6. 半自动闭塞是由发车站和接车站的（　　）相互联系，按程序要求办理。

A. 站务员　　B. 机车驾驶员

C. 车站值班员　　D. 值班站长

7. 当发车站工作人员按下闭塞按钮后，发车表示灯亮黄灯，电铃鸣响，然后接车站的接车表示灯亮（　　），电铃鸣响。

A. 绿灯　　B. 红灯

C. 白灯　　D. 黄灯

8.（　　）情况下，应使用电话闭塞法指挥行车。

A. 车站值班员生病　　B. 出站信号机故障

C. 多趟列车晚点　　D. 调车机车走行部故障

9. 无论是单线铁路还是双线铁路，电话闭塞均要求按（　　）办理。

A. 站间区间　　B. 所间区间

C. 闭塞分区　　D. 发车站和接车站

10. 使用电话闭塞法行车时，列车占用区间的行车凭证为（　　）。

A. 路票　　B. 进站信号机亮绿灯

C. 出站信号机亮黄灯　　D. 路签

11. 发车站车站值班员填写路票后，应交付给（　　），指示发车。

A. 列车调度员　　B. 机车乘务员

C. 接车站车站值班员　　D. 接车站站务员

12.（　　）不是《行车日志》的作用。

A. 确认区间是否空闲　　B. 记载列车到发时刻

C. 记载列车运行的实际情况　　D. 记录司机出乘的趟数

13. 电话中断时行车，列车进入区间的行车凭证为（　　）。

A. 绿色许可证　　B. 黄色许可证

C. 红色许可证　　D. 蓝色许可证

二、多选题（共 5 题）

1. 我国铁路列车运行的间隔制度主要有（　　）。

A. 时间间隔法　　B. 车站间隔法

C. 线路所间隔法　　D. 通过信号机间隔法

E. 空间间隔法

2. 我国铁路行车的基本闭塞法主要有（　　）。

A. 半自动闭塞　　B. 自动闭塞

C. 自动站间闭塞　　D. 电话闭塞

E. 代用闭塞

3. 三显示自动闭塞区段的通过信号机有三种灯光显示，分别是（　　）。

A. 红灯　　B. 蓝灯

C. 月白灯　　D. 黄灯

E. 绿灯

4. 四显示自动闭塞区段的通过信号机有四种灯光显示，分别是（　　）。

A. 红灯　　B. 绿黄灯

C. 红白灯　　D. 黄灯

E. 绿灯

5. 正常情况下，半自动闭塞的行车凭证为（　　）等显示的允许运行的信号。

A. 调车信号机　　B. 出站信号机

C. 进站信号机　　D. 驼峰信号机

E. 线路所通过信号机

三、填空题（共 16 题）

1. 为保证行车安全，必须使同方向运行的列车不致发生（　　）冲突，对向运行的列车不致发生迎面（　　）。

2. 铁路必须保证“三个一”原则，即通过人工或设备控制，使同一个车站、线路所或闭塞分区，在同一（　　）内，只允许有一列（　　）占用。

3. 列车运行是以车站、线路所所划分的（　　）及自动闭塞区间的通过信号机所划分的（　　）作空间间隔。

4. 半自动闭塞法是指在区间两端车站各装设一台具有相互电气锁闭关系的（　　）闭塞机 ，并以（　　）信号机开放显示为行车凭证的闭塞方法。

5. 半自动闭塞过程中，发车站出站信号机开放后，待列车进入（　　）后，出站信号机自动关闭。在列车到达对方车站以前，都不能开放。

6. 半自动闭塞区段，遇超长列车头部越过出站信号机而未压上出站方面的轨道电路发车时，其行车凭证为出站信号机显示的（　　）信号，并发给司机准许列车头部越过出站信号机发车的调度命令。

7. 自动站间闭塞法必须与轨道检查装置结合使用，采用轨道检查装置自动检查区间内是否（　　），列车以（　　）为间隔运行。

8. 使用自动站间闭塞法行车时，列车的行车凭证为出站信号机显示的进行信号进入（　　）；列车到达接车站或返回发车站并出清区间后，自动解除（　　）。

9. 双线正方向发车时，根据收到的前次列车到达的（　　）号码 ，在（　　）进路准备妥当后即可填发路票。

10. 办理电话闭塞时，发车站和接车站的车站值班员均应将通话记录记入（　　）。

11. 使用路票必须选准使用的区间，正确填记以下内容，主要有：

（1）（　　）号码；（2）列车的（　　）；（3）加盖专用的（　　）。

12. 路票应由（　　）或指定的（　　）填写。

13. 一切电话中断是指车站行车室内的（　　）电话、（　　）电话、（　　）电话全部中断，使车站值班员无法使用电话办理行车联系事宜。

14. 当车站一切电话中断时，单线铁路行车可按照书面联络法，双线铁路行车可按照（　　）间隔法。

15. 需停基改电时，遇列车调度电话不通时，闭塞法的变更或恢复，应由该区间两端站的（　　）确认区间空闲后，直接以（　　）办理。

16. 一切电话中断后，连续发出同一方向的列车时，两列车的间隔时间，应按区间规定的运行时间另加（　　）min，但总共不得少于（　　）min。

四、判断题（共 18 题）

1. 为了进一步提高运输效率，我国铁路允许两趟列车在同一时间内，进入同一条铁路线路。（　　）

2. 在单线铁路区间主要采用自动闭塞法。（　　）

3. 电话闭塞法是当基本闭塞法不能使用时，例如基本闭塞设备故障时，所采用的一种代用闭塞法。（　　）

4. 所间区间是两个线路所间或者线路所与车站间，以该线路上的通过信号机或进站信号机机柱中心线为所间区间的分界线。（　　）

5. 在三显示自动闭塞区段，列车进入闭塞分区的行车凭证为进站信号机或通过信号机的黄灯或绿灯。（　　）

6. 半自动闭塞区段各车站的进站信号机内侧设有一小段专用的信号机点灯电路，它可以和闭塞机、出站信号机之间用电气锁闭关系连通。（　　）

7. 半自动闭塞是目前我国双线铁路区间闭塞的主要类型。（　　）

8. 在单线铁路区间，必须得到接车站的同意闭塞信号，出站信号机才能开放。（　　）

9. 在双线铁路区间，必须得到前次列车开往前方站的发车信号，出站信号机才能开放。（　　）

10. 发车站在办理发车进路前，无须确认区间空闲，只要接车站未办理同一区间的发车进路，便直接向接车站预告即可。（　　）

11. 电话闭塞法是我国铁路的基本闭塞法。（　　）

12. 半自动闭塞法、自动站间闭塞法都是我国铁路的基本闭塞法。（　　）

13. 我国铁路规定的代用闭塞法主要有电话闭塞法、自动站间闭塞法等。（　　）

14. 基本闭塞法与电话闭塞法相互转换时，必须确认区间空闲。（　　）

15. 同一区间、同一线路在同一时间内可以使用两种不同的闭塞方法。（　　）

16. 路票可以根据实际情况进行修改，在备注栏中注明即可。（　　）

17. 当基本闭塞法不能使用时，应根据车站调度员的命令采用电话闭塞法行车。（　　）

18. 双线按时间间隔法行车时，只准发出正方向的列车。（　　）

模块 2　考点原文对照与案例解读

按照“铁路机车车辆驾驶人员资格考试大纲（L3 类—轨道车、接触网作业车）”中理论考试对《铁路技术管理规程（普速铁路部分）》的要求，“第二编 行车组织”中“行车闭塞”部分主要包含第 308 条 ~ 第 330 条，其中考点有：第 308 条、第 309 条、第 310 条、第 311 条、第 314 条、第 315 条、第 316 条、第 317 条、第 319 条、第 320 条、第 321 条、第 323 条、第 324 条、第 326 条、第 327 条等共 15 个，其原文对照如下。

一、一般要求

【考点 4-71】区间与闭塞分区的界限

第 308 条　列车运行是以车站、线路所所划分的区间及自动闭塞区间的通过信号机所划分的闭塞分区作间隔。

区间及闭塞分区的界限，按下列规定划分：

1. 站间区间

（1）在单线上，车站与车站间以进站信号机柱的中心线为车站与区间的分界线；

（2）在双线或多线上，车站与车站间分别以各该线的进站信号机柱或站界标的中心线为车站与区间的分界线。

2. 所间区间

两线路所间或线路所与车站间，以该线上的通过信号机柱的中心线为所间区间的分界线。设有进站信号机的线路所，所间区间的分界方法与站间区间相同。

3. 闭塞分区

自动闭塞区间同方向相邻的两架色灯信号机间，以该线上的通过信号机柱的中心线为闭塞分区的分界线。

【考点 4-72】行车闭塞法的分类

第 309 条　车站均须装设基本闭塞设备。行车基本闭塞法采用下列三种：

（1）自动闭塞；

（2）自动站间闭塞；

（3）半自动闭塞。

电话闭塞法是当基本闭塞法不能使用时所采用的代用闭塞法。

原则上不使用隔时续行办法，如必须使用时，由铁路局规定。

【考点 4-73】停基改电的概念

第 310 条　当基本闭塞法不能使用时，应根据列车调度员的命令采用电话闭塞法行车。遇列车调度电话不通时，闭塞法的变更或恢复，应由该区间两端站的车站值班员确认区间空闲后，直接以电话记录办理。列车调度电话恢复正常时，两端站车站值班员应及时向列车调度员报告。

【考点 4-74】停基改电的几种情况

第 311 条　遇下列情况，应停止使用基本闭塞法，改用电话闭塞法行车：

（1）基本闭塞设备发生故障导致基本闭塞法不能使用、自动闭塞区间内两架及以上通过信号机故障或灯光熄灭时；

（2）无双向闭塞设备的双线区间反方向发车或改按单线行车时；

（3）发出由区间返回的列车，或发出挂有由区间返回后部补机的列车时；

（4）自动站间闭塞、半自动闭塞区间，由未设出站信号机的线路上发车，或超长列车头部越过出站信号机并压上出站方面轨道电路发车时；

（5）在夜间或遇降雾、暴风雨雪，为消除线路故障或执行特殊任务，开行轻型车辆时。

自动站间闭塞设备故障，半自动闭塞设备良好时，可根据调度命令改按半自动闭塞法行车。

二、自动闭塞

【考点 4-75】自动闭塞法行车凭证

第 314 条 使用自动闭塞法行车时，列车进入闭塞分区的行车凭证为出站或通过信号机显示的允许运行的信号。

自动闭塞区段的车站，办理发车前应向接车站预告；单线自动闭塞区段的车站，还须得到列车调度员的同意（列车调度员已下达列车运行调整计划时除外）。已向接车站预告，但列车不能出发时，发车站须通知接车站取消预告。

【考点 4-76】自动闭塞区段特殊情况行车凭证

第 315 条 自动闭塞区段遇各种情况发车的行车凭证见表 4.5。

表 4.5 自动闭塞区段特殊情况行车凭证表

<table>
<tr><th>列车出发情况</th><th>行车凭证</th><th>发给行车凭证的依据</th><th>附带条件</th></tr>
<tr><td>1. 出站信号机故障时发出列车</td><td rowspan="3">绿色许可证（附录 H 中《技规》附件 2）</td><td rowspan="3">1. 监督器表示第一个闭塞分区空闲，不表示时为接到前次列车到达邻站的通知或前次列车发出后不少于 10 min 的时间。
2. 确认道岔位置正确及进路空闲。
3. 单线须取得对方站确认区间内无迎面列车的电话记录号码</td><td rowspan="3">从监督器上不能确认第一个闭塞分区空闲时，车站应发给司机书面通知（附录 H 中《技规》附件 8），司机以在瞭望距离内能随时停车的速度，最高不超过 20 km/h，运行到第一架通过信号机，按其显示的要求执行</td></tr>
<tr><td>2. 由未设出站信号机的线路上发出列车</td></tr>
<tr><td>3. 超长列车头部越过出站信号机发出列车</td></tr>
<tr><td>4. 发车进路信号机发生故障时发出列车</td><td rowspan="2">绿色许可证（附录 H 中《技规》附件 2）</td><td rowspan="2">确认道岔位置正确及进路空闲</td><td rowspan="2">列车到达次一信号机按其显示的要求执行</td></tr>
<tr><td>5. 超长列车头部越过发车进路信号机发出列车</td></tr>
<tr><td>6. 自动闭塞作用良好，监督器故障时发出列车</td><td rowspan="2">出站信号机显示的允许运行的信号</td><td></td><td>与邻站车站值班员及本站信号员联系</td></tr>
<tr><td>7. 双线双向闭塞设备的车站，反方向发出列车</td><td>1. 区间占用表示灯表示区间空闲
2. 双线反方向行车的调度命令</td><td>反方向发车进路表示器显示正确（进路表示器故障时通知司机）</td></tr>
</table>

注：在四显示区段，因设备不同，执行上述条款困难的，可按铁路局规定办理。

【考点 4-77】自动闭塞区间通过信号机显示停车信号时

第 316 条 自动闭塞区间通过信号机显示停车信号（包括显示不明或灯光熄灭）时，列车必须在该信号机前停车，司机应使用列车无线调度通信设备通知车辆乘务员（随车机械师）。停车等候 2 min，该信号机仍未显示允许运行的信号时，即以遇到阻碍能随时停车的速度继续运行，最高不超过 20 km/h，运行到次一通过信号机（进站信号机），按其显示的要求运行。在停车等候同时，必须与车站值班员、列车调度员联系，如确认前方闭塞分区内有列车时，不得进入。

装有容许信号的通过信号机，显示停车信号时，准许铁路局规定停车后起动困难的货物列车，在该信号机前不停车，按上述速度通过。当容许信号灯光熄灭或容许信号和通过信号机灯光都熄灭时，司机在确认信号机装有容许信号时，仍按上述速度通过该信号机。

装有连续式机车信号的列车，遇通过信号机灯光熄灭，而机车信号显示允许运行的信号时，应按机车信号的显示运行。

司机发现通过信号机故障时，应将故障信号机的号码通知前方站（列车调度员）。车站值班员（列车调度员）发现或得到区间通过信号机故障的报告后，在故障修复前，对尚未进入区间的后续列车，改按站间组织行车。

三、自动站间闭塞

【考点 4-78】自动站间闭塞法行车凭证

第 317 条 使用自动站间闭塞法行车时，列车凭出站信号机或线路所通过信号机显示的允许运行的信号进入区间。

自动站间闭塞须与集中联锁设备结合使用，自动检查区间空闲，发车站办理发车进路后即自动构成站间闭塞。列车到达接车站或返回发车站并出清区间后，自动解除闭塞。

发车站在办理发车进路前，须确认区间空闲、接车站未办理同一区间的发车进路，并向接车站预告。发车站已向接车站预告，但列车不能出发时，在取消发车进路后，须通知接车站。

四、半自动闭塞

【考点 4-79】半自动闭塞法行车凭证

第 319 条 使用半自动闭塞法行车时，列车凭出站信号机或线路所通过信号机显示的允许运行的信号进入区间。

开放出站信号机或通过信号机前，双线区段必须得到前次列车到达前方站的到达信号；单线区段必须得到接车站的同意闭塞信号。

发车站办理闭塞手续后，列车不能出发时，应将事由通知接车站，取消闭塞。

【考点 4-80】半自动闭塞区段特殊情况行车凭证

第 320 条 半自动闭塞区段，遇超长列车头部越过出站信号机而未压上出站方面的轨道电路发车时，行车凭证为出站信号机显示的允许运行的信号，并发给司机调度命令；遇发车进路信号机故障或超长列车头部越过发车进路信号机发车时，列车越过发车进路信号机的行车凭证为半自动闭塞发车进路通知书（附录 H 中《技规》附件 9）。

五、电话闭塞

【考点 4-81】电话闭塞法行车凭证

第 321 条 使用电话闭塞法行车时，列车占用区间的行车凭证为路票（附录 H 中《技规》附件 1）。当挂有由区间返回的后部补机时，另发给补机司机路票副页。

单线或双线反方向发车（正方向首列发车）时，根据《行车日志》查明区间已空闲，并取得接车站承认的电话记录号码，在发车进路准备妥当后，方可填发路票。双线正方向发车（首列除外）时，根据收到的前次发出的列车到达的电话记录号码，在发车进路准备妥当后，即可填发路票。

【考点 4-82】路票的使用

第 323 条 路票应由车站值班员或指定的助理值班员填写。

对于填写的路票，车站值班员应根据《行车日志》的记录，进行认真核对，确认无误，并加盖站名印后，方可送交司机。

双线反方向行车使用路票时，应在路票上加盖“反方向行车”章；两线、多线区间使用路票时，应在路票上加盖“××线行车”章。

六、电话中断时的行车

【考点 4-83】一切电话中断时的行车凭证

第 324 条 车站行车室内一切电话中断，单线行车按书面联络法，双线行车按时间间隔法，列车进入区间的行车凭证均为红色许可证（附录 H 中《技规》附件 3）。

在双线自动闭塞区间，如闭塞设备作用良好时，列车运行仍按自动闭塞法行车，但车站与列车司机应以列车无线调度通信设备直接联系（说明车次及注意事项等）。如列车无线调度通信设备故障时，列车必须在车站停车联系。

【考点 4-84】双线隔时续行要求

第 326 条 双线按时间间隔法行车时，只准发出正方向的列车。非自动闭塞区间发出第一个列车时，在发车前应查明区间已空闲。

【考点 4-85】一切电话中断后的隔时续行时间

第 327 条 一切电话中断后，连续发出同一方向的列车时，两列车的间隔时间，应按区间规定的运行时间另加 3 min，但不得少于 13 min。

注：考点原文对照与案例解读可通过扫描附录 G 中的对应二维码获取，供学习者随时对照、研读。

任务 5 行车组织与列车运行一般要求

【任务描述】

行车工作和调车工作是机车乘务员的两大作业范畴。行车工作是指在铁路运输生产过程中，列车在车站的到达、出发、通过以及在区间内运行。行车工作是由铁路“车机工电辆”各个系统通力合作、协同作业的过程，必须坚持集中领导、统一指挥、逐级负责的原则。

按照“铁路机车车辆驾驶人员资格考试大纲（L3 类—轨道车、接触网作业车）”中理论考试对《铁路技术管理规程（普速铁路部分）》的要求，“第二编 行车组织”中“行车组织”部分主要包含第 222 条 ~ 第 246 条，其中考点有：第 222 条、第 223 条、第 224 条、第 225 条、第 227 条、第 228 条、第 229 条、第 230 条、第 231 条、第 232 条、第 235 条、第 240 条、241 条、第 242 条、第 243 条、第 244 条、第 245 条等共 17 个。

“列车运行”部分主要包含第 331 条 ~ 第 407 条，其中考点有：第 331 条、第 333 条、第 335 条、第 338 条、第 339 条、第 347 条、第 358 条、第 359 条、第 361 条、第 362 条、第 366 条、第 367 条、第 368 条、第 370 条、第 372 条、第 374 条、第 378 条、第 379 条、第 381 条、第 382 条、第 383 条、第 384 条、第 385 条、第 386 条、第 387 条、第 388 条、第 389 条、第 390 条、第 391 条、第 402 条、第 405 条、第 407 条等共 32 个。

本任务主要针对“行车组织”部分 17 个考点、“列车运行”部分 32 个考点，设计“挑战答题”题库，供学习者自行训练，以练促学。

【模块列表】

模块 1　基础知识挑战答题

模块 2　考点原文对照与案例解读

模块 1　基础知识挑战答题

一、单选题（共 7 题）

1. 在列车运行途中，（　　）应按技术作业过程的规定检查车辆，并参加制动试验。

A. 机车乘务人员　　B. 车辆乘务人员

C. 调车组人员　　D. 车站值班员

2. 列车在区间被迫停车后，应按照规定使用（　　）进行防护。

A. 铁鞋　　B. 防溜枕木

C. 响墩　　D. 止轮器

3. 列车在区间被迫停车后，如果已请求救援，则应在救援列车开来方面距离列车不小于（　　）m 处进行防护。

A. 800　　B. 300　　C. 1 200　　D. 400

4. （　　）是全路的车流组织计划。

A. 调车作业计划　　B. 列车运行图

C. 机车周转图　　D. 列车编组计划

5. （　　）是铁路行车组织工作的基础。

A. 调车作业计划　　B. 列车运行图

C. 机车周转图　　D. 列车编组计划

6. 施工负责人可指派（　　）负责在车站办理施工封锁及开通手续，向施工负责人传达调度命令，通报列车运行情况，并向车站值班员传达开通线路请求。

A. 调车区长　　B. 轨道作业车司机

C. 驻站联络员　　D. 现场防护人员

7. 在线间距不足 6.5 m 地段施工维修而邻线行车时，邻线列车应限速（　　）km/h，并按规定设置防护。

A. 160　　B. 200　　C. 250　　D. 300

二、多选题（共 15 题）

1. 必须满足（　　）等条件，才能被称为列车。

A. 将车辆连挂成列　　B. 挂有机车，由机车牵引

C. 挂有规定的列车标志　　D. 挂有守车

E. 挂有国徽

2.（　　）等人员是主要的行车指挥人员。

A. 列车调度员　　B. 调车区长

C. 车站值班员　　D. 连结员　　E. 调车长

3.（　　）虽未完全具备列车条件，但均应按列车办理。

A. 单机　　B. 大型养路机械

C. 旅客列车　　D. 重型轨道车　　E. 货物列车

4. 列车运行时，应按规定设有列车乘务组，主要由（　　）等人员组成。

A. 机车乘务人员　　B. 车辆乘务人员

C. 调车组人员　　D. 客运乘务组（旅客列车）

E. 车站助理值班员

5. 司机操纵机车牵引列车运行时，必须做到（　　）。

A. 起动稳　　B. 停车准确

C. 按规定鸣笛　　D. 不必限速

E. 防止列车断钩

6. 列车运行时，（　　）等设备必须全程运转，严禁擅自关机。

A. 无线调车灯显设备　　B. 机车信号

C. 列车运行监控装置　　D. 列车运行控制车载设备

E. 列车无线调度通信设备

7.（　　）等信号机发生故障时，应置于关闭状态。

A. 进站　　B. 出站

C. 调车　　D. 进路　　E. 复示

8. 车辆乘务人员应配备（　　）等防护用品。

A. 铁鞋　　B. 响墩

C. 信号旗（灯）　　D. 火炬　　E. 短路铜线

9.（　　）等情况下列车不准分部运行。

A. 经采取措施可整列运行时　　B. 遗留车辆未采取防护、防溜措施时

C. 司机与车站值班员（列车调度员）联系不上时

D. 遗留车辆停留在超过 6‰坡度的线路上时

E. 遗留车辆无人看守时

10. 司机在记明（　　），并派人看守遗留车辆后，方可牵引前部车辆运行至前方站。

A. 前部车辆辆数　　B. 遗留车辆辆数

C. 前部车辆停留位置　　D. 遗留车辆停留位置

E. 列车换算长度

11.（　　）等情况下列车不准退行。

A. 自动闭塞区段实行追踪运行　　B. 在降雾、暴风雨雪及其他不良条件下

C. 一切电话中断后发出的列车　　D. 挂有后部补机的列车

E. 单机运行的列车

12. 铁路行车组织工作要求（　　）供电、信息、房建等部门要发扬协作精神，组织均衡生产。

A. 电务　　B. 机务

C. 车辆　　D. 工务　　E. 车务

13. 列车运行图应发挥（　　）等方面的重要作用。

A. 应根据客货运量、区段通过能力等因素确定列车对数

B. 做好各站、各区段间的协调和均衡

C. 做好列车运行线与车流的结合

D. 制定列车运行、车站间隔、技术作业等时间标准

E. 充分利用通过能力，经济合理地运用机车车辆和安排施工、维修天窗

14. 车站按技术作业可以分为（　　）。

A. 营业站　　B. 编组站

C. 中间站　　D. 区段站　　E. 客货运站

15. 车站按业务性质可以分为（　　）。

A. 客运站　　B. 货运站

C. 编组站　　D. 区段站　　E. 客货运站

三、填空题（共 31 题）

1. 我国铁路行车工作必须坚持集中（　　）、统一（　　）、（　　）负责的原则。

2. 重载列车、组合列车等应有特殊的行车组织办法，由（　　）根据具体设备条件和作业组织需要规定。

3. 在区段上指挥列车运行的命令和口头指示，只能由（　　）发布。

4. 列车运行中，各有关工作人员应按规定执行（　　）联控。

5. 机车乘务组以外的人员登乘机车时，必须凭（　　）登乘。

6. 列车运行中，当列车乘务人员发现危及行车和人身安全的情形时，应立即使用（　　）阀停车。

7. 列车在通过减速地点标时，应按照标明的速度运行，未标明时以（　　）km/h 的速度运行。

8. 列车出发前，司机应输入监控装置有关数据，并按规定对（　　）进行试验，并确认列尾装置状态（　　）。

9. 车站应不间断地接发列车，严格按照（　　）图行车。

10. 接发列车时，车站值班员应亲自办理区间（　　）、布置车站（　　）、开闭信号、交接行车（　　）、接送（　　）及指示发车。

11. 接发列车时，接发车人员应携带（　　）、持手信号旗（灯），站在规定地点接送列车，并注意列车（　　）和货物（　　）状态。

12. 列车在区间被迫停车后，司机应立即向两端站列车调度员及车辆乘务员报告停车（　　）和停车（　　），并根据需要迅速请求（　　）。

13. 列车在区间被迫停车可能妨碍邻线正常行车时，应分别在列车的头部和尾部附近的邻线上点燃（　　）。在自动闭塞区间，还应对邻线来车方向（　　）轨道电路。

14. 列车在区间被迫停车需要防护时，列车前方由（　　）负责；列车后方由（　　）负责，没有该人员时可由（　　）负责。

15. 在不得已的情况下，列车必须分部运行时，司机应报告前方站的（　　）或者区段的（　　）。

16. 在不得已的情况下，列车必须分部运行时，司机应做好遗留车辆的（　　）和（　　）工作。

17. 在不得已的情况下，列车必须退行时，应由（　　）或者指派的（　　）站在列车尾部（　　）运行前方。

18. 车站值班员接到退行报告后，除立即向（　　）报告外，还应根据车站线路占用情况，开放（　　）或按照（　　）办法，将列车接入（　　）。

19. 列车发生火灾、爆炸时，须立即（　　）。

20. 列车发生火灾、爆炸时，车站不再向区间（　　）列车，并通知（　　）及后续相关列车（　　）。

21. 列车发生火灾需要分隔甩车时，一般为先甩下列车后部的（　　）车辆，再甩下（　　）车辆。

22. 当洪水漫到路肩时，列车应按有关规定（　　）运行。

23. 遇有落石、倒树等障碍物危及行车安全时，司机应立即（　　），排除障碍并确认（　　）后，方可继续运行。

24. 为预防路外伤亡事故，列车运行中司机应认真执行（　　）瞭望和（　　）制度，且机车乘务人员不同时点烟、喝水等。

25. 列车在区间运行发生人员伤亡时，司机必须立即（　　），必须对伤者或亡故者进行（　　）。

26. 车站应设有配线，并办理列车（　　）、会让和（　　）业务。

27. 封锁区间施工时，（　　）根应据封锁或开通命令，在信号控制台或规定位置上揭挂或摘下封锁区间表示牌。（　　）应保证施工时间，并向施工区间的两端站、有关单位及施工负责人及时发出实际施工调度命令。（　　）接到调度命令后，确认施工（　　）时刻，设好停车（　　）后，方可开工，并保证在规定时间内完成。

28. 施工、维修及各种上道检查巡视作业，应严格遵守作业人员和机具（　　）制度，采取措施保证邻线列车和施工作业人员（　　）。

29. 在区间或站内线路、道岔上封锁施工作业时，施工单位在车站行车室设（　　），施工地点设（　　）。

30. 在区间线路、站内线路、站内道岔上维修时，现场防护人员应站在维修地点附近、且瞭望条件较好的地点进行防护，在天窗内作业时，显示停车手信号。

31. 影响设备使用的检修均纳入（　　）进行。

四、判断题（共 22 题）

1. 车站值班员是本区段行车工作的组织者和指挥者。（　　）

2. 动车组列车是可以自走行的固定编组货物列车。（　　）

3. 为确保安全、正点，列车运行时应按照规定速度运行，不得超过规定的限制速度。（　　）

4. 四显示自动闭塞区段，列车通过显示绿黄灯光的信号机时，要求按照能在前方第三架信号机前停车的速度运行。（　　）

5. 列车运行时，司机必须遵守列车运行图规定的运行时刻和各项允许及限制速度。（　　）

6. 列车进站后，应停于接车线警冲标内方，在设有出站信号机的线路，列车头部不得越过出站信号机。（　　）

7. 由其他列车乘务人员使用紧急制动阀使列车在站内临时停车时，应由客运乘务员通知司机开车。（　　）

8. 旅客列车在区间被迫停车时，如果又遇到自动制动机故障，则应立即组织列车乘务人员松开全列车的人力制动机，以保证就地缓解。（　　）

9. 列车在区间被迫停车时，如果已请求救援，则不得再行移动，并按规定对列车进行防护。（　　）

10. 配备了列车防护报警装置的列车在区间被迫停车时，应首先使用列车防护报警装置进行防护。（　　）

11. 列车分部运行是指列车在区间被迫停车后，司机将部分车辆遗留原地，而将列车前部车辆运行至前方站的行车办法。（　　）

12. 列车在区间运行时，由于坡停、前方线路中断及自然灾害等原因，无法继续运行，而须退行至后方车站的行车办法，称为列车的退行。（　　）

13. 列车退行速度，不得超过 20 km/h。（　　）

14. 列车因火灾紧急停车时，停车地点应尽量避开特大桥梁和长大隧道。（　　）

15. 列车编组计划的编制，应在加强货流组织的基础上，最大限度地组织成组、直达运输，合理分配各编组站、区段站的中转工作，增加列车改编次数。（　　）

16. 所有施工（特别规定的慢行施工除外）、维修作业，都可以利用列车间隔时间进行。（　　）

17. 线路、桥隧、信号、通信、接触网及其他行车设备的施工、维修，力争开通后不降低行车速度。（　　）

18. 施工时，除本项施工外的车列或列车也可进入封锁区间。（　　）

19. 凡影响行车的施工及故障地点的线路，均应设置防护。未设好防护，禁止开工。（　　）

20. 凡上道使用涉及行车安全的养路机械、机具及防护设备，须符合有关技术标准，满足运用安全的要求。状态不良的，禁止上道使用。（　　）

21. 线路备用轨料应在车站范围内码放整齐，线路两侧散落的旧轨料、废土废渣应及时清理。（　　）

22. 对处于闭塞状态的闭塞设备和办理进路后处于锁闭状态的信号、联锁设备，也可以进行检修作业。（　　）

模块 2　考点原文对照与案例解读

按照“铁路机车车辆驾驶人员资格考试大纲（L3 类—轨道车、接触网作业车）”中理论考试对《铁路技术管理规程（普速铁路部分）》的要求，“第二编 行车组织”中“行车组织”部分主要包含第 222 条～第 246 条，其中考点有：第 222 条、第 223 条、第 224 条、第 225 条、第 227 条、第 228 条、第 229 条、第 230 条、第 231 条、第 232 条、第 235 条、第 240 条、241 条、第 242 条、第 243 条、第 244 条、第 245 条，共 17 个。

“列车运行”部分主要包含第 331 条～第 407 条，其中考点有：第 331 条、第 333 条、第 335 条、第 338 条、第 339 条、第 347 条、第 358 条、第 359 条、第 361 条、第 362 条、第 366 条、第 367 条、第 368 条、第 370 条、第 372 条、第 374 条、第 378 条、第 379 条、第 381 条、第 382 条、第 383 条、第 384 条、第 385 条、第 386 条、第 387 条、第 388 条、第 389 条、第 390 条、第 391 条、第 402 条、第 405 条、第 407 条，共 32 个，其原文对照如下。

一、行车组织原则

【考点 4-86】普速铁路行车组织

第 222 条　普速铁路行车组织工作，应根据本规程规定办理。

铁路局应根据本规程规定的原则，结合管内具体条件，制定普速铁路《行车组织规则》。

【考点 4-87】行车组织工作的原则

第 223 条　铁路行车组织工作，必须贯彻安全生产的方针，坚持高度集中、统一领导的原则。运输、机务、车辆、工务、电务、供电、信息、房建等部门要发扬协作精神，主动配合，紧密联系，协同动作，组织均衡生产，不断提高效率，挖掘运输潜力，完成和超额完成铁路运输任务。

【考点 4-88】列车编组计划

第 224 条　列车编组计划是全路的车流组织计划。列车中车组的编挂，须根据铁路总公司（国铁集团）和铁路局的列车编组计划进行。

列车编组计划的编制，应在加强货流组织的基础上，最大限度地组织成组、直达运输，合理分配各编组站、区段站的中转工作，减少列车改编次数。

【考点 4-89】列车运行图

第 225 条　列车运行图是铁路行车组织工作的基础。所有与列车运行有关的铁路各部门，必须按列车运行图的要求，组织本部门的工作，以保证列车按运行图运行。

列车运行图应根据客货运量、区段通过能力等因素确定列车对数，并符合下列要求：

（1）列车运行、车站间隔、技术作业等时间标准；

（2）迅速、便利地运输旅客和货物；

（3）充分利用通过能力，经济合理地运用机车车辆和安排施工、维修天窗；

（4）做好列车运行线与车流的结合；

（5）各站、各区段间的协调和均衡；

（6）合理安排乘务人员作息时间。

机车周转图应与列车运行图同时编制。

【考点 4-90】行车工作的原则

第 227 条 行车工作必须坚持集中领导、统一指挥、逐级负责的原则。

局与局间由铁路总公司（国铁集团），局管内各区段间由铁路局，一个调度区段内由本区段列车调度员统一指挥。

车站由车站值班员，线路所由线路所的车站值班员统一指挥。凡划分车场的车站，各车场由该车场的车站值班员统一指挥；车场间接发列车进路互有关联的行车事项，由指定的车站值班员统一指挥。

列车和单机由司机负责指挥。列车或单机在车站时，所有乘务人员应按车站值班员的指挥进行工作。

在调度集中区段，调度集中控制车站有关行车工作由该区段列车调度员直接指挥；但转为车站控制时，由车站值班员指挥。

【考点 4-91】全国铁路的行车时刻

第 228 条 全国铁路的行车时刻，均以北京时间为标准，从零时起计算，实行 24 小时制。

铁路地面固定设备的系统时钟，当具备条件时，应接入铁路时间同步网；不具备条件时，可独立设置卫星授时设备。

铁路行车房舍内和办理行车工作的有关人员均应备有钟表。钟表的时刻应与调度所的时钟校对。

调度所的时钟及各系统的时钟须定期校准。钟表的配置、校对、检查、修理及时钟校准办法，由铁路局规定。

【考点 4-92】上下行方向的规定

第 229 条 列车运行，原则上以开往北京方向为上行，反之为下行。

全国各线的列车运行方向，以铁路总公司（国铁集团）的规定为准，但枢纽地区的列车运行方向，由铁路局规定。

列车须按规定编定车次。上行列车编为双数，下行列车编为单数。在个别区间，使用直通车次时，可与规定方向不符。

二、行车指挥

【考点 4-93】有关行车人员必须执行列车调度员命令

第 230 条 有关行车人员必须执行列车调度员命令，服从调度指挥。

列车调度员应负责组织实现列车运行图、编组计划、运输方案，为此必须：

（1）检查各站执行列车运行图和编组计划的情况，及时发布有关行车命令和口头指示。

（2）严格按列车运行图指挥行车，遇列车发生晚点时，应积极采取措施，组织有关人员恢复正点。

（3）注意列车在车站到发及区间内的运行情况，正确、及时地处理临时发生的问题。

【考点 4-94】调度命令的发布

第 231 条 指挥列车运行的命令（运行揭示调度命令除外）和口头指示，只能由列车调度员发布。列车调度员在发布命令之前，应详细了解现场情况，并听取有关人员意见。遇表 4.6 所列情况，须发布调度命令。

表 4.6 行车调度命令项目表

顺序	命令项目	受令者	
		司机	车站值班员
1	封锁、开通区间		○
2	向封锁区间开行救援列车、路用列车	○	○
3	临时变更或恢复原行车闭塞法	○	○
4	双线反方向行车、由双线改为单线或恢复双线行车	○	○
5	变更列车径路	○	○
6	发出在区间内停车或由区间返回的列车	○	○
7	开往区间内岔线的列车	○	○
8	发出临时由区间内返回后部补机的列车	○	○
9	列车需临时降弓运行	○	○
10	因行车设备故障、灾害或施工，以及列车中挂有限速的机车车辆等，需要使列车临时限速运行（纳入运行揭示调度命令或本务机车、动车组自身设备原因限速时除外）	○	○
11	动车组列车空调失效需打开部分车门限速运行	○	○
12	车站使用故障按钮、总辅助按钮		○
13	超长列车或列车挂有装载超限货物的车辆	○	○
14	单机附挂车辆	○	○
15	半自动闭塞区间，超长列车头部越过出站信号机（未压上出站方面的轨道电路）发车	○	○
16	在非到发线上接发列车	○	○
17	调度日（班）计划以外，临时加开或停运列车（单机除外）	○	○
18	双线区间在区间内进行跨线装卸作业时，对开入其邻线的列车	○	○
19	双线区间在区间内有除雪机、起重机工作时，对开入其邻线的列车	○	○
20	双线区间在区间内发生冲突、脱轨、火灾、爆炸事故，对开入其邻线的列车	○	○
21	列尾装置故障（丢失）的货物列车继续运行	○	○
22	改按天气恶劣难以辨认信号的办法行车或恢复正常行车	○	○
23	动车组列车转入或退出隔离模式（被救援时除外）	○	○

续表

顺序	命令项目	受令者	
		司机	车站值班员
24	动车组列车在列控车载设备控车和列车运行监控装置控车之间人工转换	○	○
25	临时利用本务机车调车作业	○	○
26	利用天窗施工、维修作业		○
27	施工、维修作业较指定时间延迟结束		○
28	运行揭示调度命令与实际限速、行车方式或设备不符时	○	○
29	正线、到发线接触网停电或送电（接触网倒闸、跳闸后试送电、向中性区送电或弓网故障排查除外）		○
30	正线、到发线接触网停电后准许登顶作业	○	○
31	双管供风旅客列车运行途中改为单管供风	○	○
32	列车调度员认为有必要记录的上述以外的命令	有关人员	

注：1. 划○者为受令人员。
2. 天窗维修作业在指定的时间内完成并销记后，列车调度员不再发布维修作业结束恢复行车的调度命令。
3. 动车组列车改按列车运行监控装置方式运行需将列控车载设备隔离时，列车调度员仅发布改按列车运行监控装置方式行车的调度命令。
4. 因调车作业动车组控车模式转换，不发布调度命令。自动站间闭塞法行车转为半自动闭塞法行车及转回的调度命令，可不发给司机。

上述调度命令如涉及其他单位和人员，应同时发给。

列车调度员向司机发布调度命令时，应在列车进入关系区间（车站）前向司机发布或指定车站向司机交付，如来不及时应使列车停车进行发布或交付。

对于需向司机发布的调度命令，列车调度员可使用调度命令无线传送系统或按规定使用语音记录装置良好的列车无线调度通信设备向司机发布。由车站交付的调度命令，车站值班员可使用调度命令无线传送系统或按规定使用语音记录装置良好的列车无线调度通信设备向司机转达。

对跨局的列车，接车铁路局列车调度员可委托发车铁路局列车调度员发布调度命令。更换机车或变更限速条件时，应由有关铁路局列车调度员重新发给相关调度命令。途中乘务人员换班时，应将调度命令内容交接清楚。

使用计算机、传真机、调度命令无线传送系统发布调度命令时，命令接受人员确认无误后应及时反馈回执。使用电话发收调度命令时，应填记《调度命令登记簿》（附录 H 中《技规》附件 7），指定受令人员中一人复诵，并记明发收人员姓名及时刻。

【考点 4-95】调度命令的发布

第 232 条 有计划的施工，涉及限速、行车方式发生变化或设备变化时应发布运行揭示调度命令，司机按运行揭示调度命令执行。因施工提前、延迟或其他原因造成运行揭示调度命令与实际限速、行车方式或设备不符时，列车调度员应取消前发运行揭示调度命令，向有关车站值班员、司机、施工负责人重新发布全部内容的调度命令。

三、车站技术管理

【考点 4-96】车站的分类

第 235 条　车站应设有配线，并办理列车接发、会让和客货运业务。

车站按技术作业分为编组站、区段站、中间站，按业务性质分为营业站、非营业站，营业站分为客运站、货运站、客货运站。

编组站、区段站和较大的中间站，可根据线路的配置状况及用途划分车场。

四、对行车有关人员的要求

【考点 4-97】行车人员考证要求

第 240 条　行车有关人员，在任职、提职、改职前，必须按照铁路职业技能培训规范要求，进行拟任岗位资格性培训，并经职业技能鉴定和考试考核，取得相应职业资格证书和岗位培训合格证书后，方可任职。

在任职期间，须按照铁路职业技能培训规范等规定，定期参加岗位适应性培训和业务考试，考试不合格的，不得继续履职。

【考点 4-98】行车人员健康规范

第 241 条　行车有关人员，在任职前必须经过健康检查，身体条件不符合拟任岗位职务要求的，不得上岗作业。

在任职期间，要定期进行身体检查，身体条件不符合任职岗位要求的，应调整工作岗位。

【考点 4-99】行车人员日常学习要求

第 242 条　对行车有关人员，应进行日常安全生产知识和劳动纪律的教育、考核，并有计划地组织好在职人员的日常政治和技术业务学习。

【考点 4-100】驾驶人资格要求

第 243 条　驾驶机车、动车组、自轮运转特种设备（铁路救援起重机除外）的人员，必须持有国家铁路局颁发的驾驶证。变更驾驶机（车）型前，必须经过相应的技术培训并考试合格。

实习和学习驾驶机车、动车组、自轮运转特种设备和操纵信号或重要机械、设备及办理行车作业的人员，必须在正式值乘、值班人员的亲自指导和负责下，方准操作。

【考点 4-101】行车人员着装要求

第 244 条　行车有关人员在执行职务时，必须坚守岗位，穿着规定的服装，佩戴易于识别的证章或携带相应证件，讲普通话。

【考点 4-102】接班前休息

第 245 条　行车有关人员，接班前须充分休息，严禁饮酒，如有违反，立即停止其所承担的任务。

五、列车运行的一般要求

【考点 4-103】列车的定义

第 331 条　列车是指编成的车列并挂有机车及规定的列车标志。动车组列车为自走行固定编组列车。

单机、大型养路机械及重型轨道车，虽未完全具备列车条件，亦应按列车办理。

旅客列车的尾部标志应使用电灯，动车组以外的旅客列车尾部标志灯的摘挂、保管，由车辆部门负责。对中途转向的动车组以外的旅客列车应有备用标志灯，以备转向时使用。

【考点 4-104】车机联控

第 333 条 列车运行中，各有关作业人员应按规定执行车机联控。

【考点 4-105】动车组以外的列车司机在列车运行中的注意事项

第 335 条 动车组以外的列车司机在列车运行中，应做到：

（1）列车在出发前输入监控装置有关数据；按规定对列车自动制动机进行试验，在制动保压状态下列车制动主管的压力 1 min 内漏泄不得超过 20 kPa，确认列尾装置作用良好。

装备机车综合无线通信设备的机车，开车前司机要选定机车综合无线通信设备通信模式和运行线路。在 GSM-R 区段运行时，机车综合无线通信设备、GSM-R 手持终端按规定注册列车车次，并确认正确。

（2）遵守列车运行图规定的运行时刻和各项允许及限制速度。彻底瞭望，确认信号，执行呼唤应答制度，严格按信号显示要求行车，确保列车安全正点。遇有信号显示不明或危及行车和人身安全时，应立即采取减速或停车措施。

（3）机车信号、列车无线调度通信设备、列车运行监控装置（轨道车运行控制设备）和列尾装置必须全程运转，严禁擅自关机。

运行途中，遇列尾装置、机车信号、列车运行监控装置（轨道车运行控制设备）发生故障时，司机应立即使用列车无线调度通信设备报告车站值班员或列车调度员，并根据实际情况掌握速度运行；遇机车信号、列车运行监控装置（轨道车运行控制设备）发生故障时，司机应控制列车运行至前方站停车处理或请求更换机车，在自动闭塞区间，列车运行速度不超过 20 km/h；遇列车无线调度通信设备发生故障时，司机应在前方站停车报告。

（4）起动稳，加速快，精心操纵，停车准确，按规定鸣笛，防止列车冲动和断钩。

（5）随时检查机车总风缸、制动主管的压力。检查内燃机车柴油机的润滑油压力、冷却水的温度及其转数等情况。注意电力机车的各种仪表的显示及接触网状态。

（6）在区间内列车停车进行防护、分部运行、装卸作业或使用紧急制动阀停车后再开车时，司机必须检查试验列车制动主管的贯通状态，确认列车完整，具备开车条件后，方可起动列车。

（7）单机、自轮运转特种设备在自动闭塞区间紧急制动停车或被迫停在调谐区内时，司机须立即通知后续列车司机、向两端站车站值班员（列车调度员）报告停车位置（具备移动条件时司机须先将机车移动不少于 15 m），并在轨道电路调谐区外使用短路铜线短接轨道电路。

（8）等会列车时，不准关闭空气压缩机，并应按规定显示列车标志。

（9）负责货运票据的交接与保管。

（10）将列车运行中发生的问题及使用紧急制动阀的情况，及时报告列车调度员。

【考点 4-106】遇天气恶劣，信号机显示距离不足 200 m 时

第 338 条 遇天气恶劣，信号机显示距离不足 200 m 时，司机或车站值班员须立即报告列车调度员，列车调度员应及时发布调度命令，改按天气恶劣难以辨认信号的办法行车。

（1）列车按机车信号的显示运行。当接近地面信号机时，司机应确认地面信号，遇地面信号与机车信号显示不一致时，应立即采取减速或停车措施。

（2）当无法辨认出站（进路）信号机显示时，在列车具备发车条件后，司机凭车站值班员列车无线调度通信设备（其语音记录装置须作用良好）的发车通知起动列车，在确认出站（进路）信号机显示正确后，再行加速。

（3）天气转好时，应及时报告列车调度员发布调度命令，恢复正常行车。

【考点 4-107】汛期暴风雨行车应急处理

第 339 条 汛期暴风雨行车应急处理：

（1）列车通过防洪重点地段时，司机要加强瞭望，并随时采取必要的安全措施。

（2）当洪水漫到路肩时，列车应按规定限速运行；遇有落石、倒树等障碍物危及行车安全时，司机应立即停车，排除障碍并确认安全无误后，方可继续运行。

（3）列车遇到线路塌方、道床冲空等危及行车安全的突发情况时，司机应立即采取应急性安全措施，并立刻通知追踪列车、邻线列车及邻近车站。配备列车防护报警装置的列车应首先使用列车防护报警装置进行防护。

【考点 4-108】列车运行限制速度规定

第 347 条 列车运行限制速度规定见表 4.7 所示。

表 4.7 列车运行限制速度表

项　目	速度/（km/h）
四显示自动闭塞区段通过显示绿黄色灯光的信号机	在前方第三架信号机前能停车的速度
通过显示黄色灯光的信号机及位于定位的预告信号机	在次一架信号机前能停车的速度
通过显示一个黄色闪光灯光和一个黄色灯光的信号机	该信号机防护进路上道岔侧向的允许通过速度
通过减速地点标	标明的速度，未标明时为 25
推　进	30
退　行	15
接入站内尽头线，自进入该线起	30

六、接车与发车

【考点 4-109】列车进站停车

第 358 条 列车进站后，应停于接车线警冲标内方。在设有出站（进路）信号机的线路，列车头部不得越过出站（进路）信号机。

如列车尾部停在警冲标外方或压轨道绝缘时，车站接车人员应使用列车无线调度通信设备等通知司机或显示向前移动的手信号，使列车向前移动。

当超长列车尾部停在警冲标外方，接入相对方向的列车时，在进站信号机外制动距离内进站方向为超过 6‰的下坡道，而接车线末端无隔开设备，须使列车在站外停车后，再接入站内。如在邻线上未设调车信号机，又无隔开设备，相对方向需要进行调车作业时，必须派人以停车手信号对列车进行防护。

【考点 4-110】引导接车作业

第 359 条 进站、接车进路信号机不能使用时，应开放引导信号。引导信号不能开放或无进站信号机时，应派引导人员接车。

引导接车时，列车以不超过 20 km/h 速度进站，并做好随时停车的准备。由引导人员接车时，应在引导员接车地点标处（未设的，引导人员应在进站信号机、进路信号机或站界标外方），显示引导手信号接车。列车头部越过引导信号，即可关闭信号或收回引导手信号。

在无联锁的线路上接发列车时，车站值班员除严格按接发列车手续办理外，并应将进路上无联锁的有关对向道岔及邻线上防护道岔加锁。进路上无联锁的分动外锁闭道岔无论对向或顺向，均应对密贴尖轨、斥离尖轨和可动心轨加锁。具体加锁办法由铁路局规定。

【考点 4-111】停放制动与缓解

第 361 条 货物列车在站停车时，司机必须使列车保持制动状态（铁路局指定的凉闸站除外）。发车前，司机施行缓解，确认发车条件具备后，方可起动列车。

【考点 4-112】动车组的发车作业

第 362 条 动车组列车由列车长确认旅客上下完毕后，通知司机关闭车门；列车进站停车时，司机按动车组停车位置标停车，确认列车停稳、对准停车位置后开启车门。按钮不在司机操作台上的，由列车长通知随车机械师关闭车门；列车到站停稳后，由随车机械师开启车门。如自动开关门装置故障或特殊情况需单独开关车门时，由司机通知列车工作人员手动开关车门。

动车组列车在车站出发，动车组列车司机在确认行车凭证和开车时间，车门关闭后，即可起动列车。

动车组以外的列车在车站发车前，有关人员应做到：

（1）发车进路准备妥当，行车凭证已交付，出站（进路）信号机已开放，发车条件完备后，车站值班员（助理值班员）方可显示发车信号。

（2）司机必须确认行车凭证及发车信号显示正确后，方可起动列车。

（3）语音记录装置良好的车站，准许使用列车无线调度通信设备发车。

七、列车被迫停车后的处理与防护

【考点 4-113】列车被迫停车后的处理

第 366 条 列车在区间被迫停车不能继续运行时，司机应立即使用列车无线调度通信设备通知两端站（列车调度员）及车辆乘务员（随车机械师），报告停车原因和停车位置，根据需要迅速请求救援。需要防护时，列车前方由司机负责，列车后方由车辆乘务员（随车机械师）负责，无车辆乘务员（随车机械师）为列车乘务员负责。配备列车防护报警装置的列车应首先使用列车防护报警装置进行防护。单班单司机值乘的列车防护作业办法由铁路局规定。

如遇自动制动机故障，动车组以外的旅客列车司机应通知车辆乘务员立即组织列车乘务人员拧紧全列人力制动机，以保证就地制动；其他列车司机应立即采取安全措施，并向车站值班员（列车调度员）报告，请求救援。

对已请求救援的列车，不得再行移动，并按规定对列车进行防护。

车站值班员（列车调度员）接到司机通知后，应将区间内列车运行情况通知司机，并立即使用列车无线调度通信设备转告区间内有关列车。在停车原因消除前不得再放行追踪、续行列车。

需组织旅客疏散时，车站值班员得到列车调度员准许后，扣停邻线列车并通知司机，司机通知有关作业人员办理。

【考点 4-114】列车被迫停车可能妨碍邻线时

第 367 条 列车被迫停车可能妨碍邻线时，司机应立即用列车无线调度通信设备通知邻线上运行的列车和两端站（列车调度员），并与车辆乘务员（随车机械师）分别在列车的头部和尾部附近邻线上点燃火炬；在自动闭塞区间，还应对邻线来车方向短路轨道电路。配备列车防护报警装置的列车应首先使用列车防护报警装置进行防护。司机应亲自或指派人员沿邻线一侧对列车进行检查，发现妨碍邻线时，应立即派人按规定防护。如发现邻线有列车开来时，应鸣示紧急停车信号。

单班单司机值乘的列车防护作业办法由铁路局规定。

车站值班员（列车调度员）接到列车被迫停车可能妨碍邻线的通知后，应立即通知邻线有关列车停车，在原因消除前不得向邻线放行列车。

【考点 4-115】列车在区间被迫停车后的防护

第 368 条 列车在区间被迫停车后，根据下列规定放置响墩防护：

（1）已请求救援时，从救援列车开来方面（不明时，从列车前后两方面），距离列车不小于 300 m 处防护；

（2）一切电话中断后发出的列车（持有附录 H 中《技规》附件 3 通知书 1 的列车除外），应于停车后，立即从列车后方按线路最大速度等级规定的列车紧急制动距离位置处防护；

（3）对于邻线上妨碍行车地点，应从两方面按线路最大速度等级规定的列车紧急制动距离位置处防护，如确知列车开来方向时，仅对来车方面防护；

（4）列车分部运行，机车进入区间挂取遗留车辆时，应从车列前方距离不小于 300 m 处防护。

防护人员设置的响墩待停车原因消除后可不撤除（运行动车组列车的区段除外）。

【考点 4-116】列车发生火灾、爆炸应急处理

第 370 条 列车发生火灾、爆炸应急处理：

（1）列车发生火灾、爆炸时，须立即停车（停车地点应尽量避开特大桥梁、长大隧道等，选择便于旅客疏散的地点），车站不再向区间放行列车，并通知邻线及后续相关列车停车。电气化区段，现场需停电时，应立即通知供电部门停电。

（2）列车需要分隔甩车时，应根据风向及货物性质等情况而定。一般为先甩下列车后部的未着火车辆，再甩下着火车辆，然后将机后未着火车辆拉至安全地段。

对甩下的车辆，在车站由车站人员负责采取防溜措施；在区间由司机、车辆乘务员负责采取防溜措施。

八、列车的分部运行与退行

【考点 4-117】列车的退行

第 372 条 在不得已情况下，列车必须退行时，车辆乘务员或随车机械师（无车辆乘务员或随车机械师时为指派的胜任人员）应站在列车尾部注视运行前方，发现危及行车或人身安全时，应立即使用紧急制动阀（紧急制动装置）或使用列车无线调度通信设备通知司机，使列车停车。

列车退行速度，不得超过 15 km/h。未得到后方站（线路所）车站值班员准许，不得退行到车站的最外方预告标或预告信号机（双线区间为邻线预告标或特设的预告标）的内方。

车站接到列车退行的报告后，除立即报告列车调度员外，根据线路占用情况，可开放进站信号机或按引导办法将列车接入站内。

下列情况列车不准退行：

（1）按自动闭塞法运行时（列车调度员或后方站车站值班员确认该列车至后方站间无列车，并准许时除外）；

（2）在降雾、暴风雨雪及其他不良条件下，难以辨认信号时；

（3）一切电话中断后发出的列车（持有附录 8 中《技规》附件 3 通知书 1 的列车除外）。

挂有后部补机的列车，除上述情况外，是否准许退行，由铁路局规定。

九、救援列车的开行

【考点 4-118】救援列车的开行

第 374 条 车站值班员接到司机或工务、电务、供电等人员的救援请求后，应立即报告列车调度员。需封锁区间派出救援列车时，列车调度员应向有关车站发布命令封锁区间，并派出救援列车。

向封锁区间发出救援列车时，不办理行车闭塞手续，以列车调度员的命令，作为进入封锁区间的许可。

当列车调度电话不通时，应由接到救援请求的车站值班员根据救援请求办理，救援列车以车站值班员的命令，作为进入封锁区间的许可。

司机接到救援命令后，必须认真确认。命令不清、停车位置不明确时，不准动车。

救援列车进入封锁区间后，在接近被救援列车或车列 2 km 时，要严格控制速度，同时，使用列车无线调度通信设备与请求救援的机车司机进行联系，或以在瞭望距离内能够随时停车的速度运行，最高不得超过 20 km/h，在防护人员处或压上响墩后停车，联系确认，并按要求进行作业。

十、施工及路用列车的开行

【考点 4-119】必须纳入天窗的情况

第 378 条 凡影响行车的施工（特别规定的慢行施工除外）、维修作业，都必须纳入天窗，不得利用列车间隔进行。线路、桥隧、信号、通信、接触网及其他行车设备的施工、维修，力争开通后不降低行车速度。

【考点 4-120】封锁施工

第 379 条 封锁施工时，施工负责人应确认已做好一切施工准备，按批准的施工计划（临时封锁区间抢修施工时除外），亲自或指派驻站联络员在车站《行车设备施工登记簿》内登记，按规定向车站或通过车站值班员向列车调度员申请施工。

封锁区间施工时，车站值班员根据封锁或开通命令，在信号控制台或规定位置上揭挂或摘下封锁区间表示牌。列车调度员应保证施工时间，并向施工区间的两端站、有关单位及施工负责人及时发出实际施工调度命令。施工负责人接到调度命令，确认施工起止时刻，设好停车防护后，方可开工，并保证在规定时间内完成。

施工单位及设备管理单位应严格掌握开通条件，经检查满足放行列车的条件，且设备达到规定的开通速度要求，办理开通登记后，通过车站值班员向列车调度员申请开通区间。如因特殊情况不能按时开通区间或不能按规定的开通速度运行时，应提前通知车站值班员，要求列车调度员延长时间或限速运行。

施工时，除本项施工外的车列或列车不得进入封锁区间。进入封锁区间的施工列车司机应熟悉线路和施工条件。

【考点 4-121】施工特定行车办法

第 381 条 遇有施工又必须接发列车的特殊情况时，可按以下施工特定行车办法办理：

（1）车站采用固定进路的办法接发列车。施工开始前，车站须将正线进路开通，并对进路上所有道岔按规定加锁（集中联锁良好的道岔可在控制台上进行单独锁闭）。有关道岔密贴的确认及具体的加锁办法，由铁路局规定。

（2）引导接车并正线通过时，准许列车司机凭特定引导手信号的显示，以不超过 60 km/h 速度进站。

（3）准许车站不向司机递交书面行车凭证和调度命令。但车站仍按规定办理行车手续，并使用列车无线调度通信设备（其语音记录装置须作用良好）将行车凭证号码（路票为电话记录号码、绿色许可证为编号）和调度命令号码通知司机，得到司机复诵正确后，方可显示通过手信号。列车凭通过手信号通过车站。

其他具体安全行车办法，由铁路局规定。

【考点 4-122】向封锁区间开行路用列车

第 382 条 向施工封锁区间开行路用列车时，列车进入封锁区间的行车凭证为调度命令。该命令中应包括列车车次、停车地点、到达车站的时刻等有关事项，需限速运行时在命令中一并注明。

向施工封锁区间开行路用列车，原则上每端只准进入一列，如超过时，其安全措施及运行办法由铁路局规定。

【考点 4-123】路用列车进入施工地段

第 383 条 路用列车应由施工单位指派胜任人员携带列车无线调度通信设备值乘，并在区间协助司机作业。路用列车或施工机械进入施工地段时，应在施工防护人员显示的停车手信号前停车，根据施工负责人的要求，按调车办法，进入指定地点。

【考点 4-124】列车在区间装卸车

第 384 条 列车在区间装卸车时，装卸车负责人应指挥列车停于指定地点。装卸车完毕后，其负责人应负责检查装卸货物的装载、堆码状态，确认限界，清好道沿，关好车门，通知司机开车。

【考点 4-125】设置防护

第 385 条 凡影响行车的施工及故障地点的线路，均应设置防护。

未设好防护，禁止开工。线路状态未恢复到准许放行列车的条件，禁止撤除防护、放行列车。施工防护的设置与撤除，由施工负责人决定。

多个单位在同一个区间施工时，原则上应分别按规定进行防护，由施工主体单位负责划分各单位范围及分界。

【考点 4-126】避车制度

第 386 条 施工、维修及各种上道检查巡视作业，应严格遵守作业人员和机具避车制度，采取措施保证邻线列车和施工作业人员安全。

【考点 4-127】驻站联络员与现场防护人员分工

第 387 条 在区间或站内线路、道岔上封锁施工作业时，施工单位在车站行车室设驻站联络员，施工地点设现场防护人员。驻站联络员和现场防护人员应由指定的、经过考试合格的人员担任。施工负责人可指派驻站联络员负责在车站办理施工封锁及开通手续，向施工负责人传达调度命令，通报列车运行情况，并向车站值班员传达开通线路请求。驻站联络员和现场防护人员在执行防护任务时，应佩戴标志，携带通信设备；现场防护人员还应携带必备的防护用品，随时观察施工现场和列车运行情况。发现异常情况时及时通报车站值班员和施工负责人。

驻站联络员应与现场防护人员保持联系，如联系中断，现场防护人员应立即通知施工负责人停止作业，必要时将线路恢复到准许放行列车的条件。

【考点 4-128】维修作业防护要求

第 388 条 在区间线路、站内线路、站内道岔上维修时，现场防护人员应站在维修地点附近、且瞭望条件较好的地点进行防护，在天窗内作业时，显示停车手信号。

维修作业应在车站与作业地点分别设驻站联络员和现场防护人员，并保持联系。

【考点 4-129】养路机械、机具及防护设备的技术要求

第 389 条 凡上道使用涉及行车安全的养路机械、机具及防护设备，须符合有关技术标准，满足运用安全的要求。养路机械、机具及防护设备应专管专用，加强日常检修和定期检查，经常保持良好状态。状态不良的，禁止上道使用。

【考点 4-130】在线间距不足 6.5 m 地段施工维修时的防护

第 390 条 在线间距不足 6.5 m 地段施工维修而邻线行车时，邻线列车应限速 160 km/h 及以下，并按规定设置防护。施工单位在提报施工计划时，应提出邻线限速的条件。

邻线来车时，现场防护人员应及时通知作业人员，机具、物料或人员不得在两线间放置或停留，并应与列车保持安全距离，物料应堆码放置牢固。

【考点 4-131】线路备用轨料的码放

第 391 条 线路备用轨料应在车站范围内码放整齐，线路两侧散落的旧轨料、废土废渣应及时清理。因施工等原因线路两侧临时摆放的轨料，要码放整齐，并进行必要的加固。有栅栏的地段要置于两侧的封闭栅栏内；需临时拆除封闭栅栏时，应设置临时防护设施并派人昼夜看守。

十一、固定行车设备检修及故障处理

【考点 4-132】影响设备使用的检修作业施行要求

第 402 条 影响设备使用的检修均纳入天窗进行。

在车站（包括线路所、辅助所）内及相邻区间、列车调度台检修行车设备，影响其使用时，事先须在《行车设备施工登记簿》内登记，并经车站值班员（列车调度员）签认或由扳道员、信号员取得车站值班员同意后签认（检修驼峰、调车场、货场等处不影响接发列车的行车设备时，签认人员在《站细》内规定），方可开始。

正在检修中的设备需要使用时，须经检修人员同意。检修完毕，检修人员应将其结果记入《行车设备施工登记簿》。

对处于闭塞状态的闭塞设备和办理进路后处于锁闭状态的信号、联锁设备，严禁进行检修作业。

【考点 4-133】线路发生故障的防护办法

第 405 条 线路发生故障时的防护办法如下：

（1）应立即使用列车无线调度通信设备通知车站值班员或列车司机紧急停车，同时在故障地点设置停车信号。

（2）当确知一端先来车时，应急速奔向列车，用手信号旗（灯）或徒手显示停车信号。

（3）如不知来车方向，应在故障地点注意倾听和瞭望，发现来车，应急速奔向列车，用手信号旗（灯）或徒手显示停车信号。

设有固定信号机时，应先使其显示停车信号。

站内线路、道岔发生故障时，应按规定设置停车信号防护。

【考点 4-134】沿线人员发现故障时

第 407 条 铁路职工或其他人员发现设备故障危及行车和人身安全时，应立即向开来列车发出停车信号，并迅速通知就近车站、工务、电务或供电人员。

注：考点原文对照与案例解读可通过扫描附录 G 中的对应二维码获取，供学习者随时对照、研读。

任务 6 信号显示一般要求

【任务描述】

铁路信号是指示列车运行及调车作业的命令，有关行车人员必须严格执行。信号显示方式及使用方法，应按《技规》的相关规定执行。《技规》以外的信号显示方式，须经中国国家铁路集团有限公司批准，方可采用。各种信号机和表示器的灯光排列、颜色和外形尺寸，必须符合国家标准、铁道行业标准及中国国家铁路集团有限公司规定的标准。地区性联系用的手信号，由铁路局批准。

按照“铁路机车车辆驾驶人员资格考试大纲（L3 类—轨道车、接触网作业车）”中理论考试对《铁路技术管理规程（普速铁路部分）》的要求，“第三编 信号显示”主要包含第 408 条～第 462 条，其中考点有：第 408 条、第 412 条、第 437 条、第 454 条，共 4 个。

本任务主要针对“信号显示”部分 4 个考点，设计“挑战答题”题库，供学习者自行训练，以练促学。

注：2023 年 10 月 30 日国家铁路局发布了铁道行业标准《铁路信号显示规范》（TB/T 30010—2023），并于 2024 年 5 月 1 日起实施。更多考点详见“项目 6《铁路信号显示规范》考点解析”。

【模块列表】

模块 1 基础知识挑战答题

模块 2 考点原文对照与案例解读

模块 1 基础知识挑战答题

注：因考点较少，本模块的挑战答题合并到“项目 6 铁路信号显示规范”的挑战答题中。

模块 2　考点原文对照与案例解读

按照“铁路机车车辆驾驶人员资格考试大纲（L3 类—轨道车、接触网作业车）”中理论考试对《铁路技术管理规程（普速铁路部分）》的要求，“第三编 信号显示”主要包含第 408 条～第 462 条，其中考点有：第 408 条、第 412 条、第 437 条、第 454 条，共 4 个，其原文对照如下。

【考点 4-135】信号的定义

第 408 条　信号是指示列车运行及调车作业的命令，有关行车人员必须严格执行。

信号显示方式及使用方法，应按本规程规定执行。本规程以外的信号显示方式，须经铁路总公司（国铁集团）批准，方可采用。

各种信号机和表示器的灯光排列、颜色和外形尺寸，必须符合国家标准、铁道行业标准及铁路总公司（国铁集团）规定的标准。

地区性联系用的手信号，由铁路局批准。

【考点 4-136】信号机的关闭时机

第 412 条　信号机的关闭时机规定如下：

（1）集中联锁车站的进站、进路、出站信号机，通过信号机，当机车或车辆第一轮对越过该信号机后自动关闭。

（2）调车信号机在调车车列全部越过调车信号机后自动关闭；当调车信号机外方不设轨道占用检查装置或虽设轨道占用检查装置而占用时，应在调车车列全部出清调车信号机内方第一轨道区段后自动关闭，根据需要也可在调车车列第一轮对进入调车信号机内方第一轨道区段后自动关闭。

（3）引导信号应在列车头部越过信号机后及时关闭。

（4）非集中联锁车站的进站信号机及线路所通过信号机，在列车进入接车线轨道区段后自动关闭，出站信号机应在列车进入出站方面轨道区段后自动关闭。

（5）非集中联锁车站，由手柄操纵的信号机：进站信号机在确认列车全部进入接车线警冲标内方，出站信号机在列车全部越过最外方道岔并确认列车全部进入出站方面轨道区段后，恢复手柄，关闭信号。

特殊站（场）执行上述规定有困难时，由铁路局规定。

【考点 4-137】移动信号作防护信号

第 437 条　在站内线路上检查、修理、整备车辆或进行装卸作业时，应在两端来车方向的左侧钢轨设置带有脱轨器的固定或移动信号牌（灯）进行防护，前后两端的防护距离均应不小于 20 m（如图 4.4 所示）；不足 20 m 时，应将道岔锁闭在不能通往该线的位置。

旅客列车在到发线上进行车辆技术作业时，用红色信号旗（灯）进行防护，可不设脱轨器。红色信号旗（灯）的设置：

（1）机车摘挂相关作业时，在机次一位客车非站台侧设置。

（2）技术检查作业时，在机次一位客车前端非站台侧和尾部客车后端站台侧设置。车辆乘务员单班单人值乘列车，在无客列检车站进行站折技术检查作业时，仅在来车端一位客车前端站台侧设置。

（3）处理车辆故障时，在故障车辆站台侧设置。

（a）昼间

（b）夜间

图 4.4 移动信号作防护信号

【考点 4-138】线路标志与信号标志

第 454 条 线路、信号标志应设在其内侧距线路中心不小于 3.1 m 处（警冲标除外）。

注：因 2024 年 5 月 1 日起实施的《铁路信号显示规范》（TB/T 30010—2023）中，已对线路标志和信号标志的内容作了最新修订，此处从略，以“项目 6《铁路信号显示规范》考点解析”中相应内容为准。

注：考点原文对照与案例解读可通过扫描附录 G 中的对应二维码获取，供学习者随时对照、研读。

任务 7 相关词语释义

【任务描述】

铁路运输生产是“车机工电辆”各个系统密切配合、协同作业的过程，为了不引起歧义，必须统一行车工作和调车工作所涉及的相关术语，故《技规》《事规》等规章制度中对专用名词或术语均进行了明确定义。

按照“铁路机车车辆驾驶人员资格考试大纲（L3 类—轨道车、接触网作业车）”中理论考试对《铁路技术管理规程（普速铁路部分）》的要求，“词语释义”部分主要包含 17 个重要名词。其中考点有：第 5 条、第 6 条、第 7 条、第 8 条、第 9 条、第 10 条、第 11 条、第 12 条、第 13 条、第 14 条、第 15 条、第 16 条、第 17 条，共 13 个。

本任务主要针对“词语释义”部分 13 个考点，设计“挑战答题”题库，供学习者自行训练，以练促学。

【模块列表】

模块 1 基础知识挑战答题

模块 2 考点原文对照与案例解读

模块 1　基础知识挑战答题

一、单选题（共 9 题）

1.（　　）是指列车运行图、列车开行文电、调度命令等规定的列车从始发站到终到站所经过的线路。

A. 进路　　B. 经路

C. 径路　　D. 路径

2.（　　）是指在站内、岔线、段管线，列车、机车（自轮运转特种设备）或车列由一个地点运行（移动）到另一个地点，所经由（或为此准备）的一段线路，集中联锁区一般采用按压列车、调车按钮的方式办理。

A. 进路　　B. 经路

C. 径路　　D. 路径

3.（　　）是指列车、机车（自轮运转特种设备）或车列由一个地点移动至另一地点所经过的路线。

A. 进路　　B. 经路

C. 径路　　D. 路径

4.（　　）是指在列检作业场由现场检车员对列车进行的技术检查作业。

A. 库内摘车　　B. 库内整备

C. 货场装卸　　D. 列检作业

5.（　　）是指区间内设有两条正线，上下行列车分别在各自正线上按左侧单方向运行的线路。

A. 多线　　B. 两线

C. 双线　　D. 单线

6.（　　）是指区间内设有两条正线，分别按两条单独的线路组织行车的线路。

A. 多线　　B. 两线

C. 双线　　D. 单线

7.（　　）是指区间内设有三条及以上正线的线路。

A. 多线　　B. 两线

C. 双线　　D. 单线

8.（　　）是指区间内只设有一条正线的线路。

A. 多线　　B. 两线

C. 双线　　D. 单线

9.（　　）是指列车运行图文件及有关文电以外以调度命令加开的列车。

A. 正点列车　　B. 临时定点列车

C. 晚点列车　　D. 路用列车

二、判断题（共 6 题）

1. 进路包括列车进路和调车进路。（　　）

2. 列车进路包括接车进路、发车进路两种，延续进路为接车进路的一部分。 (　　)

3. 运行途中是指列车从始发站出发后到终到站终到前的运行过程，但不包括停站时间。(　　)

4. 在站折返和折角运行有相同的运行方式。 (　　)

5. 立即停车是指司机采取紧急制动方式立即停车。 (　　)

6. 安全线是指站内股道终端设置车挡的线路。 (　　)

模块 2　考点原文对照与案例解读

按照“铁路机车车辆驾驶人员资格考试大纲（L3 类—轨道车、接触网作业车）”中理论考试对《铁路技术管理规程（普速铁路部分）》的要求，“词语释义”部分主要包含 17 个重要名词。其中考点有：第 5 条、第 6 条、第 7 条、第 8 条、第 9 条、第 10 条、第 11 条、第 12 条、第 13 条、第 14 条、第 15 条、第 16 条、第 17 条，共 13 个，其原文对照如下。

【考点 4-139】径路

第 5 条　径路：本规程中的“列车径路”“运行径路”是指列车运行图、列车开行文电、调度命令等规定的列车从始发站到终到站所经过的线路。车站作为列车径路中一个点，其接发列车进路变更不属于变更列车径路。

【考点 4-140】进路

第 6 条　进路：在本规程中是指在站内、岔线、段管线，列车、机车（自轮运转特种设备）或车列由一个地点运行（移动）到另一个地点，所经由（或为此准备）的一段线路，集中联锁区一般采用按压列车、调车按钮的方式办理。进路包括列车进路和调车进路。列车进路包括接车进路、发车进路和通过进路，延续进路为接车进路的一部分。

【考点 4-141】经路

第 7 条　经路：在本规程中是指列车、机车（自轮运转特种设备）或车列由一个地点移动至另一地点所经过的路线，经路可以是一条进路，也可以是多条进路或进路与区间线路、联络线、走行线等综合构成。

【考点 4-142】列检作业

第 8 条　列检作业：在本规程中是指在列检作业场由现场检车员对列车进行的技术检查作业，或在客列检所在站由现场检车员对旅客列车和特快货物班列进行的技术检查作业。

【考点 4-143】运行途中

第 9 条　运行途中：在本规程中是指列车从始发站出发后到终到站终到前的运行过程。

【考点 4-144】在站折返

第 10 条　在站折返：在本规程中是指旅客列车、特快货物班列到达终到站，车底不入库作业，仅完成客列检或车辆乘务技术检查等作业后，折返运行。

【考点 4-145】立即停车

第 11 条　立即停车：在本规程中是指立即采取停车措施。司机根据现场实际情况，自行决定采取何种停车措施。

【考点 4-146】双线

第 12 条 双线：在本规程中是指区间内设有两条正线，上下行列车分别在各自正线上按左侧单方向运行的线路。

【考点 4-147】两线

第 13 条 两线：在本规程中是指区间内设有两条正线，分别按两条单独的线路组织行车的线路。

【考点 4-148】多线

第 14 条 多线：在本规程中是指区间内设有三条及以上正线的线路。

【考点 4-149】尽头线

第 15 条 尽头线：在本规程中是指站内股道终端设置车挡的线路。尽头线的起点应根据设备情况确定，到发线一般为进入该股道道岔的尖轨尖，正线一般为股道出发信号机。

【考点 4-150】折角运行

第 16 条 折角运行:在本规程中是指列车在运行途中因变更列车运行方向或运行线路，需变更列车首尾方向运行。

【考点 4-151】临时定点列车

第 17 条 临时定点列车：在本规程中是指列车运行图文件及有关文电以外以调度命令加开的列车。

注：考点原文对照与案例解读可通过扫描附录 G 中的对应二维码获取，供学习者随时对照、研读。

项目 5 《铁路技术管理规程（高速铁路部分）》考点解析

项目描述

《铁路技术管理规程》（以下简称《技规》）是由中国国家铁路集团有限公司（原中国铁路总公司）为加强铁路技术管理，确保国家铁路安全正点、方便快捷、高速高效，根据有关法律、法规、规章和技术标准等制定的规程，适用于国家铁路。

《技规》包括高速铁路和普速铁路两部分，高速铁路部分适用于 200 km/h 及以上的铁路和 200 km/h 以下仅运行动车组列车的铁路。200 km/h 客货共线铁路有关货运技术设备的要求参照本规程普速铁路部分执行。主要内容同样涉及线路、桥梁、隧道、信号、通信、联锁、闭塞等设备的基本概念，车站及枢纽，机车、车辆、供电设备等等。

本规程是国家高速铁路技术管理的基本规章，各部门、各单位制定的技术管理文件等，都必须符合本规程的规定。在国铁集团明令修改以前，任何部门、任何单位、任何人员都不得违反本规程的规定。

按照“铁路机车车辆驾驶人员资格考试大纲（L3 类—轨道车、接触网作业车）”中理论考试对《铁路技术管理规程（高速铁路部分）》的要求，“第一编：技术设备”部分主要包含 3 个考点：第 68 条、第 70 条、第 75 条；“第二编：行车组织”部分主要包含 13 个考点：第 318 条、第 319 条、第 321 条、第 330 条、第 332 条、第 333 条、第 356 条、第 364 条、第 370 条、第 371 条、第 374 条、第 381 条、第 414 条等，共 16 个。

本项目主要针对《铁路技术管理规程（高速铁路部分）》的重要考点，设计“挑战答题”题库，供学习者自行训练，以练促学。

任务列表

任务 1　基础知识挑战答题

任务 2　考点原文对照与案例解读

任务 1　基础知识挑战答题

【任务描述】

《铁路技术管理规程（高速铁路部分）》挑战答题包含单选题（共 4 题）、多选题（共 5 题）、填空题（共 12 题）、判断题（共 18 题）等四种题型，共 39 题，其分值、测试时长、及格标准等均可自行设置，也可以根据需要选择题目组合。学习者可自制答题卡答题或扫描附录 G 中的对应二维码，进行在线测试，请自觉控制好答题时间。答题后，可对照附录中的参考答案及解析开展自我评价和小结，提出自我改进措施。

【挑战答题】

一、单选题（共 4 题）

1. 动车组以外的列车司机在列车运行中，应按规定对列车自动制动机进行试验，在制动保压状态下列车制动主管的压力 1 min 内漏泄不得超过(　　)kPa，确认列尾装置作用良好。

A. 750　　B. 600　　C. 20　　D. 50

2. 机车综合无线通信设备故障时，应由（　　）报告列车调度员（车站值班员），车站值班员报告列车调度员。

A. 司机　　B. 车辆乘务员　　C. 列车乘务员　　D. 乘警

3. 关于动车组以外的调车作业，（　　）说法是错误的。

A. 调车作业时，凭地面信号机的显示运行。

B. 调车人员不足 2 人，不准进行调车作业。

C. 推进车辆连挂时，要显示十、五、三车的距离信号

D. 调车作业时，机车乘务人员必须正确及时地显示信号；调车人员要认真确认信号，并回示。

4. 关于在正线和到发线上进行的调车作业，（　　）的说法是错误的。

A. 须经过列车调度员（车站控制时为车站值班员）准许

B. 接发列车时，应停止影响列车进路的调车作业和对列车运行安全有影响的其他作业。

C. 同一股道可允许两端同时排列调车进路。

D. 越出站界调车期间，相邻站（线路所）禁止向该区间放行列车。

二、多选题（共 5 题）

1. CTC 与 GSM-R 数字移动通信系统结合，可以实现（　　）等功能。

A. 向司机的传送调度命令　　B. 向司机的传送接车进路预告信息

C. 向司机的传送调车作业通知单　　D. 获取车次号校核信息

E. 获取调车请求及签收回执等信息

2.（　　）等人员均应配置 GSM-R 手持终端和无线对讲设备。

A. 司机　　B. 随车机械师（车辆乘务员）

C. 列车长　　D. 乘警

E. 车站客运值班员

3.（　　）等设备在运行途中必须全程运转，严禁擅自关机。

A. 机车信号　　B. 列车无线调度通信设备

C. 列车运行监控装置（轨道车运行控制设备）

D. 列尾装置　　E. 热饭电炉

4.（　　）是启动列车时的基本要求。

A. 起动稳　　B. 加速快

C. 精心操纵、停车准确　　D. 按规定鸣笛

E. 防止列车冲动和断钩

5. 动车组以外的旅客列车运行途中经常发生的车辆故障主要有（　　）。

A. 客车车辆轮轴机械故障　　B. 车体下沉（倾斜）
C. 车辆剧烈振动　　D. 热轴
E. 转向架空气弹簧故障

三、填空题（共 12 题）

1. 列车和单机由（　　）负责指挥。列车或单机在车站时，所有乘务人员应按（　　），由车站控制时为（　　）的指挥进行工作。

2. 高速铁路列车调度台原则上应（　　）设置。高速铁路与普速铁路间联络线的行车调度指挥原则上（　　）高速铁路调度指挥。

3. 动车组以外的列车司机在列车运行中，应做到：彻底（　　），确认（　　），认真执行（　　）制度，严格按信号显示要求（　　），确保列车安全正点。

4. 在区间内列车停车进行防护、分部运行、装卸作业或使用紧急制动阀停车后再开车时，司机必须检查试验列车（　　）的贯通状态，确认列车（　　），具备开车条件后，方可起动列车。

5. 调度命令发布前，应详细了解（　　）情况，听取有关人员的意见，命令内容、受令处所必须正确、（　　）、清晰。

6. 高速铁路闭塞分区的划分，应满足动车组列控车载设备按照（　　）模式控车和未装备列控车载设备的列车按（　　）自动闭塞行车的要求。

7. 动车组无动力停留时，有停放制动装置的动车组，由（　　）负责将动车组处于停放制动状态；动车组无停放制动装置或在坡度为 20‰以上的区间无动力停留时，由司机通知（　　）进行防溜，防溜时应使用（　　）牢靠固定。

8. 施工路用列车进入高速铁路运行必须装备列车运行监控装置或（　　）、机车综合无线通信设备，未装设或设备故障的（　　）进入高速铁路运行。

9. 天窗内所有影响施工路用列车运行的施工维修作业必须在施工路用列车（　　）后方可进行，并须在施工路用列车（　　）前结束。

10. 施工路用列车进入封锁区间时，施工单位应指派胜任人员携带（　　）设备值乘，并在区间协助司机作业。

11. 动车组以外的列车，在自动闭塞区间内运行遇机车信号或 LKJ（GYK）故障时，司机应立即（　　）列车调度员（车站值班员），车站值班员报告列车调度员。列车调度员确认该列车至前方站（线路所）间（　　）后通知司机，列车按地面信号显示以不超过（　　）km/h 的速度运行至前方站停车处理或更换机车。

12. 出站（发车进路）信号机故障且暂时无法修复时，具备放行列车条件时，由（　　）【车站控制时为车站值班员】根据设备管理单位登记的行车限制条件组织行车。

四、判断题（共 18 题）

1. 行车工作必须坚持集中领导、统一指挥、逐级负责的原则。（　　）

2. 动车组以外的列车司机在列车运行中，应遵守列车运行图规定的运行时刻和各项允许及限制速度。（　　）

3. 列车在出发前可以不输入监控装置有关数据。（　　）

4. 遇有信号显示不明或危及行车和人身安全时，司机应立即采取减速或停车措施。（　　）

5. 列车调度员应使用调度命令无线传送系统向司机发布书面调度命令，司机应及时签认接收，不再与列车调度员核对，有疑问时，须立即询问列车调度员。（　　）

6. 使用机车救援动车组时，应进行制动试验，制动主管压力采用 600 kPa。具备升弓供电条件时，允许动车组升弓供电。（　　）

7. 动车组以外的旅客列车运行途中发生车辆故障，危及行车安全的情况时，须立即采取停车措施，并报告列车调度员（车站值班员），车站值班员报告列车调度员。（　　）

8. 高速铁路车站可以不设进站信号机，由 CTCS 自动确认进站运行条件。（　　）

9. 通过信号机或区间信号标志牌应设在闭塞分区或所间区间的分界处，可以设在牵引供电分相的处所。（　　）

10. 进站、接车进路及线路所通过信号机，均应设引导信号。出站、发车进路信号机可设引导信号。（　　）

11. 调车作业中车辆的防溜实行“谁作业、谁防溜（撤除）”的原则，防溜措施的设置和撤除由调车人员负责。（　　）

12. 机车及自轮运转特种设备在车站停留时，由司机负责将其保持制动（防溜）状态，并按规定采取止轮措施。（　　）

13. 在常态灭灯的区段，接发施工路用列车时，进站信号机、出站信号机、进路信号机、线路所通过信号机保持灭灯。（　　）

14. 同一封锁区间原则上每端只开行一列路用列车，如超过时，其安全措施及运行办法由铁路局规定。（　　）

15. 天气恶劣难以辨认信号时，列车应按机车信号的显示运行。（　　）

16. 进站（接车进路）信号机故障，但进站（接车进路）信号机引导信号能够开放时，在确认接车进路空闲、进路准备妥当后，可开放引导信号办理接车。（　　）

17. 区间通过信号机（闭塞分区非列车占用红光带）故障暂时无法修复，具备放行列车条件时，列车调度员可根据设备管理单位登记的行车限制条件组织行车。（　　）

18. 在仅运行动车组列车的线路上，列车在区间被迫停车后已请求救援时，由随车机械师在救援列车开来方面，距离列车不小于 300 m 处人工进行防护，不再放置响墩防护。（　　）

任务 2　考点原文对照与案例解读

【任务描述】

按照“铁路机车车辆驾驶人员资格考试大纲（L3 类—轨道车、接触网作业车）”中理论考试对《铁路技术管理规程（高速铁路部分）》的要求，“第一编：技术设备”部分主要包含 3 个考点：第 68 条、第 70 条、第 75 条；“第二编：行车组织”部分主要包含 13 个考点：第 318 条、第 319 条、第 321 条、第 330 条、第 332 条、第 333 条、第 356 条、第 364 条、第

370 条、第 371 条、第 374 条、第 381 条、第 414 条，共计 16 个，其原文对照如下。

【考点原文对照与案例解读】

一、高速铁路技术设备

【考点 5-1】进站信号机的设置

第 68 条 车站必须设进站信号机。进站信号机应设在距进站最外方道岔尖轨尖端（顺向为警冲标）不小于 50 m 的地点，根据需要可适当延长。

进站信号机及防护分歧道岔的通过信号机外方，无同方向的通过信号机时，应设置预告标。

【考点 5-2】通过信号机的设置

第 70 条 通过信号机或区间信号标志牌应设在闭塞分区或所间区间的分界处，不应设在牵引供电分相的处所。

高速铁路闭塞分区的划分，应满足动车组列控车载设备按照目标距离模式控车和未装备列控车载设备的列车按四显示自动闭塞行车的要求。

进站信号机前方第一、第二架通过信号机的机柱上，应分别涂三条、一条黑斜线。

【考点 5-3】引导信号的设置

第 75 条 进站、接车进路及线路所通过信号机，均应设引导信号。出站、发车进路信号机可设引导信号。

二、高速铁路行车组织

（一）调车工作

【考点 5-4】动车组以外的调车作业

第 318 条 动车组以外的调车作业。

（1）调车作业时，凭地面信号机的显示运行。有调车指挥人时，凭调车指挥人的指令及地面信号机的显示运行，没有看到调车指挥人的起动信号，不准动车。

（2）信号显示。

① 调车作业时，调车人员必须正确及时地显示信号；机车乘务人员要认真确认信号，并回示。

② 推进车辆连挂时，要显示十、五、三车的距离信号，没有显示十、五、三车的距离信号，不准挂车，没有司机回示，应立即显示停车信号。

③ 推送车辆时，要先试拉。车列前部应有人瞭望，及时显示信号。

④ 当调车指挥人确认停留车位置有困难时，应派人显示停留车位置信号。

（3）除机车、自轮运转特种设备转线外，调车作业应有足够的调车人员。

① 施工路用列车、自轮运转特种设备调车作业时，由施工（使用）单位或所属单位提供调车动力和调车人员，具体办法由铁路局规定。其他调车作业，由车站人员担当调车人员或列车调度员指定单位派调车人员。

② 调车人员不足 2 人，不准进行调车作业。

（4）调车作业中，机车、自轮运转特种设备运行或牵引车辆运行时，前方进路的确认由司机负责；推进车辆运行时，前方进路的确认由调车指挥人负责，如调车指挥人所在位置确认前方进路有困难时，可指派调车组其他人员确认。

【考点 5-5】在正线、到发线上的作业

第 319 条 在正线、到发线上的作业。

（1）在正线、到发线上调车时，须经过列车调度员（车站控制时为车站值班员）准许。

（2）接发列车时，应按高速铁路《行车组织细则》规定的时间，停止影响列车进路的调车作业和对列车运行安全有影响的其他作业。

（3）接发旅客列车时，与接发列车进路没有隔开设备或脱轨器的线路，不准向能进入接发列车进路的方向调车。本务机车在停留线路内摘挂除外。

（4）同一股道只允许一端调车作业，禁止两端同时向同一股道排列调车进路。

（5）调车作业中，应执行钩钩联系制度：每钩作业前，司机（调车指挥人）应主动向列车调度员（车站负责办理调车进路时为车站值班员或车务应急值守人员）请求进路；进路准备妥当后，列车调度员（车站值班员或车务应急值守人员）方可通知司机（调车指挥人）。

（6）越出站界调车。

① 越出站界调车时，必须区间（自动闭塞区间正方向为第一个闭塞分区）空闲，单线区间闭塞系统必须在发车位置；由列车调度员发布准许越出站界调车的调度命令后，方可进行。

② 越出站界调车期间，相邻站（线路所）禁止向该区间放行列车。越出站界调车作业完毕，司机或调车指挥人应报告列车调度员（车站负责办理调车进路时为车站值班员或车务应急值守人员）。车站值班员、车务应急值守人员应及时报告列车调度员，列车调度员通知两端站（线路所）后方可组织行车。

③ 需在未设调车信号机的线路上调车作业时，根据需要可按越出站界调车作业办理，办理列车进路（进、出站信号机常态为灭灯时，应点灯），由列车调度员发布准许越出站界调车的调度命令，司机根据调度命令和进、出站信号机的显示进行调车作业。

【考点 5-6】机车车辆防溜。

第 321 条 机车车辆防溜。

（1）动车组防溜。

① 动车组无动力停留时，有停放制动装置的动车组，由司机负责将动车组处于停放制动状态；动车组无停放制动装置或在坡度为 20‰以上的区间无动力停留时，由司机通知随车机械师进行防溜，防溜时应使用止轮器牢靠固定。

② 重联动车组在设置止轮器防溜时，仅设置前列。

③ 如需在同一股道内停留两列不重联的动车组时，两列动车组间应间隔不小于 20 m 的安全防护距离（动车段、动车所内的股道除外），并分别做好防溜。

④ 动车段（所）内动车组防溜办法由铁路局规定。

（2）车辆防溜。

① 车辆在车站停留时，应连挂在一起，拧紧两端车辆的人力制动机，并以铁鞋牢靠固定。特殊情况下分组停放时，应分别采取防溜措施。

② 一批作业中临时停留的车辆，须拧紧两端车辆的人力制动机或以铁鞋止轮。

③ 调车作业实行“谁作业、谁防溜（撤除）”的原则，防溜措施的设置和撤除由调车人员（机车及自轮运转特种设备为司机，其他无调车人员的为设备使用单位人员）负责。

（3）机车及自轮运转特种设备在车站停留时，由司机负责将其保持制动（防溜）状态，并按规定采取止轮措施。

（4）施工路用车辆及自轮运转特种设备需在车站停留时，使用单位应派人负责看守。其他车辆在车站到发线停留时，由车站人员（车务应急值守人员或其他胜任人员）对其防溜措施进行检查、确认。

（二）施工维修

【考点 5-7】施工路用列车上线

第 330 条 施工路用列车上线。

（1）施工路用列车进入高速铁路运行必须装备列车运行监控装置或轨道车运行控制设备、机车综合无线通信设备，未装设或设备故障的禁止进入高速铁路运行。

（2）施工路用列车上线运行应纳入施工、维修日计划，向调度所提供《自轮运转特种设备运行、作业计划表》，注明发站、到站、编组、运行径路、作业地点及转线计划并经主管业务处审核批准。未提供《自轮运转特种设备运行、作业计划表》或内容不全的，禁止进入高速铁路运行。

（3）在 GSM-R 区段，施工路用列车司机及有关人员应配备 GSM-R 手持终端，开车前将联系号码报告列车调度员和相关车站值班员。施工路用列车有关人员间应相互通报联系方式，并进行通话试验。

【考点 5-8】施工路用列车接发

第 332 条 施工路用列车接发。

（1）在常态灭灯的区段，接发施工路用列车时，进站信号机、出站信号机、进路信号机、线路所通过信号机应点灯。

（2）施工路用列车在车站开车前需进行自动制动机简略试验时，由施工负责人指派胜任人员负责。

【考点 5-9】施工路用列车安全

第 333 条 施工路用列车安全。

（1）天窗内所有影响施工路用列车运行的施工维修作业必须在施工路用列车通过后方可进行，并须在施工路用列车返回前结束。

（2）施工路用列车进入封锁区间的规定：

① 施工单位应指派胜任人员携带列车无线调度通信设备值乘，并在区间协助司机作业。路用列车或施工机械进入施工地段时，应在防护人员显示的停车手信号前停车，再根据施工负责人的要求，按调车办法，进入指定地点。

② 在区间推进运行时，必须安装简易紧急制动阀，施工单位指定胜任人员登乘列车前端，认真瞭望，及时与司机联系，必要时使用简易紧急制动阀停车或通知司机停车。

③ 同一封锁区间原则上每端只开行一列路用列车，如超过时，其安全措施及运行办法由铁路局规定。有多台作业车进入同一区间时，作业车辆应组成综合作业车列合并运行，共用一个调度命令进入区间、返回车站或到达前方站。作业车及车列由车站开往区间后，由主体作业单位统一组织协调，划分各作业车的作业范围及分界点。各作业单位必须严格按规定分别设置防护。

（3）施工路用列车由封锁区间进站时，司机须得到列车调度员（车站控制时为车站值班员）的同意后，方可进站。

（4）施工作业完毕，驻调度所（驻站）联络员须确认施工作业车全部到达车站后，方可申请办理开通。

（三）灾害天气行车

【考点 5-10】天气恶劣难以辨认信号行车办法

第 356 条 天气恶劣难以辨认信号行车办法：

（1）列车按机车信号的显示运行。当接近地面信号机时，司机应确认地面信号，遇地面信号与机车信号显示不一致时，应立即采取减速或停车措施。

（2）当无法辨认出站（进路）信号机显示时，在列车具备发车条件后，司机凭机车信号的显示起动列车，在确认出站（进路）信号机显示正确后，再行加速。

（3）天气转好时，应及时报告列车调度员发布调度命令，恢复正常行车。

（四）设备故障行车

【考点 5-11】遇机车信号或 LKJ（GYK）故障时

第 364 条 动车组以外的列车，在自动闭塞区间内运行遇机车信号或 LKJ（GYK）故障时，司机应立即报告列车调度员（车站值班员），车站值班员报告列车调度员。列车调度员（车站值班员）不再向该区间放行列车，并通知已进入区间的后续列车立即停车。列车调度员确认该列车至前方站（线路所）间空闲后通知司机，列车按地面信号显示以不超过 20 km/h 的速度运行至前方站停车处理或更换机车。该列车到达前方站（线路所）后，列车调度员方可通知后续列车恢复运行。

【考点 5-12】进站（接车进路）信号机故障或接车进路上道岔失去表示、轨道电路非列车占用红光带

第 370 条 进站（接车进路）信号机故障或接车进路上道岔失去表示、轨道电路非列车占用红光带。

（1）列车调度员（车站控制时为车站值班员）通知设备管理单位进行检查处理，在《行车设备检查登记簿》内登记。

（2）设备故障修复，列车调度员（车站控制时为车站值班员）根据设备管理单位的销记，开放进站（接车进路）信号办理接车。

（3）设备故障暂时无法修复，具备放行列车条件时，列车调度员（车站控制时为车站值班员）根据设备管理单位登记的行车限制条件组织行车。

① 进站（接车进路）信号机引导信号能够开放时，在确认接车进路空闲、进路准备妥当后，开放引导信号办理接车。

② 进站（接车进路）信号机引导信号不能开放时，在确认接车进路空闲、进路准备妥当后，列车调度员发布准许越过该信号机的调度命令，司机凭调度命令越过该信号机。动车组列车在进站（接车进路）信号机前停车后，装备 LKJ 的动车组列车将列控车载设备隔离，按 LKJ 方式运行，速度不超过 40 km/h；未装备 LKJ 的动车组列车改按隔离模式进站停车。动车组以外的列车按 LKJ（GYK）方式运行，速度不超过 20 km/h。

【考点 5-13】出站（发车进路）信号机故障或发车进路上道岔失去表示、轨道电路非列车占用红光带

第 371 条 出站（发车进路）信号机故障或发车进路上道岔失去表示、轨道电路非列车占用红光带。

（1）列车调度员（车站控制时为车站值班员）通知设备管理单位进行检查处理，在《行车设备检查登记簿》内登记。

（2）设备故障修复，列车调度员（车站控制时为车站值班员）根据设备管理单位的销记，开放出站（发车进路）信号机办理发车。

（3）设备故障暂时无法修复，具备放行列车条件时，列车调度员（车站控制时为车站值班员）根据设备管理单位登记的行车限制条件组织行车。

① 出站信号机不能开放时：

a. 出站信号机引导信号能够开放时，在确认第一个闭塞分区空闲（CTCS-3 级及信号机常态灭灯的 CTCS-2 级自动闭塞区间对 LKJ 或 GYK 控车的列车和自动站间闭塞区间为确认区间空闲）和发车进路空闲，进路准备妥当后，开放引导信号办理发车。

b. 出站信号机未设引导信号或引导信号不能开放时，按以下方式办理发车：

在 CTCS-3 级及信号机常态灭灯的 CTCS-2 级自动闭塞区段，信号机应点灯，在确认区间空闲和发车进路空闲，进路准备妥当后，列车调度员发布准许进入区间的调度命令，司机凭调度命令进入区间。装备 LKJ 的动车组列车将列控车载设备隔离，按 LKJ 方式运行至前方站进站信号机（线路所通过信号机），按其显示的要求执行；未装备 LKJ 的动车组列车改按隔离模式运行至前方站进站信号机（线路所通过信号机），按其显示的要求执行；动车组以外的列车按 LKJ（GYK）方式运行，运行至前方站进站信号机（线路所通过信号机），按其显示的要求执行。

在信号机常态点灯的 CTCS-2 级自动闭塞区段，确认第一个闭塞分区空闲（未装备 LKJ 的动车组列车为确认区间空闲）和发车进路空闲，进路准备妥当后，列车调度员发布准许进入区间的调度命令，司机凭调度命令进入区间。装备 LKJ 的动车组列车将列控车载设备隔离，按 LKJ 方式运行，以不超过 40 km/h 的速度运行至区间第一架通过信号机，按其显示的要求执行；未装备 LKJ 的动车组列车改按隔离模式运行至前方站进站信号机（线路所通过信号机），按其显示的要求执行；动车组以外的列车按 LKJ（GYK）方式运行，以不超过 20 km/h 的速度运行至区间第一架通过信号机，按其显示的要求执行。

自动站间闭塞区段，在确认区间空闲后，应停止使用基本闭塞法改按电话闭塞法行车，确认发车进路空闲和进路准备妥当后，发布调度命令，司机凭调度命令进入区间。装备 LKJ 的动车组列车（需将列控车载设备隔离）、动车组以外的列车，按 LKJ（GYK）方式运行至前方站进站信号机（线路所通过信号机），按其显示的要求执行；未装备 LKJ 的动车组列车改按隔离模式运行至前方站进站信号机（线路所通过信号机），按其显示的要求执行。

② 发车进路信号机不能开放时：

a. 发车进路信号机能开放引导信号时，在确认发车进路空闲和进路准备妥当后，开放引导信号办理发车。

b. 列车由车站开往区间，发车进路信号机未设引导信号或引导信号不能开放时，在确认发车进路空闲和进路准备妥当后，列车调度员发布准许越过该信号机的调度命令，司机凭调度命令越过该信号机。装备 LKJ 的动车组列车将列控车载设备隔离，按 LKJ 方式，以不超过 40 km/h 的速度运行至次一信号机前停车，转回列控车载方式控车；未装备 LKJ 的动车组列车改按隔离模式，运行至次一信号机前停车，转回列控车载方式控车；动车组以外的列车按 LKJ（GYK）方式，以不超过 20 km/h 的速度运行至次一信号机，按其显示要求执行。

（4）出站信号机不能开放时，除按规定交付行车凭证外，对通过列车应预告司机。装有进路表示器或发车线路表示器的出站信号机，当该表示器不良时，由列车调度员（车站控制时为车站值班员）通知司机；司机发现表示器不良时，应及时报告列车调度员（车站值班员）。

【考点 5-14】区间通过信号机（闭塞分区非列车占用红光带）故障暂时无法修复，具备放行列车条件时

第 374 条 区间通过信号机（闭塞分区非列车占用红光带）故障暂时无法修复，具备放行列车条件时，根据设备管理单位登记的行车限制条件组织行车。待故障地点（发生两处及以上故障时，为运行方向第一故障地点）前的列车运行至前方站（线路所），对区间内已进入故障地点及尚未经过故障地点的列车，列车调度员确认列车至前方站（线路所）间空闲后，通知列车司机故障闭塞分区起止里程及防护该闭塞分区的通过信号机号码，逐列恢复运行至前方站（线路所），指示后列恢复运行前必须确认前列已完整到达前方站（线路所）。列车恢复运行时，司机在该闭塞分区通过信号机（区间信号标志牌）前停车等候 2 min 后，以遇到障碍能随时停车的速度，最高不超过 20 km/h（动车组列车不超过 40 km/h），越过该闭塞分区，按次一通过信号机显示（列控车载设备显示）运行，司机应加强瞭望。司机在停车等候的同时，必须与列车调度员联系，如确认前方闭塞分区内有列车，不得进入。

区间空闲后，按站间组织行车。

【考点 5-15】机车综合无线通信设备故障时

第 381 条 机车综合无线通信设备故障。

（1）司机报告列车调度员（车站值班员），车站值班员报告列车调度员。

① 影响调度命令无线传送功能时，向司机发布的调度命令，按规定采用列车无线调度通信设备发布、转达或采用人工书面交递方式。

② 遇无进路预告信息，司机须报告列车调度员（车站值班员），列车由正线通过改为侧线接车时，列车调度员（车站控制时为车站值班员）应提前预告司机。

③ 机车综合无线通信设备不能通话时，司机应立即使用 GSM-R 手持终端报告列车调度员（车站值班员）。如 GSM-R 手持终端也不能进行通话时，司机应在前方站停车报告；机车综合无线通信设备或 GSM-R 手持终端修复（更换）后，方准继续运行。

（2）设备故障修复后，恢复设备正常使用。

（五）非正常行车组织

【考点 5-16】列车在区间被迫停车后的防护

第 414 条 列车在区间被迫停车后，根据下列规定防护：

（1）已请求救援时，从救援列车开来方面（不明时，从列车前后两方面），距离列车不小于 300 m 处放置响墩防护；在仅运行动车组列车的线路上，列车在区间被迫停车后已请求救援时，由随车机械师在救援列车开来方面，距离列车不小于 300 m 处人工进行防护，不再放置响墩防护。

（2）列车分部运行，机车进入区间挂取遗留车辆时，应从车列前方距离不小于 300 m 处放置响墩防护。

（3）防护人员设置的响墩在停车原因消除后，由防护人员撤除。

注：考点原文对照与案例解读可通过扫描附录 G 中的对应二维码获取，供学习者随时对照、研读。

项目 6 《铁路信号显示规范》考点解析

项目描述

铁路信号是指示列车运行及调车作业的命令，有关行车人员必须严格执行。它通过信号设备的颜色、形状、位置、灯光及音响等来传递信息，准确预告运行条件，是保证列车按规定的速度、安全、迅速和不间断地运行的重要保障。

2023 年 10 月 30 日，国家铁路局发布了铁道行业标准《铁路信号显示规范》(TB/T 30010—2023)，并于 2024 年 5 月 1 日起实施。中国国家铁路集团有限公司辖内各种信号机和表示器的灯光排列、颜色和外形尺寸，都必须符合该标准。

本项目在着重解读铁路机车车辆驾驶人员资格考试相关考点的同时，尝试通过挑战答题的方式，以练促学，引导学习者理解并掌握《铁路信号显示规范》的基础知识，包括基本要求、固定信号、移动信号及手信号、信号表示器及标志、听觉信号等。内容较多，也是学习的重点。

按照"铁路机车车辆驾驶人员资格考试大纲（L3 类—轨道车、接触网作业车）"中理论考试对《铁路信号显示规范》的要求，主要包含五大部分 63 个考点，其中基本要求 6 个、固定信号 19 个、移动信号及手信号 7 个、信号表示器及标志 30 个、听觉信号 1 个。各考点原文对照与案例解读可通过扫描二维码获取，供学习者随时对照、研读。

任务列表

任务 1　基础知识挑战答题

任务 2　信号显示的基本要求考点原文对照与案例解读

任务 3　固定信号考点原文对照与案例解读

任务 4　移动信号及手信号考点原文对照与案例解读

任务 5　信号表示器及标志考点原文对照与案例解读

任务 6　听觉信号考点原文对照与案例解读

任务 1　基础知识挑战答题

【任务描述】

《铁路信号显示规范》挑战答题包含单选题（共 34 题）、多选题（共 18 题）、填空题（共 26 题）、判断题（共 34 题）等四种题型，共 112 题，其分值、测试时长、及格标准等均可自行设置，也可以根据需要选择题目组合。学习者可自制答题卡答题或扫描附录 G 中的对应二维码，进行在线测试，请自觉控制好答题时间。答题后，可对照附录中的参考答案及解析开展自我评价和小结，提出自我改进措施。

【挑战答题】

一、单选题（共 34 题）

1. 在固定地点安装的铁路信号叫（　　）。

A. 移动信号　B. 手信号　C. 固定信号　D. 视觉信号

2.（　　）是铁路的主要信号。

A. 移动信号　B. 手信号　C. 固定信号　D. 听觉信号

3. 用手拿信号灯、信号旗或用手势显示的信号叫（　　）。

A. 移动信号　B. 手信号　C. 固定信号　D. 视觉信号

4. 临时设置在铁路线路旁的信号牌、信号灯等叫（　　）。

A. 听觉信号　B. 手信号　C. 固定信号　D. 移动信号

5. 机车信号也是一种固定信号，固定安装在（　　）中。

A. 信号楼　B. 司机室　C. 车站值班员室　D. 候车室

6. 预告信号机是附属于主体信号机的，故以显示（　　）为定位。

A. 进行信号　B. 停车信号　C. 注意信号　D. 遮断信号

7. 进站、出站、进路、通过信号机的灯光熄灭、显示不明或显示不正确时，均视为（　　）信号。

A. 通过　B. 进入正线　C. 进入侧线　D. 停车

8.（　　）信号机装设在电气集中联锁的车站，经常进行调车作业的线路上，用来指示机车进行调车作业。

A. 进站　B. 出站　C. 调车　D. 通过

9.（　　）信号机是从属信号机，用来预告主体信号机的显示，设在距主体信号机不少于 800 m 的地点。

A. 预告　B. 出站　C. 通过　D. 调车

10.（　　）信号机须设置在区间内闭塞分区的分界处，或所在区间的分界处。

A. 复示　B. 预告　C. 通过　D. 进路

11. 高柱进站、高柱进路信号机在正常情况下的显示距离不得少于（　　）m。

A. 1 000　B. 800　C. 400　D. 200

12.（　　）是用于线路故障、站内或区间施工时，临时性禁止列车驶入或要求慢行的地段而设置的防护设施。

A. 机车信号　B. 视觉信号

C. 固定信号　D. 移动信号

13.（　　）是移动信号中的停车信号。

A. 红色方牌　B. 黄底黑字圆牌

C. 黄底黑字 T 圆牌　D. 绿色圆牌

14.（　　）不是移动信号中的减速信号或减速防护地段终端信号。

A. 黄底黑字 T 圆牌　B. 黄底黑字圆牌

C. 红色方牌　D. 绿色圆牌

15. 响墩爆炸声及火炬信号的火光均要求列车（　　）。

A. 进正线停车　　B. 进侧线停车

C. 抓紧时间通过　　D. 紧急停车

16. 无线调车灯显信号的制式共有（　　）个灯位。

A. 2　　B. 3　　C. 4　　D. 5

17.（　　）是无线调车灯显信号中的停车信号。

A. 一个红灯　　B. 黄灯长亮

C. 两个红灯　　D. 先两个红灯后熄灭一个红灯

18.（　　）是无线调车灯显信号中的溜放信号。

A. 一个红灯　　B. 一个绿灯

C. 绿、红灯交替后绿灯长亮　　D. 绿、黄灯交替后绿灯长亮

19.（　　）是无线调车灯显信号中的推进信号。

A. 绿、红灯交替后绿灯长亮　　B. 绿、黄灯交替后绿灯长亮

C. 一个绿灯　　D. 一个红灯

20.（　　）是无线调车灯显信号中的连接信号。

A. 一个红灯　　B. 绿、红灯交替后绿灯长亮

C. 一个绿灯　　D. 绿、黄灯交替后绿灯长亮

21. 根据行车的需要，（　　）信号可以机动地指挥列车运行和调车作业，也可作为联系和传达行车有关事项的旗（灯）语。

A. 机车　　B. 手

C. 移动　　D. 听觉

22.（　　）是要求列车停车的手信号。

A. 黄色灯光　　B. 展开的红色信号旗

C. 展开的绿色信号旗　　D. 白色灯光，左右剧烈摇动

23.（　　）是要求司机发车的手信号。

A. 展开的黄色信号旗　　B. 绿色灯光沿上弧线向列车方向作圆形转动

C. 展开的绿色信号旗　　D. 白色灯光，上下剧烈摇动

24. 调车指挥人通过调车手信号的不同显示，控制（　　）的运行方向、起车、停车及加速、减速等。

A. 客运机车　　B. 调车机车

C. 货运机车　　D. 救援列车

25.（　　）是指挥机车向显示人方向来的信号。

A. 红色灯光　　B. 绿色灯光下压数次

C. 展开的红色信号旗　　D. 绿色灯光在下部左右摇动

26. 指挥人员将展开的黄色信号旗高举头上左右摇动，表示（　　）。

A. 道岔开通信号　　B. 股道开通一道

C. 取消信号　　D. 溜放信号

27.（　　）不是铁路的信号表示器。

A. 发车线路表示器　　B. 预告标

C. 车挡表示器　　D. 脱轨表示器

28. (　　) 用于表示所属道岔位置（即开通方向）。

A. 发车表示器　　B. 道岔表示器

C. 进路表示器　　D. 调车表示器

29. (　　) 设置在非集中的脱轨器和引向安全线、避难线的道岔旁，用以表示线路的开通或遮断情况。

A. 脱轨表示器　　B. 发车表示器

C. 调车表示器　　D. 进路表示器

30. (　　) 不是铁路线路标志。

A. 曲线标　　B. 警冲标　　C. 桥梁标　　D. 坡度标

31. 列车牵引运行时，机车前端的列车标志显示为（　　）。

A. 一个头灯及中部右侧一个白色灯光　　B. 头灯显示一个白色灯光

C. 两个侧灯向前显示红色灯光　　D. 两个侧灯向后显示红色灯光

32. 列车推进运行时，机车前端的列车标志显示为（　　）。

A. 列车前端两个侧灯，向前显示红色灯光，向后显示白色灯光

B. 列车前端两个侧灯，向前显示白色灯光，向后显示红色灯光

C. 列车前端一个头灯及中部两侧各一个白色灯光

D. 列车前端一个头灯及中部两侧各一个红色灯光

33. 当列车起动或机车车辆前进时，应鸣示（　　）。

A. 一长声　　B. 二长声

C. 三长声　　D. 一长一短声

34. (　　) 警示标志应设在铁路桥梁跨越河道上下游规定的地点。

A. 严禁进入标　　B. 严禁通过标

C. 严禁采砂标　　D. 电缆标

二、多选题（共 18 题）

1. 铁路信号按感官可以分为（　　）。

A. 听觉信号　　B. 手信号

C. 移动信号　　D. 视觉信号　　E. 固定信号

2. (　　) 是铁路视觉信号。

A. 口笛　　B. 信号旗

C. 响墩　　D. 信号灯　　E. 火炬

3. (　　) 是铁路听觉信号。

A. 响墩　　B. 手信号

C. 鸣笛　　D. 号角　　E. 信号牌

4. (　　) 是铁路视觉信号的基本颜色。

A. 红　　B. 蓝

C. 黄　　D. 绿　　E. 白

5. (　　) 是铁路信号的辅助颜色。

A. 白　　B. 紫
C. 红　　D. 粉　　E. 蓝

6. 固定信号按照有无防护意义可以分为（　　）。
A. 信号机　　B. 手信号
C. 固定信号　　D. 视觉信号　　E. 信号表示器

7. 信号机按照能否独立构成信号显示可以分为（　　）。
A. 主体信号机　　B. 高柱信号机
C. 矮型信号机　　D. 从属信号机　　E. 色灯信号机

8. 铁路视觉信号按照装设的地点和使用方式可以分为（　　）。
A. 听觉信号　　B. 手信号
C. 固定信号　　D. 视觉信号　　E. 移动信号

9. 固定信号按设置部位或地点可以分为（　　）。
A. 地面信号　　B. 手信号
C. 机车信号　　D. 主体信号　　E. 进站信号

10. 固定信号按照停车信号的显示意义可以分为（　　）。
A. 绝对信号　　B. 手信号
C. 固定信号　　D. 容许信号　　E. 移动信号

11. 信号机按照构造可以分为（　　）。
A. 色灯信号机　　B. 预告信号机
C. 臂板信号机　　D. 进站信号机　　E. 矮型信号机

12. 信号机按照安装方式可以分为（　　）。
A. 高柱信号机　　B. 预告信号机
C. 信号托架　　D. 信号桥　　E. 矮型信号机

13. 常用的固定信号机主要有（　　）。
A. 臂板信号机　　B. 信号旗
C. 色灯信号机　　D. 机车信号机　　E. 响墩

14. 视觉信号按使用时间可分为（　　）。
A. 夜间信号　　B. 午间信号
C. 昼间信号　　D. 昼夜通用信号　　E. 凌晨信号

15. 集中联锁车站的（　　）信号机，当机车或车辆第一轮对越过该信号机后自动关闭。
A. 出站　　B. 进站
C. 进路　　D. 通过　　E. 遮断

16.（　　）信号机或表示器在正常情况下的显示距离不得少于 1 000 m。
A. 预告　　B. 复示
C. 通过　　D. 遮断　　E. 进站

17.（　　）都是铁路信号标志。
A. 管界标　　B. 机车停车位置标
C. 接触网终点标　　D. 司机鸣笛标　　E. 隧道标

18. 当机车接近（　　）等地点时，应鸣示一长声。

A. 鸣笛标　　B. 道口
C. 桥梁　　D. 隧道　　E. 施工地点

三、填空题（共 26 题）

1. 铁路信号是指示（　　）及（　　）的命令，有关行车人员必须严格（　　）。
2. 铁路信号的信号灯有显示状态主要有（　　）灯、（　　）灯和（　　）灯等三种。
3. 铁路视觉信号按使用时间可以分为（　　）信号、（　　）信号和（　　）通用信号。
4. 信号机有关闭和开放两种状态，将信号机经常（　　）的显示状态作为信号机的定位。
5. 进站、进路、出站信号机规定以显示（　　）为定位。
6. 调车信号机以显示（　　）为定位。
7. 自动闭塞区段的通过信号机以显示（　　）为定位。
8. 无效信号机必须将灯光（　　），并装设信号无效标。
9.（　　）信号机用于防护车站以及车站与区间的界限。
10. 进站信号机显示红灯，表示不准列车（　　）该信号机。
11.（　　）信号机可作为列车占用区间的凭证，指示列车可否从车站进入区间。
12. 通过信号机用于防护（　　）或所间区间，设于分界处。
13.（　　）信号机用于重复显示其主体信号机的显示，以克服不利地形对司机瞭望信号的影响。
14. 机车信号机设于机车的（　　）内，由车载设备和地面设备共同组成。
15. 在站内线路上检查、修理、整备车辆时，应在列车两端来车方向的左侧钢轨上设置带有脱轨器的固定或移动信号牌或信号灯进行（　　）。
16. 当进行（　　）作业时应采用无线调车灯显设备，其显示方式须符合有关要求。
17. 在显示手信号时，必须严肃、认真，做到横平、（　　）、灯正、（　　）。
18. 因检车人员不配备手信号旗和信号灯，所以规定昼间使用（　　），夜间使用（　　），作为制动机试验时的手信号显示。
19. 试验制动机缓解，指挥人员在昼间用检查锤、夜间使用白色灯光在下部（　　）摇动。
20. 突然发现接触网故障需要机车临时降弓通过时，发现人员应在规定地点显示降弓手信号，即昼间将（　　）垂直高举，（　　）前伸并左右水平重复摇动。
21. 道岔表示器夜间显示紫色灯光，表示道岔位置开通（　　）方向。
22. 当出站信号机有两个以上的运行方向，而信号显示不能分别表示进路时，在出站信号机上应设置（　　）表示器，以区分（　　）的开通方向。
23. 因受地形地物的影响调车司机看不清调车指挥人员的手信号时，应设置（　　）表示器，用以代替调车指挥人员的手信号。
24. 车挡表示器用于表示线路的终端，昼间显示一个（　　），夜间显示一个（　　）。
25. 铁路听觉信号的长声为（　　）s，短声为（　　）s，音响间隔为（　　）s。
26. 线路安全保护区标桩分为 A 型、B 型两种，A 型标桩为基本型，沿铁路线路安全保护区边界每（　　）m 左右设置一个，特殊地段可增加或减少设置数量，人烟稀少地区可不设置。

四、判断题（共 34 题）

1. 响墩是一种听觉信号，当车轮压上后会发出爆炸声要求司机立即通过。（　　）

2. 火炬是一种在风雨天气都能点燃并发出火光的听觉信号，司机发现火炬必须立即停车。（　　）

3. 当线路上出现临时性障碍或进行施工，要求列车停车或减速时，应按照规定在线路上设置固定信号，安放响墩、火炬或用手信号进行防护，以保证行车安全。（　　）

4. 铁路手信号是有关行车人员用手持信号旗或信号灯做出各种规定动作来下达命令。（　　）

5. 信号表示器是一种信号装置，但它和信号机不同，没有严格的防护意义，仅用于表示有关设备的位置和状态，如：道岔表示器仅表示道岔的开通位置，不作为指示列车运行的依据。（　　）

6. 固定信号机设在列车运行方向的右侧或其所属线路的中心线上空。（　　）

7. 集中联锁车站的进站、进路、出站信号机，当机车或车辆的第一轮对越过该信号机后自动关闭。（　　）

8. 调车信号机显示一个月白色灯光，意味着准许越过该信号机调车。（　　）

9. 在地形、地物影响视线的地方，进站、通过、预告、遮断信号机的显示距离在最坏的条件下，不得少于 200 m。（　　）

10. 调车信号机、矮型出站、矮型进路信号机在正常情况下的显示距离不得少于 1 000 m。（　　）

11. 出站信号机显示蓝灯时，准许列车由车站出发。（　　）

12. 进路信号机只在有两个及以上车场的车站，每一车场的出口或入口处适当地点设置。（　　）

13. 驼峰信号机是指示调车车列或调车机车如何进行调车作业的信号机，设于峰顶平台。（　　）

14. 机车信号显示“半绿半黄”灯，表示准许列车按规定速度运行。（　　）

15. 机车信号显示一个红灯，表示不准越过地面上显示红灯的信号机。（　　）

16. 移动信号是根据需要固定设置在地面的信号装置，不能撤除。（　　）

17. 在使用响墩时，无须防护人员看守。（　　）

18. 凡昼间持有信号旗的人员，应将信号旗拢起，左手持黄旗，右手持绿旗。扳道员右手持黄旗。（　　）

19. 展开的绿色信号旗指示列车在车站不停车通过。（　　）

20. 调车手信号仅仅在调车工作中指挥调车机车运行时使用。（　　）

21. 连接信号表示连挂作业，昼间指挥人员将拢起的信号旗两臂高举，头上交叉后，急向左右摇动数次。（　　）

22. 和信号机相比，信号表示器有着严格的防护意义。（　　）

23. 道岔表示器夜间显示黄色灯光表示道岔位置开通侧向。（　　）

24. 发车线路表示器不着灯时，表示所属线路不准许发车。（　　）

25. 发车表示器经常不着灯，当显示一个月白色信号时，表示运转车长准许发车。（　　）

26. 调车表示器一方向着牵出线，一方向着调车线。 ( )

27. 警冲标应设在两会合线路中心线间距为 4 m 的中间，为红白相间的小圆柱。 ( )

28. 在设有预告或接近信号机及自动闭塞的区段，均不设预告标。 ( )

29. 线路标志应按照计算公里方向设在线路右侧。双线区段须另设线路标志时，应设在列车运行方向左侧。 ( )

30. 口笛鸣示连续短声表示要求司机停车。 ( )

31. 口笛鸣示一长声表示指示机车发车或向显示人反方向移动。 ( )

32. 线路安全保护区标桩分为 A 型、B 型两种，A 型适用于在人员活动频繁地段的道口、桥隧两端、公路立交桥附近醒目地点、居民区附近和人身伤害事故多发地段的铁路线路安全保护区边界设置。 ( )

33. 在未全封闭的铁路桥梁、隧道两端的线路两侧，设严禁采砂标。 ( )

34. 轨道车运行时，列车标志为前端一个红色灯光，后端一个白色灯光。 ( )

任务 2　信号显示的基本要求考点原文对照与案例解读

【任务描述】

按照“铁路机车车辆驾驶人员资格考试大纲（L3 类—轨道车、接触网作业车）”中理论考试对《铁路信号显示规范》的要求，“基本要求”部分主要包含 5.1（b）、5.2、5.3、5.4、5.5、5.6 等共 6 个考点，其原文对照如下。

【考点原文对照与案例解读】

【考点 6-1】听觉信号的范围

5.1　本文件中的信号显示是指下列形式的视觉信号和听觉信号。

b）听觉信号：

1）机车、动车组、自轮运转特种设备的鸣笛声；

2）号角、口笛、响墩发出的音响。

【考点 6-2】视觉信号的基本颜色及含义

5.2　视觉信号的基本颜色及含义如下。

a）红色，停车；

b）黄色，注意或减低速度；

c）绿色，按规定速度运行。

【考点 6-3】视觉信号的分类

5.3　视觉信号分为昼间信号、夜间信号及昼夜通用信号。

在昼间遇降雾、暴风雨雪及其他情况，致使停车信号显示距离不足 1 000 m，注意信号或减速信号显示距离不足 400 m，调车信号及调车手信号显示距离不足 200 m 时，应使用夜间信号。

隧道内应采用夜间信号或昼夜通用信号。

【考点 6-4】信号机的定位显示规定

5.4　信号机的定位显示应符合下列规定：

a）进站信号机、出站信号机、进路信号机、调车信号机、驼峰信号机、驼峰辅助信号机均以显示停车信号为定位；

b）线路所通过信号机以显示停车信号为定位，其他通过信号机以显示进行信号为定位；

c）接近信号机、进站预告信号机、非自动闭塞区段通过信号机的预告信号机及通过臂板，以显示注意信号为定位；

d）遮断信号机、遮断预告信号机、复示信号机以无显示为定位；

e）在自动闭塞区段内的车站（线路所），如将进站信号机，正线出站信号机及其直向进路内的进路信号机转为自动动作时，以显示进行信号为定位。

【考点 6-5】处于点亮状态的色灯信号机，遇灯光熄灭、显示不明或显示不正确时

5.5　处于点亮状态的色灯信号机，遇灯光熄灭、显示不明或显示不正确时，应按下列规定执行：

a）进站信号机、出站信号机、进路信号机和通过信号机的灯光熄灭、显示不明或显示不正确时，均视为停车信号；

b）进站预告信号机或接近信号机的灯光熄灭、显示不引或显示不正确时，均视为进站信号机为关闭状态；

c）非自动闭塞区段通过信号机的预告信号机的灯光熄灭、显示不明或显示不正确时，视为通过信号机为关闭状态。

【考点 6-6】信号机无效标

5.6　信号机不起信号作用时，应明确其无效，并应符合下列规定：

a）新设尚未开始使用及应撤除尚未撤掉的信号机，均应装设信号机无效标，并应熄灭灯光；如为臂板信号机，应将臂板置于水平位置。

b）信号机无效标为白色的十字交叉板：

1）高柱色灯信号机的无效标装在机柱上，矮型色灯信号机的无效标装在信号机构上，如图 6.1 第 1 图所示；

2）臂板信号机的无效标装在臂板上，如图 6.1 第 2 图所示。

c）新建铁路新设尚未开始使用的信号机（进站信号机暂用作防护车站时除外），可撤下臂板或将色灯机构向线路外侧扭转 90°，并熄灭灯光。

第 1 图　色灯信号机的无效标　　　　第 2 图　臂板信号机的无效标

图 6.1　色灯信号机的无效标和臂板信号机的无效标

注：考点原文对照与案例解读可通过扫描附录 G 中的对应二维码获取，供学习者随时对照、研读。

任务 3　固定信号考点原文对照与案例解读

固定信号考点原文对照与案例解读图片原图

【任务描述】

按照“铁路机车车辆驾驶人员资格考试大纲（L3 类—轨道车、接触网作业车）”中理论考试对《铁路信号显示规范》的要求，“固定信号（含机车信号）”部分主要包含 6.1.1.1、6.1.1.2、6.1.2.1、6.1.2.2、6.1.2.3、6.1.3.1、6.1.3.2、6.1.3.6、6.1.4.1、6.1.4.2、6.1.4.3、6.1.4.4（a）、6.1.4.5、6.1.5、6.1.6、6.1.7、6.1.8、6.1.10、6.3.1 等共 19 个考点，其原文对照如下。

【考点原文对照与案例解读】

一、固定信号

【考点 6-7】半自动闭塞、自动站间闭塞、三显示自动闭塞区段进站信号机的显示

6.1.1.1　半自动闭塞、自动站间闭塞、三显示自动闭塞区段进站信号机显示下列信号：

a）一个绿色灯光：准许列车按规定速度经正线通过车站，表示出站及进路信号机在开放状态，进路上的道岔均开通直向位置（如图 6.2 第 3 图所示）；

b）一个绿色灯光和一个黄色灯光：准许列车经道岔直向位置，进入站内越过次一架已经开放的信号机准备停车（如图 6.2 第 4 图所示）；

c）一个黄色灯光：准许列车经道岔直向位置，进入站内正线准备停车（如图 6.2 第 5 图所示）；

d）一个黄色闪光和一个黄色灯光：准许列车经 18 号及以上道岔侧向位置，进入站内越过次一架已经开放的信号机且该信号机防护的进路经道岔直向位置或 18 号及以上道岔侧向位置（如图 6.2 第 6 图所示）；

e）两个黄色灯光：准许列车经道岔侧向位置[但不满足 6.1.1.1d）]进入站内准备停车（如图 6.2 第 7 图所示）；

f）一个红色灯光：不准许列车越过该信号机（如图 6.2 第 8 图所示）。

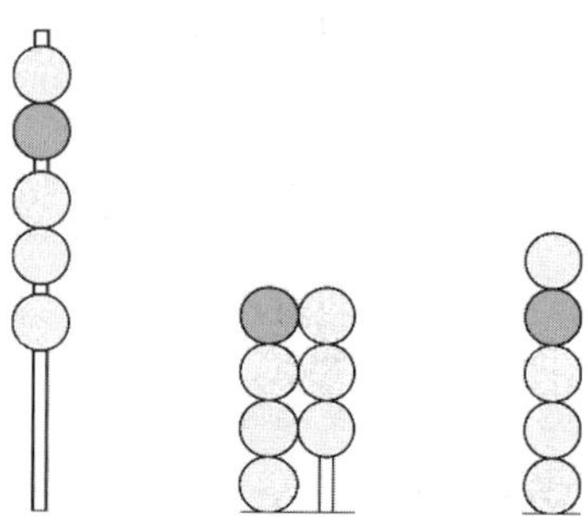

第 3 图　进站信号机显示“一个绿色灯光”

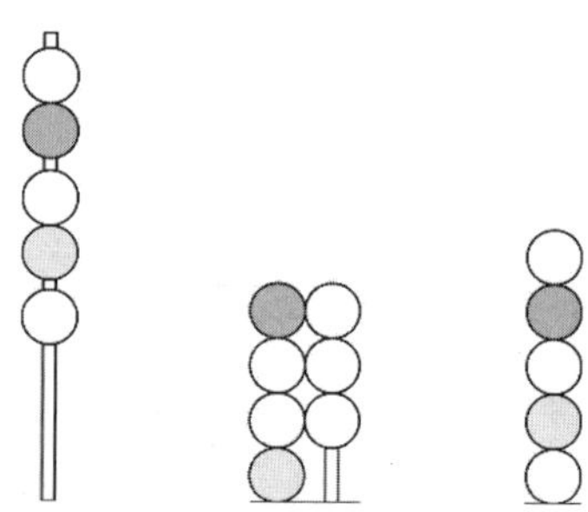

第 4 图　进站信号机显示“一个绿色灯光和一个黄色灯光”

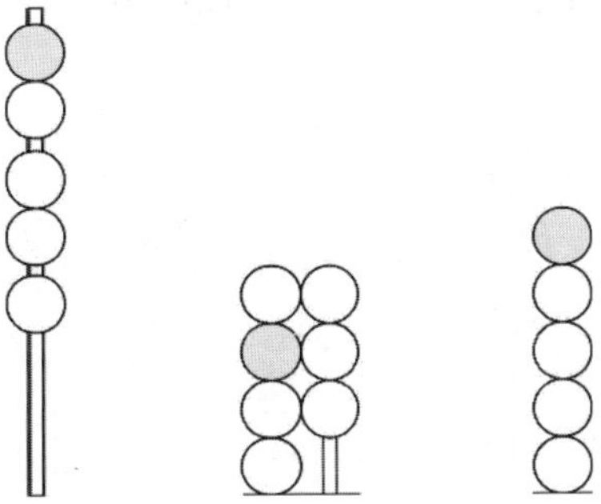

第 5 图　进站信号机显示“一个黄色灯光”

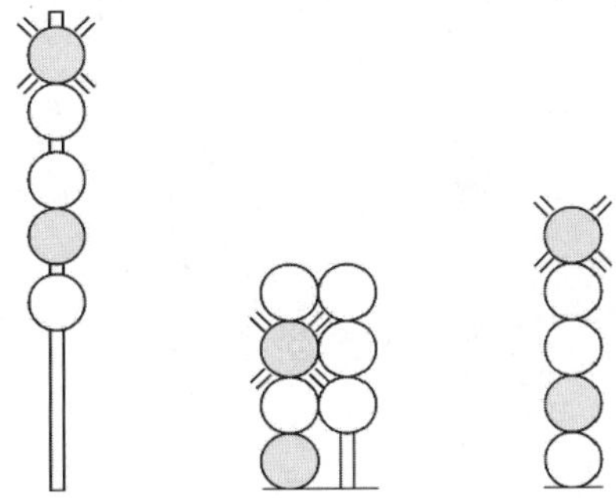

第 6 图　进站信号机显示“一个黄色闪光和一个黄色灯光”

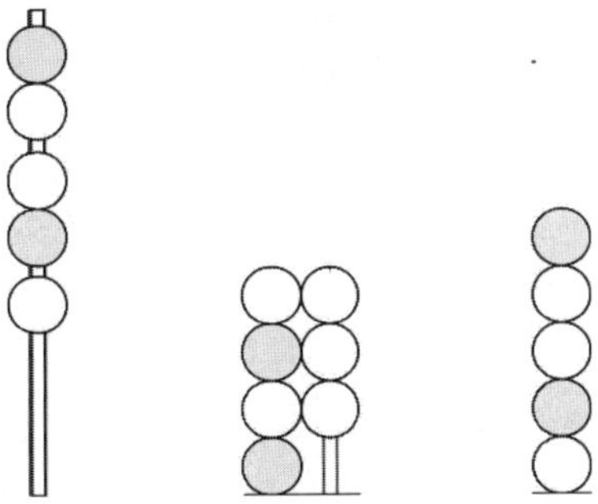

第 7 图　进站信号机显示“两个黄色灯光”

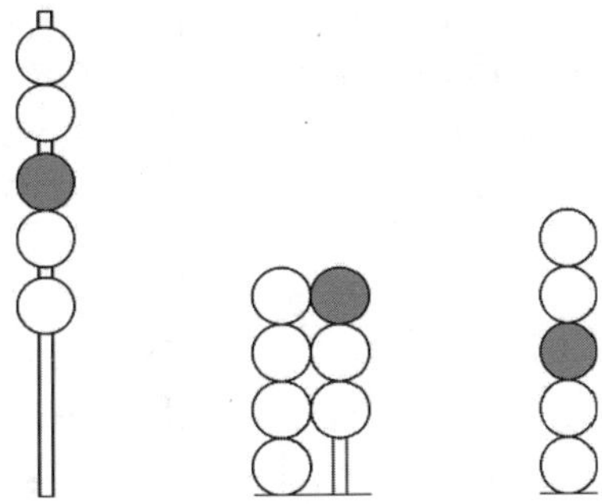

第 8 图　进站信号机显示“一个红色灯光”

图 6.2　半自动闭塞、自动站间闭塞、三显示自动闭塞、四显示自动闭塞区段进站信号机显示

【考点 6-8】四显示自动闭塞区段进站信号机的显示

6.1.1.2　四显示自动闭塞区段进站信号机显示下列信号：

a）一个绿色灯光：准许列车按规定速度经道岔直向位置进入或通过车站，表示运行前方至少有三个闭塞分区空闲（如图 6.2 第 3 图所示）；

b）一个绿色灯光和一个黄色灯光：准许列车按规定速度经道岔直向位置进入站内，表示次一架信号机经道岔直向位置开放一个黄灯（如图 6.2 第 4 图所示）；

c）一个黄色灯光：准许列车按限速要求经道岔直向位置进入站内正线准备停车（如图 6.2 第 5 图所示）；

d）一个黄色闪光和一个黄色灯光：准许列车经 18 号及以上道岔侧向位置，进入站内越过次一架已经开放的信号机且该信号机防护的进路经道岔直向位置或 18 号及以上道岔侧向位置（如图 6.2 第 6 图所示）；

e）两个黄色灯光：准许列车按限速要求越过该信号机，经道岔侧向位置[但不满足 6.1.1.2（d）]进入站内准备停车（如图 6.2 第 7 图所示）；

f）一个红色灯光：不准许列车越过该信号机（如图 6.2 第 8 图所示）。

【考点 6-9】半自动闭塞或自动站间闭塞区段出站信号机的显示

6.1.2.1　半自动闭塞或自动站间闭塞区段出站信号机显示下列信号：

a）一个绿色灯光：准许列车由车站出发（如图 6.3 第 9 图所示）；

b）两个绿色灯光：准许列车由车站出发，开往次要线路（如图 6.3 第 10 图所示）；

c）一个红色灯光：不准许列车越过该信号机（如图 6.3 第 11 图所示）；

d）在兼作调车信号机时，一个月白色灯光：准许越过该信号机调车（如图 6.3 第 12 图所示）。

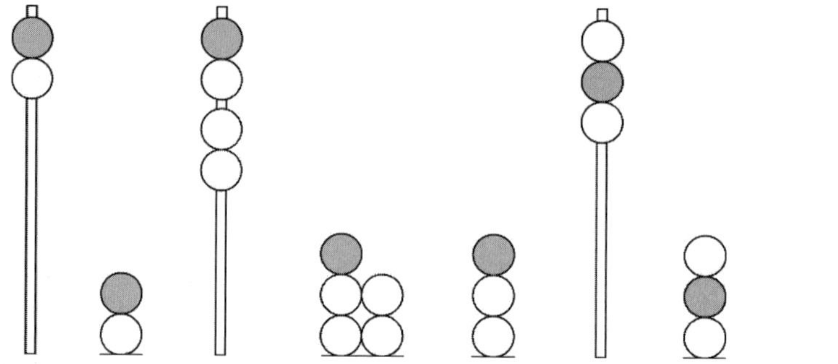

第 9 图　半自动闭塞或自动站间闭塞区段，出站信号机显示“一个绿色灯光”

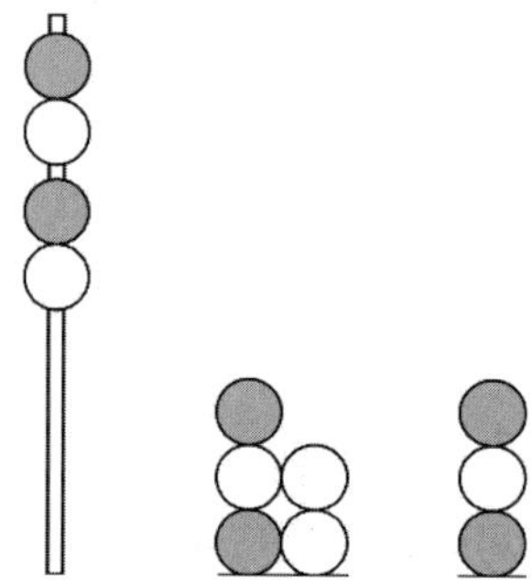

第 10 图　半自动闭塞或自动站间闭塞区段，出站信号机显示“两个绿色灯光”

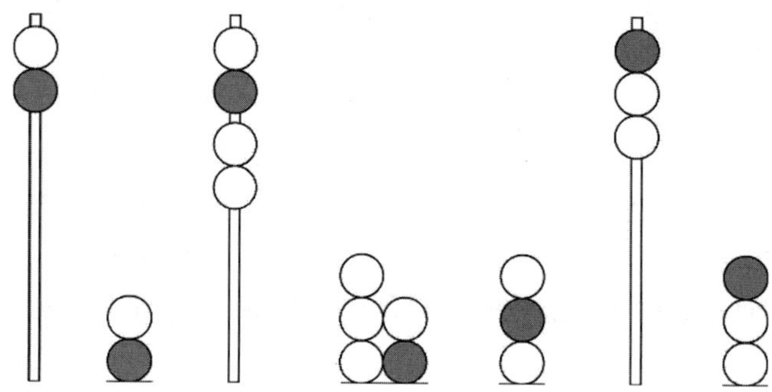

第 11 图　半自动闭塞或自动站间闭塞区段，出站信号机显示“一个红色灯光”

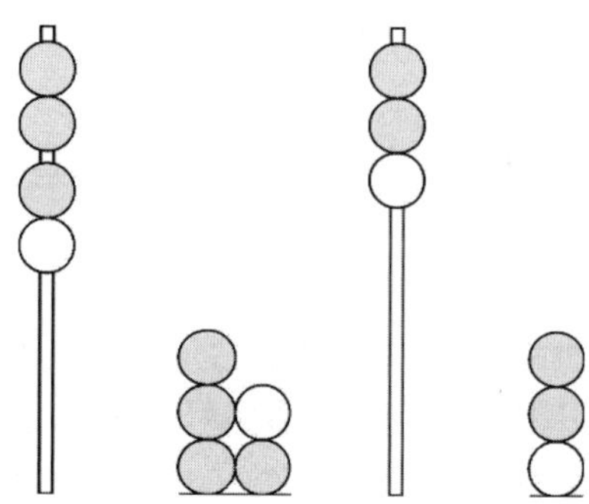

第 12 图　半自动闭塞或自动站间闭塞区段，出站信号机显示“一个月白色灯光”

图 6.3　半自动闭塞或自动站间闭塞区段出站信号机的显示

【考点 6-10】三显示自动闭塞区段出站信号机的显示

6.1.2.2 三显示自动闭塞区段出站信号机显示下列信号：

a）一个绿色灯光：准许列车由车站出发，表示运行前方至少有两个闭塞分区空闲（如图 6.4 第 13 图所示）；

b）一个黄色灯光：准许列车由车站出发，表示运行前方有一个闭塞分区空闲（如图 6.4 第 14 图所示）；

c）两个绿色灯光：准许列车由车站出发，开往半自动闭塞或自动站间闭塞区间（如图 6.4 第 15 图所示）；

d）一个红色灯光：不准许列车越过该信号机（如图 6.4 第 16 图所示）；

e）在兼作调车信号机时，一个月白灯光：准许越过该信号机调车（如图 6.4 第 17 图所示）。

【考点 6-11】四显示自动闭塞区段出站信号机的显示

6.1.2.3 四显示自动闭塞区段出站信号机显示下列信号：

a）一个绿色灯光：准许列车由车站出发，表示运行前方至少有三个闭塞分区空闲（如图 6.4 第 13 图所示）；

b）一个绿色灯光和一个黄色灯光：准许列车由车站出发，表示运行前方有两个闭塞分区空闲（如图 6.4 第 18 图所示）；

c）一个黄色灯光：准许列车由车站出发，表示运行前方有一个闭塞分区空闲（如图 6.4 第 14 图所示）；

d）两个绿色灯光：准许列车由车站出发，开往半自动闭塞或自动站间闭塞区间（如图 6.4 第 15 图所示）；

e）一个红色灯光：不准许列车越过该信号机（如图 6.4 第 16 图所示）；

f）在兼作调车信号机时，一个月白色灯光：准许越过该信号机调车（如图 6.4 第 17 图所示）。

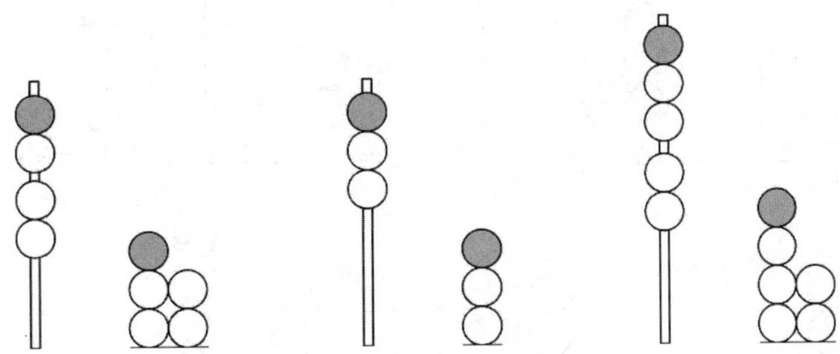

第 13 图　三显示、四显示自动闭塞区段出站信号机显示“一个绿色灯光”

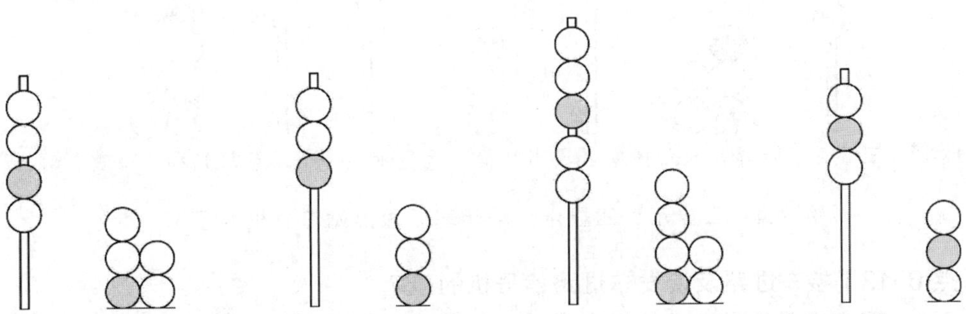

第 14 图　三显示、四显示自动闭塞区段出站信号机显示“一个黄色灯光”

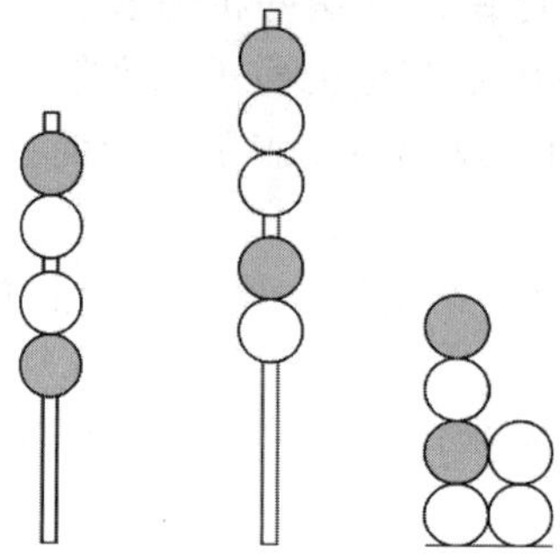

第 15 图　三显示、四显示自动闭塞区段出站信号机显示“两个绿色灯光”

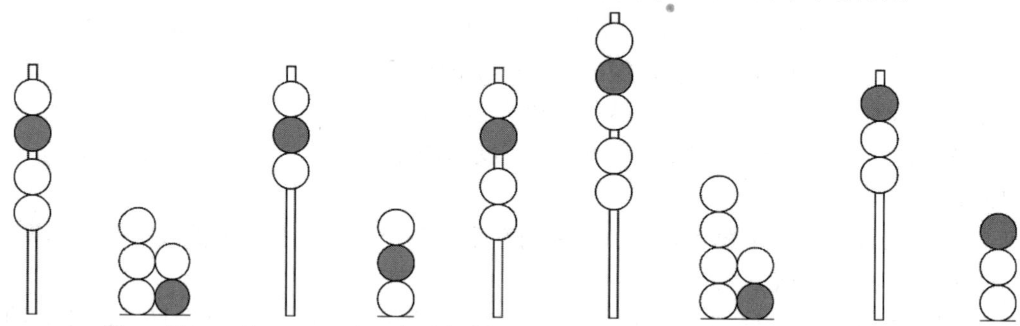

第 16 图　三显示、四显示自动闭塞区段出站信号机显示“一个红色灯光”

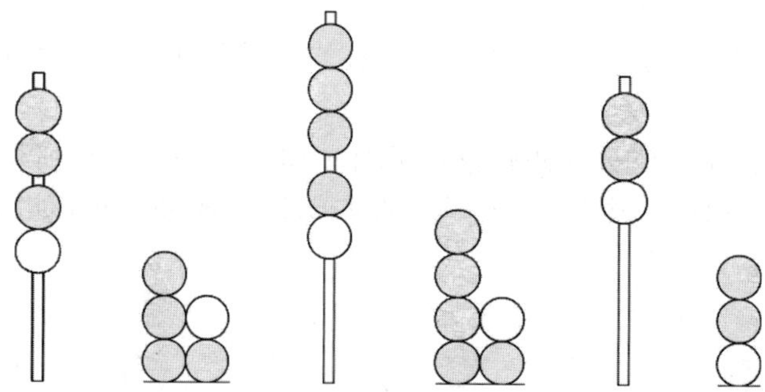

第 17 图　三显示、四显示自动闭塞区段出站信号机显示“一个月白色灯光”

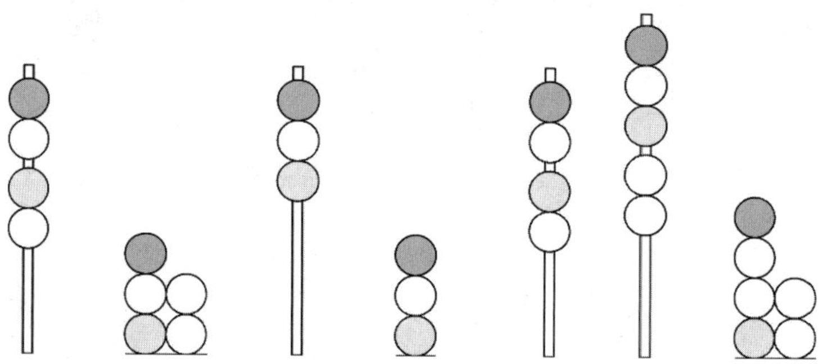

第 18 图　三显示、四显示自动闭塞区段出站信号机显示“一个绿色灯光和一个黄色灯光”

图 6.4　三显示、四显示自动闭塞区段出站信号机的显示

【考点 6-12】接车进路及接发车进路信号机的显示

6.1.3.1　接车进路信号机及接发车进路色灯信号机的显示与进站色灯信号机相同。

【考点 6-13】半自动闭塞、自动站间闭塞、三显示自动闭塞区段的发车进路色灯信号机的显示

6.1.3.2　半自动闭塞、自动站间闭塞、三显示自动闭塞区段的发车进路色灯信号机显示下列信号：

a）一个绿色灯光：准许列车由车站经正线出发，表示出站和进路信号机均在开放状态（如图 6.5 第 30 图所示）；

b）一个绿色灯光和一个黄色灯光：准许列车越过该信号机，表示该信号机列车运行前方次一架信号机在开放状态（如图 6.5 第 31 图所示）；

c）一个黄色灯光：准许列车运行到次一架信号机之前准备停车（如图 6.5 第 32 图所示）；

d）一个红色灯光：不准许列车越过该信号机（如图 6.5 第 33 图所示）。

【考点 6-14】进路信号机兼作调车信号机时

6.1.3.6　接车进路信号机、发车进路信号机及接发车进路色灯信号机兼作调车信号机时，一个月白色灯光：准许越过该信号机调车（如图 6.5 第 40 图所示）。

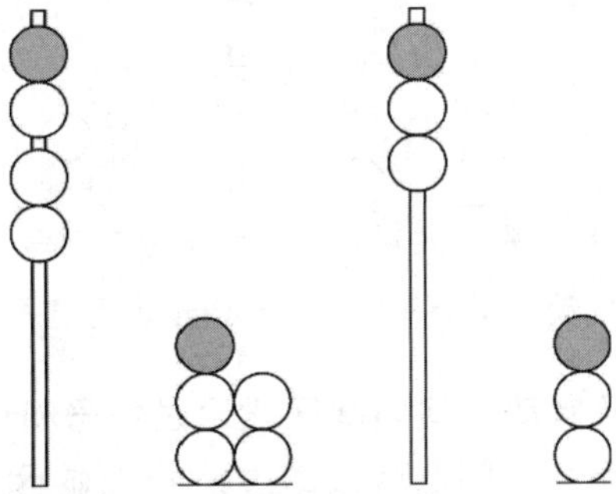

第 30 图　CTCS-0 级线路、发车进路信号机显示“一个绿色灯光”

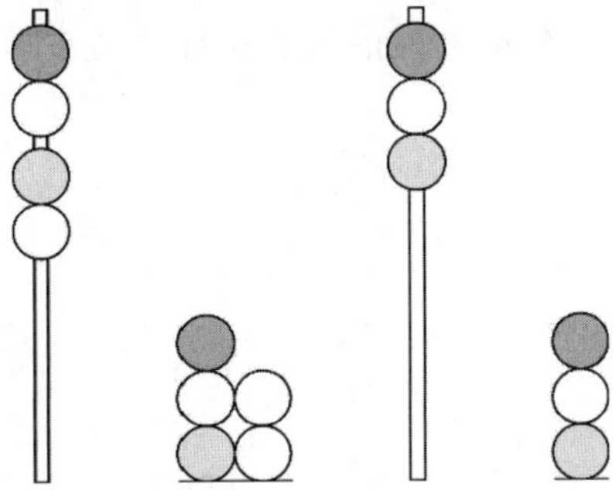

第 31 图　CTCS-0 级线路、发车进路信号机显示“一个绿色灯光和一个黄色灯光”

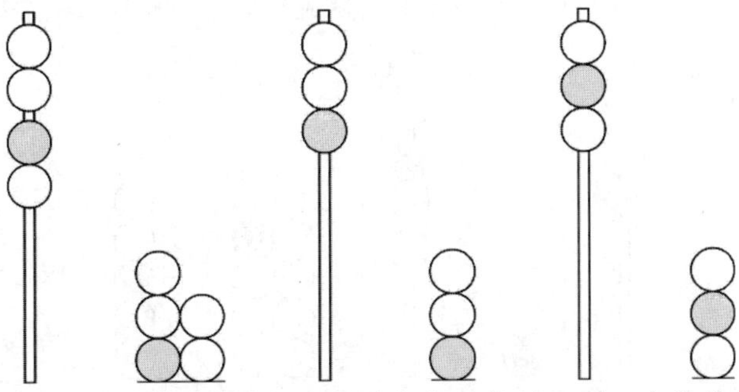

第 32 图　CTCS-0 级线路、发车进路信号机显示“一个黄色灯光”

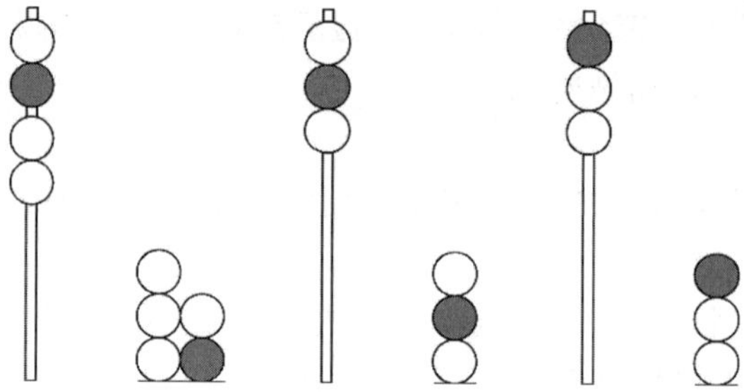

第 33 图　CTCS-0 级线路、发车进路信号机显示“一个红色灯光”

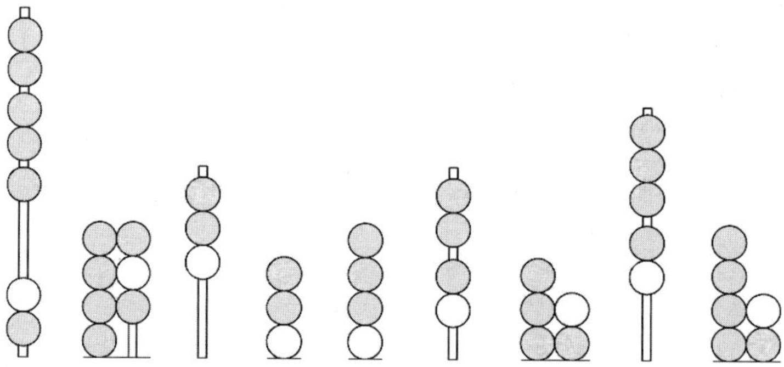

第 40 图　接车进路信号机、发车进路信号机及接发车进路信号机显示“一个月白色灯光”

图 6.5　半自动闭塞、自动站间闭塞、三显示自动闭塞区段进路信号机的显示

【考点 6-15】半自动闭塞及自动站间闭塞区段通过信号机的显示

6.1.4.1　半自动闭塞及自动站间闭塞区段通过信号机显示下列信号：

a）一个绿色灯光：准许列车按规定速度运行（如图 6.6 第 41 图）；

b）一个红色灯光：不准许列车越过该信号机（如图 6.6 第 42 图）。

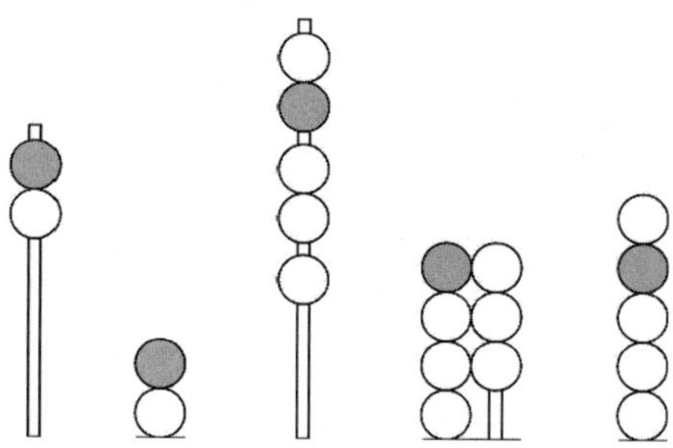

第 41 图　半自动闭塞及自动站间闭塞区段通过信号机显示“一个绿色灯光”

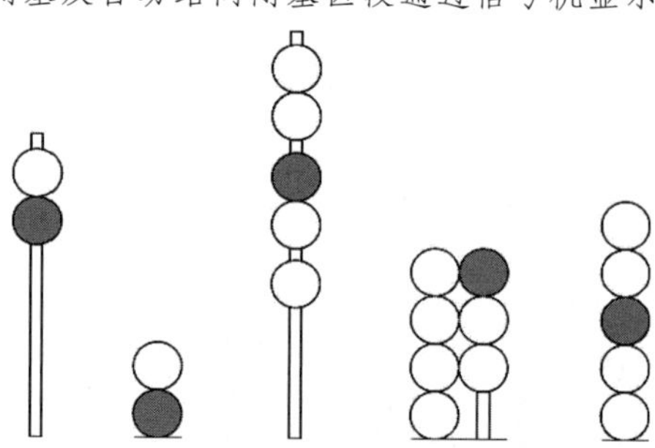

第 42 图　半自动闭塞及自动站间闭塞区段通过信号机显示“一个红色灯光”

图 6.6　半自动闭塞及自动站间闭塞区段通过信号机的显示

【考点 6-16】三显示自动闭塞区段通过信号机的显示

6.1.4.2 三显示自动闭塞区段通过信号机显示下列信号：

a）一个绿色灯光：准许列车按规定速度运行，表示运行前方至少有两个闭塞分区空闲（如图 6.7 第 43 图所示）；

b）一个黄色灯光：要求列车注意运行，表示运行前方有一个闭塞分区空闲（如图 6.7 第 44 图所示）；

c）一个红色灯光：列车应在该信号机前停车（如图 6.7 第 45 图所示）。

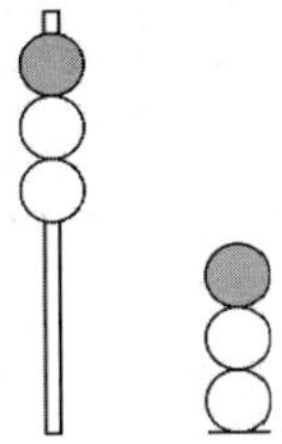

第 43 图 三显示自动闭塞区段通过信号机显示“一个绿色灯光”

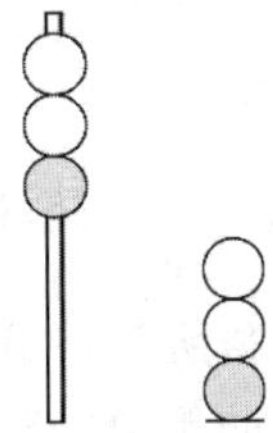

第 44 图 三显示自动闭塞区段通过信号机显示“一个黄色灯光”

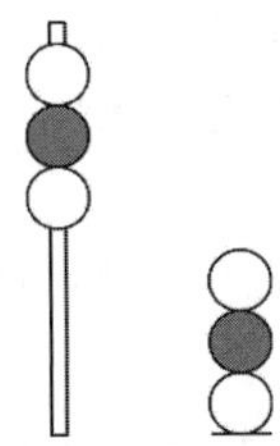

第 45 图 三显示自动闭塞区段通过信号机显示“一个红色灯光”

图 6.7 三显示自动闭塞区段通过信号机的显示

【考点 6-17】四显示自动闭塞区段以及 CTCS-2 级、CTCS-3 级线路通过信号机的显示

6.1.4.3 四显示自动闭塞区段以及 CTCS-2 级、CTCS-3 级线路，通过信号机显示下列信号：

a）一个绿色灯光：准许列车按规定速度运行，表示运行前方至少有三个闭塞分区空闲（如图 6.8 第 43 图所示）；

b）一个绿色灯光和一个黄色灯光：准许列车按规定速度运行，要求注意准备减速，表示运行前方有两个闭塞分区空闲（如图 6.8 第 46 图所示）；

c）一个黄色灯光：要求列车减速运行，按规定限速要求越过该信号机，表示运行前方有一个闭塞分区空闲（如图 6.8 第 44 图所示）；

d）一个红色灯光：列车应在该信号机前停车（如图 6.8 第 45 图所示）。

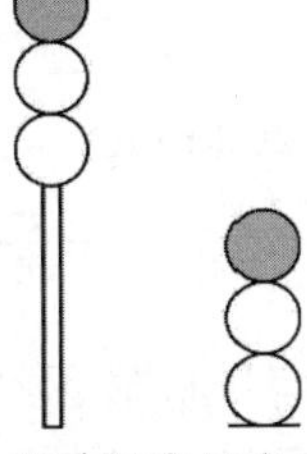

第 43 图 四显示自动闭塞区段以及 CTCS-2 级、CTCS-3 级线路通过信号机显示“一个绿色灯光”

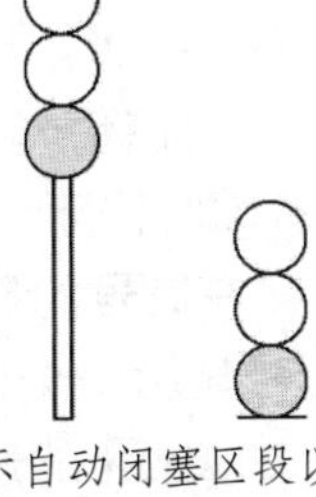

第 44 图 四显示自动闭塞区段以及 CTCS-2 级、CTCS-3 级线路通过信号机显示“一个黄色灯光”

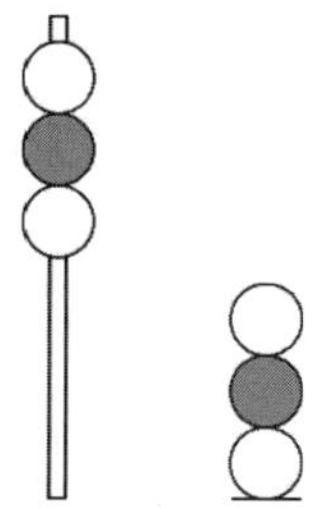

第 45 图　四显示自动闭塞区段以及 CTCS-2 级、CTCS-3 级线路通过信号机显示“一个红色灯光”

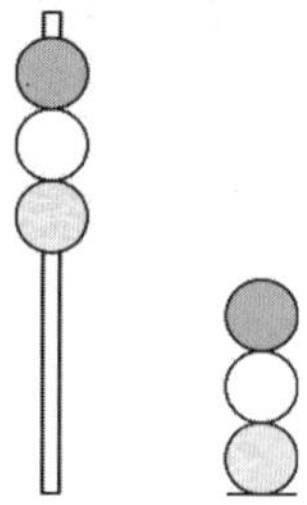

第 46 图　四显示自动闭塞区段通过信号机以及 CTCS-2 级、CTCS-3 级线路显示“一个绿色灯光和一个黄色灯光”

图 6.8　四显示自动闭塞区段以及 CTCS-2 级、CTCS-3 级线路通过信号机的显示

【考点 6-18】线路所防护分歧道岔的通过信号机的显示

6.1.4.4　线路所防护分歧道岔的通过信号机显示下列信号：

a）CTCS-0 级线路：

1）一个黄色闪光和一个黄色灯光：准许列车经 18 号及以上分歧道岔侧向运行，开往半自动闭塞或自动站间闭塞区间，或开往自动闭塞区间且列车运行前方次一闭塞分区空闲，如图 6.2 第 6 图所示；

2）两个黄色灯光：准许列车经分歧道岔侧向运行[但不满足 6.1.4.4 a）1）]，如图 6.2 第 7 图所示；

3）其他允许灯光显示含义应符合 6.1.4.1、6.1.4.2、6.1.4.3 的规定。

【考点 6-19】防护分歧道岔的线路所通过信号机

6.1.4.5　防护分歧道岔的线路所通过信号机，其机构外形和显示方式应与进站信号机相同；该信号机显示红色灯光时，不准许列车越过。

【考点 6-20】引导信号的显示

6.1.5　进站信号机及接车进路信号机、接发车进路信号机以及 CTCS-2 级、CTCS-3 级区段线路所通过信号机的引导信号显示一个红色灯光及一个月白色灯光：准许列车在该信号机前方不停车，以不超过 20 km/h（动车组不超过 40 km/h）的速度进站或通过接车进路，并应准备随时停车（如图 6.9 第 47 图所示）。

CTCS-2 级、CTCS-3 级区段，出站信号机的引导信号显示一个红色灯光及一个月白色灯光：准许列车由车站或动车段（所）以站间闭塞方式出发，发车进路列车速度不超过 20 km/h（动车组列车不超过 40 km/h），并应准备随时停车，表示前方区间空闲（如图 6.9 第 48 图所示）。

CTCS-2 级、CTCS-3 级区段，发车进路信号机的引导信号显示一个红色灯光及一个月白色灯光：准许列车越过该信号机，发车进路列车速度不超过 20 km/h（动车组列车不超过 40 km/h），并应准备随时停车（如图 6.9 第 48 图所示）。

【考点 6-21】容许信号的显示

6.1.6　容许信号显示一个蓝色灯光：准许列车在通过色灯信号机显示红色灯光的情况下不停车，以不超过 20 km/h 的速度通过，运行到次一架通过信号机，并随时准备停车（如图 6.10 第 49 图所示）。

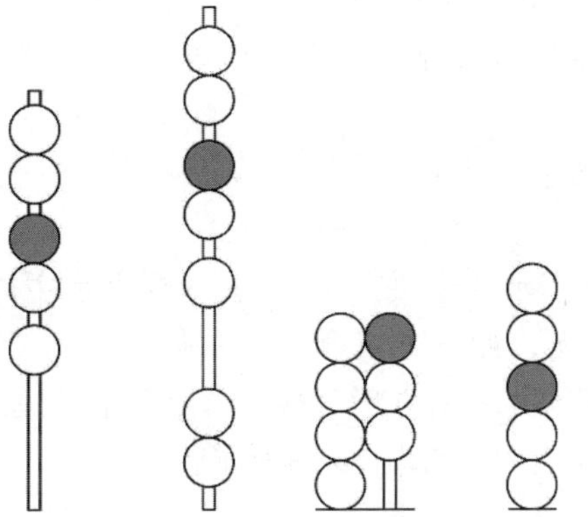

第 47 图　进站信号机、接车进路信号机、接发车进路信号机以及 CTCS-2 级、CTCS-3 级区段线路所通过信号机的引导信号显示

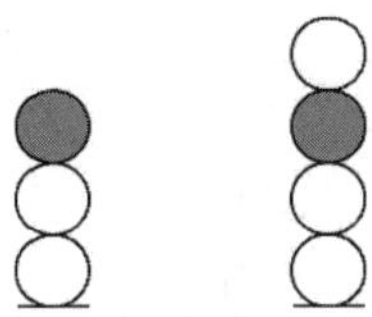

第 48 图　CTCS-2 级、CTCS-3 级区段，发车信号机的引导信号显示

图 6.9　引导信号的显示

第 49 图　容许信号

图 6.10　容许信号的显示

【考点 6-22】遮断信号机、预告信号机及接近信号机的显示

6.1.7　遮断信号机、预告信号机及接近信号机

6.1.7.1 遮断信号机的显示：

a）一个红色灯光，不准许列车越过该信号机，如图 6.11 第 50 图所示；

b）不点灯时，不起信号作用，如图 6.11 第 51 图所示。

6.1.7.2　预告信号机的显示

a）遮断信号机的预告信号机：

1）一个黄色灯光，表示遮断信号机显示红色灯光，如图 6.11 第 52 图所示；

2）不点灯时，不起信号作用，如图 6.11 第 53 图所示。

b）其他预告色灯信号机显示下列信号：

1）一个绿色灯光：表示主体信号机在开放状态，如图 6.11 第 54 图所示；

2）一个黄色灯光：表示主体信号机在关闭状态，如图 6.11 第 55 图所示。

6.1.7.3 接近色灯信号机显示下列信号：

a)一个绿色灯光:表示主体信号机显示一个绿色灯光,或一个绿色灯光和一个黄色灯光，如图 6.11 第 56 图所示；

b）一个绿色灯光和一个黄色灯光：表示主体信号机显示一个黄色灯光，如图 6.11 第 57 图所示；

c）一个黄色灯光：表示主体信号机在关闭状态，或表示主体信号机显示两个黄色灯光，或一个黄色闪光和一个黄色灯光，如图 6.11 第 58 图所示。

6.1.7.4 遮断及其预告信号机采用方形背板，并在机柱上涂有黑白相间的斜线，以区别于一般信号机，如图 6.11 第 50、51、52、53 图所示。

第 50 图　遮断信号机显示“一个红色灯光”

第 51 图　遮断信号机不点灯状态

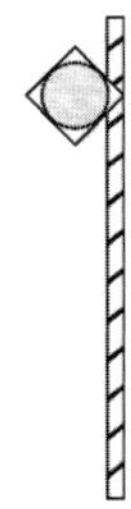

第 52 图　遮断预告信号机显示“一个黄色灯光”

第 53 图　遮断预告信号机不点灯状态

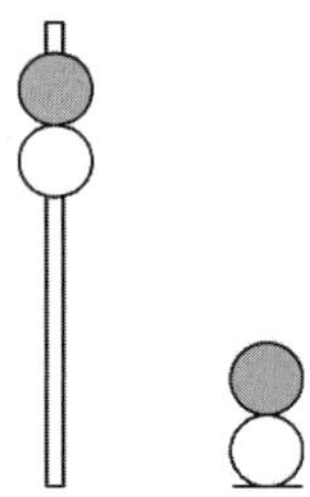

第 54 图　其他预告信号机显示“一个绿色灯光”

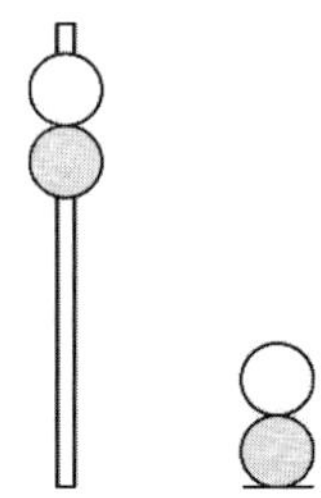

第 55 图　其他预告信号机显示“一个黄色灯光”

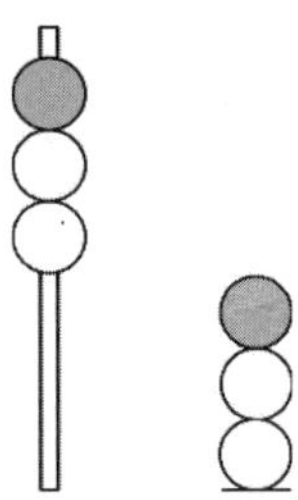

第 56 图　接近信号机显示“一个绿色灯光”

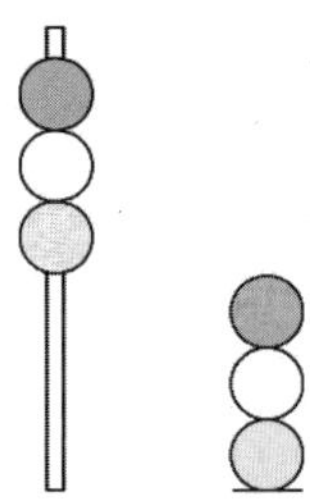

第 57 图　接近信号机显示“一个绿色灯光和一个黄色灯光”

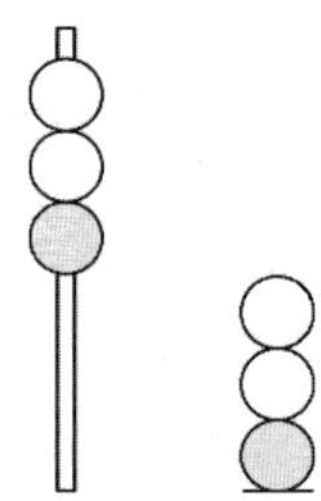

第 58 图　接近信号机显示“一个黄色灯光”

图 6.11　遮断信号机、预告信号机及接近信号机的显示

【考点 6-23】调车信号机的显示

6.1.8 调车信号机

6.1.8.1 调车信号机采用一个月白色灯光和一个蓝色灯光的机构型式：不办理闭塞的站内岔线，在岔线入口处设置的调车信号机可用红色灯光代替蓝色灯光。

对列车运行起阻挡作用的调车信号机，应采用带红色灯光的矮型三显示机构；当该信号机的红色灯光熄灭，显示不明或显示不正确时，应视为列车的停车信号。

6.1.8.2　调车信号机显示下列信号：

a）一个月白色灯光：准许越过该信号机调车，如图 6.12 第 59 图所示；

b）一个月白色闪光：装有平面溜放调车区集中联锁设备时，准许溜放调车，如图 6.12 第 60 图所示；

c）一个蓝色灯光：不准许越过该信号机调车，对列车无效，如图 6.12 第 61 图所示；

d）一个红色灯光：不准许列车及调车越过该信号机，如图 6.12 第 62、63 图所示。

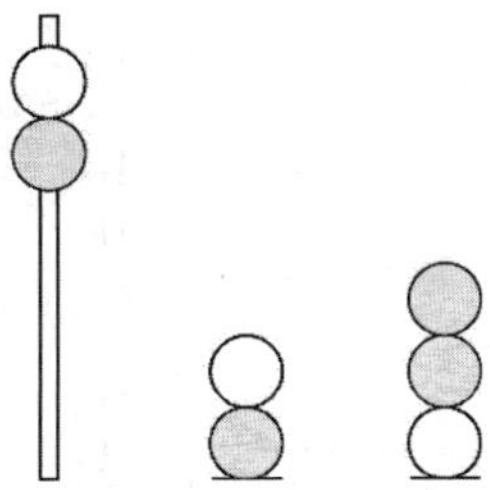

第 59 图　调车信号机显示“一个月白色灯光”

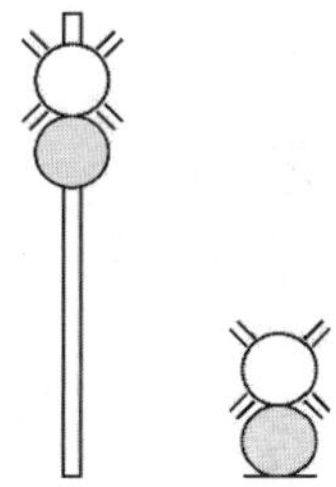

第 60 图　调车信号机显示“一个月白色闪光”

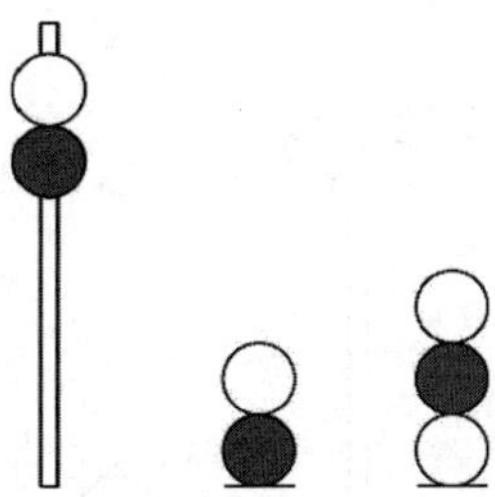

第 61 图　调车信号机显示“一个蓝白色灯光”

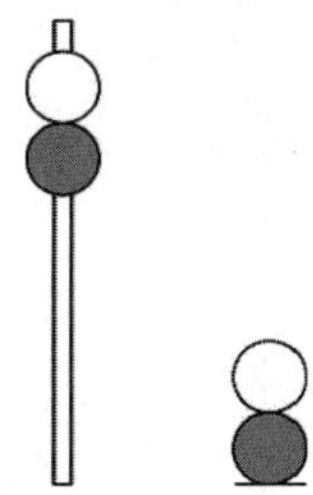

第 62 图　岔线入口调车信号机显示“一个红色灯光”

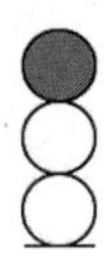

第 63 图　对列车运行起阻挡作用的调车信号机显示“一个红色灯光”

图 6.12　调车信号机的显示

【考点 6-24】复示信号机显示信号

6.1.10　复示信号机

6.1.10.1　进站信号机、接车进路信号机、接发车进路信号机以及线路所通过信号机的复示信号机采用灯列式机构，显示下列信号：

a）两个月白色灯光与水平线构成 60°角显示：表示主体信号机显示经道岔直向位置向正线接车的信号，如图 6.13 第 81 图所示；

b）两个月白色灯光水平位置显示：表示主体信号机显示经道岔侧向位置接车的信号，如图 6.13 第 82 图所示；

c）无显示：表示主体信号机在关闭状态，如图 6.13 第 83 图所示。

6.1.10.2　出站信号机及发车进路信号机的复示信号机显示下列信号：

a）一个绿色灯光：表示主体信号机在开放状态，如图 6.13 第 84 图所示；

b）无显示：表示主体信号机在关闭状态，如图 6.13 第 85 图所示。

6.1.10.3　调车复示信号机显示下列信号：

a）一个月白色灯光：表示调车信号机在开放状态，如图 6.13 第 86 图所示；

b）无显示：表示调车信号机在关闭状态，如图 6.13 第 87 图所示。

6.1.10.4　进站信号机、出站信号机、进路信号机、线路所通过信号机、驼峰信号机、驼峰辅助信号机及调车信号机的复示信号机均采用方形背板，以区别于一般信号机。

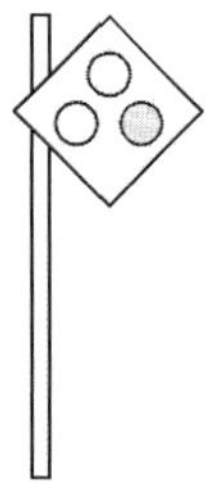

图 81　灯列式复示信号机显示“两个月白色灯光与水平线构成 60°角”

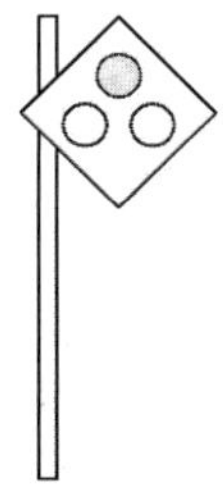

图 82　灯列式复示信号机显示“两个月白色灯光水平位置”

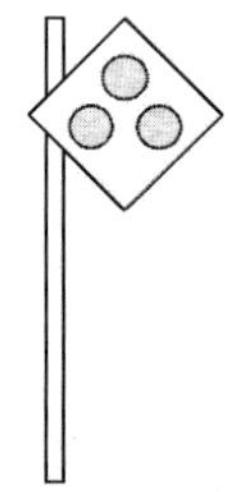

图 83　灯列式复示信号机无显示

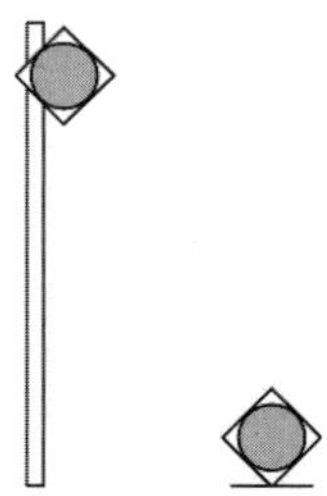

图 84　出站信号机及发车进路信号机的复示信号机显示“一个绿色灯光”

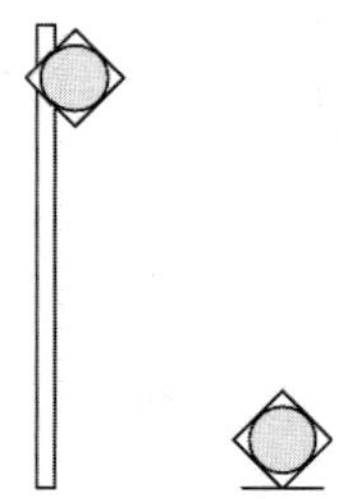

图 85　出站信号机及发车进路信号机的复示信号机无显示

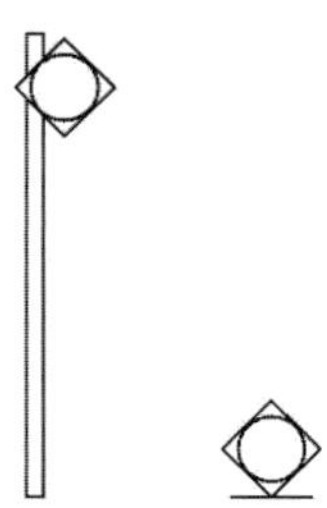

图 86　调车复示信号机显示“一个月白色灯光”

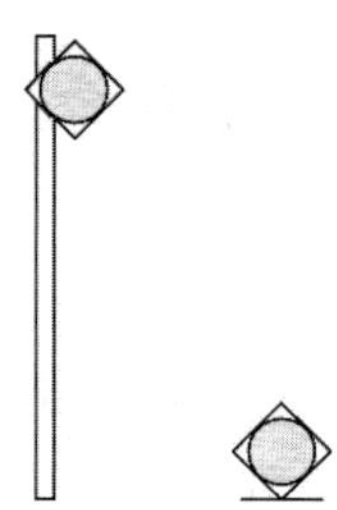

图 87　调车复示信号机无显示

图 6.13　复示信号机的显示

【考点 6-25】机车信号机和车载信号

6.3.1　CTCS-0 级线路

6.3.1.1　三显示自动闭塞区段连续式机车信号机显示下列信号：

a）一个绿色灯光：准许列车按规定速度运行，表示列车接近的地面信号机显示绿色灯光，如图 6.14 第 100 图所示；

b）一个半绿半黄色灯光：准许列车按规定速度注意运行，表示列车接近的地面信号机显示一个绿色灯光和一个黄色灯光，如图 6.14 第 101 图所示；

c）一个带“2”字的黄色闪光：要求列车注意运行，表示列车接近的地面信号机显示一个黄色灯光，并预告次一架地面信号机开放经 18 号及以上道岔侧向位置的进路，且列车运行前方第三架信号机开通直向进路或开放经 18 号及以上道岔侧向位置的进路，如图 6.14 第 102 图所示；

d）一个带“2”字的黄色灯光：要求列车注意运行，表示列车接近的地面信号机显示一个黄色灯光，并预告次一架地面信号机开放经道岔侧向位置的进路[但不满足 6.3.1.1 c）项]，如图 6.14 第 103 图所示；

e）一个黄色灯光：要求列车注意运行，表示列车接近的地面信号机显示一个黄色灯光，并预告次一架地面信号机处于关闭状态，如图 6.14 第 104 图所示；

f）一个双半黄色闪光：要求列车限速运行，表示列车接近的地面信号机开放经 18 号及以上道岔侧向位置的进路，且次一架信号机开通直向进路或开放经 18 号及以上道岔侧向位置的进路；或表示列车接近设有分歧道岔线路所的地面信号机开放经 18 号及以上道岔侧向位置的进路、显示一个黄色闪光和一个黄色灯光，如图 6.14 第 105 图所示；

g）一个双半黄色灯光：要求列车限速运行，表示列车接近的地面信号机开放经道岔侧向位置的进路[但不满足上述 6.3.1.1 f）]、显示两个黄色灯光或其他相应显示，如图 6.14 第 106 图所示；

h）一个半黄半红色闪光：表示列车接近的进站、接车进路或接发车进路信号机显示引导信号或通过信号机显示容许信号，如图 6.14 第 107 图所示；

i）一个半黄半红色灯光：要求及时采取停车措施，表示列车接近的地面信号机显示红色灯光，如图 6.14 第 108 图所示；

j）一个红色灯光：表示列车已越过地面上显示红色灯光的信号机，如图 6.14 第 109 图所示；

k）一个白色灯光：不复示地面上的信号显示，机车乘务人员应按地面信号机的显示运行，如图 6.14 第 110 图所示。

无显示时，表示机车信号机在停止工作状态。

6.3.1.2 四显示自动闭塞区段连续式机车信号机显示下列信号：

a）一个绿色灯光：准许列车按规定速度运行，表示列车接近的地面信号机显示绿色灯光，如图 6.14 第 100 图所示；

b）一个半绿半黄色灯光：准许列车按规定速度注意运行，表示列车接近的地面信号机显示一个绿色灯光和一个黄色灯光，如图 6.14 第 101 图所示；

c）一个带“2”字的黄色闪光：要求列车减速到规定的速度等级越过接近的显示一个黄色灯光的地面信号机，并预告次一架地面信号机开放经 18 号及以上道岔侧向位置的进路，且列车运行前方第三架信号机开通直向进路或开放经 18 号及以上道岔侧向位置的进路，如图 6.14 第 102 图所示；

d）一个带“2”字的黄色灯光：要求列车减速到规定的速度等级越过接近的显示一个黄色灯光的地面信号机，并预告次一架地面信号机开放经道岔侧向位置的进路[但不满足 6.3.1.2 c）]，如图 6.14 第 103 图所示；

e）一个黄色灯光：要求列车减速到规定的速度等级越过接近的显示一个黄色灯光的地面

信号机，并预告次一架地面信号机处于关闭状态，如图 6.14 第 104 图所示；

f）一个双半黄色闪光：要求列车限速运行，表示列车接近的地面信号机开放经 18 号及以上道岔侧向位置的进路，且次一架信号机开通直向进路或开放经 18 号及以上道岔侧向位置的进路；或表示列车接近设有分歧道岔线路所的地面信号机开放经 18 号及以上道岔侧向位置的进路、显示一个黄色闪光和一个黄色灯光，如图 6.14 第 105 图所示；

g）一个双半黄色灯光：要求列车限速运行，表示列车接近的地面信号机开放经道岔侧向位置的进路[但不满足 6.3.1.2 f）]、显示两个黄色灯光或其他相应显示，如图 6.14 第 106 图所示；

h）一个半黄半红色闪光：表示列车接近的进站、接车进路或接发车进路信号机显示引导信号或通过信号机显示容许信号，如图 6.14 第 107 图所示；

i）一个半黄半红色灯光：要求及时采取停车措施，表示列车接近的地面信号机显示红色灯光，如图 6.14 第 108 图所示；

j）一个红色灯光：表示列车已越过地面上显示红色灯光的信号机，如图 6.14 第 109 图所示；

k）一个白色灯光：不复示地面上的信号显示，机车乘务人员应按地面信号机的显示运行，如图 6.14 第 110 图所示。

无显示时，表示机车信号机在停止工作状态。

6.3.1.3　接近连续式机车信号机的显示方式与连续式机车信号机相同。

图 100　CTCS-0 级线路自动闭塞区段连续式机车信号机显示“一个绿色灯光”

图 101　CTCS-0 级线路自动闭塞区段连续式机车信号机显示“一个半绿半黄色灯光”

图 102　CTCS-0 级线路自动闭塞区段连续式机车信号机显示“一个带‘2’字的黄色闪光”

图 103　CTCS-0 级线路自动闭塞区段连续式机车信号机显示“一个带‘2’字的黄色灯光”

图 104　CTCS-0 级线路自动闭塞区段连续式机车信号机显示“一个黄色灯光”

图 105　CTCS-0 级线路自动闭塞区段连续式机车信号机显示“一个双半黄色闪光”

图 106　CTCS-0 级线路自动闭塞区段连续式机车信号机显示“一个双半黄色灯光”

图 107　CTCS-0 级线路自动闭塞区段连续式机车信号机显示“一个半黄半红色闪光”（引导信号）

图 107　CTCS-0 级线路自动闭塞区段连续式机车信号机显示“一个半黄半红色闪光”（容许信号）

图 108　CTCS-0 级线路自动闭塞区段连续式机车信号机显示“一个半黄半红色灯光”

图 109　CTCS-0 级线路自动闭塞区段连续式机车信号机显示“一个红色灯光”

图 110　CTCS-0 级线路自动闭塞区段连续式机车信号机显示“一个白色灯光”

图 6.14　机车信号机和车载信号的显示

注：考点原文对照与案例解读可通过扫描附录 G 中的对应二维码获取，供学习者随时对照、研读。

任务 4　移动信号及手信号考点原文对照与案例解读

【任务描述】

按照“铁路机车车辆驾驶人员资格考试大纲（L3 类—轨道车、接触网作业车）”中理论考试对《铁路信号显示规范》的要求，“移动信号及手信号”部分主要包含 7.1、7.2、7.4.1、7.4.2、7.4.3、7.4.4、7.4.5.2 等共 7 个考点，其原文对照如下。

移动信号及手信号考点原文对照与案例解读图片原图

【考点原文对照与案例解读】

一、移动信号

【考点 6-26】移动停车信号和移动减速信号

7.1　移动停车信号和移动减速信号

移动信号显示方式如下：

a）停车信号：

1）昼间——表面有反光材料的红色方牌，如图 6.15 第 124 图所示；

2）夜间——柱上红色灯光，如图 6.15 第 125 图所示。

b）减速信号：

1）表面有反光材料的黄底黑字圆牌，标明列车限制速度，如图 6.15 第 126 图所示。

2）带“减速”字样的表面有反光材料的黄底黑字圆牌，标明“减速”两字，如图 6.15 第 127 图所示。

c）减速防护地段终端信号：

1）表面有反光材料的绿色圆牌，如图 6.15 第 128 图所示。

2）在有 10 000 t 或 20 000 t（含 15 000 t）货物列车运行的线路增设的 10 000 t、20 000 t（含 15 000 t）减速防护地段终端信号牌为表面有反光材料的绿底黑“W”字（10 000 t）或黑“L”字（15 000 t 和 20 000 t）圆牌，如图 6.15 第 129 图所示。

图 124　移动信号：停车信号（昼间）　　图 125　移动信号：停车信号（夜间）

图 126　移动信号：减速信号（标明列车限制速度）

图 127　移动信号：减速信号（标明“减速”两字）

图 128　移动信号：减速防护地段终端信号

图 129　移动信号：万吨、两万吨减速防护地段终端信号

图 6.15　移动停车信号和移动减速信号

【考点 6-27】响墩及火炬信号

7.2　响墩信号如图 6.16 第 130 图所示，火炬信号如图 6.16 第 131 图所示；响墩爆炸声及火炬信号的火光，均要求紧急停车。

图 130　响墩信号

图 131　火炬信号

图 6.16　响墩及火炬信号

二、手信号

【考点 6-28】手信号的一般要求

7.4.1　一般要求

在显示手信号时，凡昼间持有手信号旗的人员，应将信号旗拢起，左手持红旗，右手持绿旗（扳道员右手持黄旗），不持信号旗的人员徒手按规定方式显示信号。

【考点 6-29】列车手信号

7.4.2　列车手信号

7.4.2.1　停车信号，要求列车停车。

a）昼间为展开的红色信号旗，如图 6.17 第 133 图所示；昼间无红色信号旗时，两臂高举头上向两侧急剧摇动，如图 6.17 第 134 图所示；

b）夜间为红色灯光，如图 6.17 第 135 图所示；无红色灯光时，用白色灯光上下急剧摇动，如图 6.17 第 136 图所示。

图 133　列车手信号之停车信号（昼间）

图 134　列车手信号之停车信号（昼间无红色信号旗时）

图 135　列车手信号之停车信号（夜间）

图 136　列车手信号之停车信号（夜间无红色灯光时）

图 6.17　列车手信号之停车信号

7.4.2.2　减速信号，要求列车降低到要求的速度。

a）昼间为展开的黄色信号旗，如图 6.18 第 137 图所示；无黄色信号旗时，用绿色信号旗下压数次，如图 6.18 第 138 图所示；

b）夜间为黄色灯光，如图 6.18 第 139 图所示；无黄色灯光时，用白色或绿色灯光下压数次，如图 6.18 第 140 图所示。

图 137　列车手信号之减速信号（昼间）　　图 138　列车手信号之减速信号（昼间无黄色信号旗时）

图 139　列车手信号之减速信号（夜间）

图 140　列车手信号之减速信号（夜间无黄色灯光时）

图 6.18　列车手信号之减速信号

7.4.2.3　发车信号，要求司机发车。

a）昼间为展开的绿色信号旗上弧线向列车方面作圆形转动；夜间为绿色灯光上弧线向列车方面作圆形转动，如图 6.19 第 141 图所示。

b）在设有发车表示器的车站，按发车表示器显示发车。

7.4.2.4　通过手信号，准许列车由车站（场）通过，如图 6.20 第 142 图所示。

a）昼间为展开的绿色信号旗；

b）夜间为绿色灯光。

图 141　列车手信号之发车信号

图 6.19　列车手信号之发车信号

图 142　列车手信号之通过手信号

图 6.20　列车手信号之通过手信号

7.4.2.5　引导手信号，准许列车进入车场或车站，如图 6.21 第 143 图所示。

a）昼间为展开的黄色信号旗高举头上左右摇动；

b）夜间为黄色灯光高举头上左右摇动。

图 143　列车手信号之引导手信号

图 6.21　列车手信号之引导手信号

7.4.2.6　特定引导手信号显示方式，如图 6.22 第 144 图所示。

a）昼间为展开绿色信号旗高举头上左右摇动；

b）夜间为绿色灯光高举头上左右摇动。

图 144　列车手信号之特定引导手信号

图 6.22　列车手信号之特定引导手信号

【考点 6-30】调车手信号

7.4.3　调车手信号

7.4.3.1　停车信号

显示方式如 7.4.2.1 的图 6.17 第 133、135 图所示。

7.4.3.2　减速信号

昼间为展开的绿色信号旗下压数次，夜间为绿色灯光下压数次。显示方式如 7.4.2.2 的图 6.18 第 138、140 图所示。

7.4.3.3　指挥机车移动的信号

a）指挥机车向显示人方向来的信号：

1）昼间为展开的绿色信号旗在下部左右摇动，如图 6.23 第 145 图所示；

2）夜间为绿色灯光在下部左右摇动，如图 6.23 第 146 图所示。

b）指挥机车向显示人方向稍行移动的信号：

1）昼间为拢起的红色信号旗直立平举，再用展开的绿色信号旗左右小动，如图 6.23 第 147 图所示；

2）夜间为绿色灯光下压数次后，再左右小动，如图 6.23 第 148 图所示。

c）指挥机车向显示人反方向去的信号：

1）昼间为展开的绿色信号旗上下摇动，如图 6.23 第 149 图所示；

2）夜间为绿色灯光上下摇动，如图 6.23 第 150 图所示。

d）指挥机车向显示人反方向稍行移动的信号：

1）昼间为拢起的红色信号旗直立平举，再用展开的绿色信号旗上下小动，如图 6.23 第

151 图所示；

2）夜间为绿色灯光上下小动，如图 6.23 第 152 图所示。

图 145　调车手信号之指挥机车向显示人方向来（昼间）

图 146　调车手信号之指挥机车向显示人方向来（夜间）

图 147　调车手信号之指挥机车向显示人方向稍行移动（昼间）

图 148　调车手信号之指挥机车向显示人方向稍行移动（夜间）

图 149　调车手信号之指挥机车向显示人反方向去（昼间）

图 150　调车手信号之指挥机车向显示人反方向去（夜间）

图 151　调车手信号之指挥机车向显示人反方向稍行移动（昼间）

图 152　调车手信号之指挥机车向显示人反方向稍行移动（夜间）

图 6.23　调车手信号之指挥机车移动的手信号

7.4.3.4　对显示 7.4.3.2、7.4.3.3 中转信号时，昼间可用单臂，夜间可用白色灯光依式中转。

【考点 6-31】联系手信号

7.4.4　联系手信号

7.4.4.1　道岔开通信号，表示进路道岔准备妥当。

a）昼间为拢起的黄色信号旗高举头上左右摇动，如图 6.24 第 153 图所示；夜间为白色灯光高举头上，如图 6.24 第 154 图所示。

b）机车出入段进路道岔准备妥当后，显示如下道岔开通信号：

1）昼间为展开的黄色信号旗高举头上左右摇动，如图 6.24 第 155 图所示；

2）夜间为黄色灯光高举头上左右摇动，如图 6.24 第 156 图所示。

图 153　联系手信号之道岔开通信号 1（昼间）

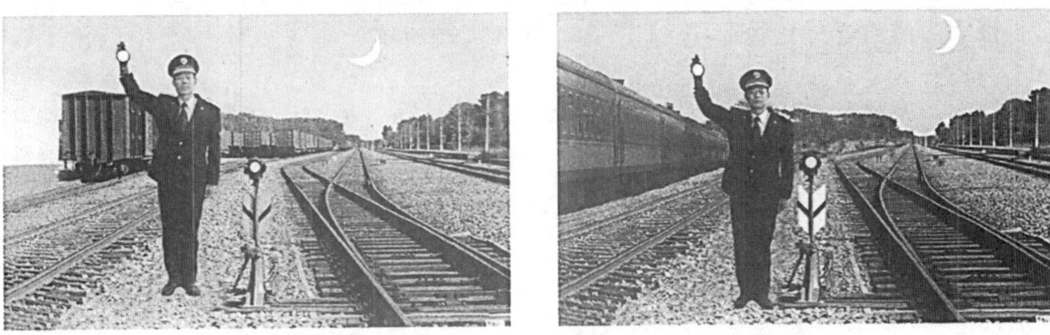

图 154　联系手信号之道岔开通信号 1（夜间）

图 155　联系手信号之道岔开通信号 2（机车出入段）（昼间）

图 156　联系手信号之道岔开通信号 2（机车出入段）（夜间）

图 6.24　联系手信号之道岔开通信号

7.4.4.2　股道号码信号，要道或回示股道开通号码。

a）一道：

1）昼间为两臂左右平伸，如图 6.25 第 157 图所示；

2）夜间为白色灯光左右摇动，如图 6.25 第 158 图所示。

b）二道：

1）昼间为右臂向上直伸，左臂下垂，如图 6.25 第 159 图所示；

2）夜间为白色灯光左右摇动后，从左下方向右上方高举，如图 6.25 第 160 图所示。

c）三道：

1）昼间为两臂向上直伸，如图 6.25 第 161 图所示；

2）夜间为白色灯光上下摇动，如图 6.25 第 162 图所示。

d）四道：

1）昼间为右臂向右上方，左臂向左下方各斜伸 45°角，如图 6.25 第 163 图所示；

2）夜间为白色灯光高举头上左右小动，如图 6.25 第 164 图所示。

e）五道：

1）昼间为两臂交叉于头上，如图 6.25 第 165 图所示；

2）夜间为白色灯光作圆形转动，如图 6.25 第 166 图所示。

f）六道：

1）昼间为左臂向左下方，右臂向右下方各斜伸 45°角，如图 6.25 第 167 图所示；

2）夜间为白色灯光作圆形转动后，再左右摇动，如图 6.25 第 168 图所示。

g）七道：

1）昼间为右臂向上直伸，左臂向左平伸，如图 6.25 第 169 图所示；

2）夜间为白色灯光作圆形转动后，左右摇动，然后再从左下方向右上方高举，如图 6.25 第 170 图所示。

h）八道：

1）昼间为右臂向右平伸，左臂下垂，如图 6.25 第 171 图所示；

2）夜间为白色灯光作圆形转动后，再上下摇动，如图 6.25 第 172 图所示。

i）九道：

1）昼间为右臂向右平伸，左臂向右下斜 45°角，如图 6.25 第 173 图所示；
2）夜间为白色灯光作圆形转动后，再高举头上左右小动，如图 6.25 第 174 图所示。
j）十道：
1）昼间为左臂向左上方，右臂向右上方各斜伸 45°角，如图 6.25 第 175 图所示；
2）夜间为白色灯光左右摇动后，再上下摇动作成十字形，如图 6.25 第 176 图所示。
k）十一至十九道，须先显示十道股道号码，再显示所要股道号码的个位数信号。
l）二十道及其以上的股道号码，由铁路运输企业根据需要自行规定。

图 157　联系手信号之股道号码信号（一道）（昼间）

图 158　联系手信号之股道号码信号（一道）（夜间）

图 159　联系手信号之股道号码信号（二道）（昼间）

图 160　联系手信号之股道号码信号（二道）（夜间）

图 161　联系手信号之股道号码信号（三道）（昼间）

图 162　联系手信号之股道号码信号（三道）（夜间）

图 163　联系手信号之股道号码信号（四道）（昼间）

图 164　联系手信号之股道号码信号（四道）（夜间）

图 165　联系手信号之股道号码信号（五道）（昼间）

图 166　联系手信号之股道号码信号（五道）（夜间）

图 167　联系手信号之股道号码信号（六道）（昼间）

图 168 联系手信号之股道号码信号（六道）（夜间）

图 169 联系手信号之股道号码信号（七道）（昼间）

图 170 联系手信号之股道号码信号（七道）（夜间）

图 171 联系手信号之股道号码信号（八道）（昼间）

图 172　联系手信号之股道号码信号（八道）（夜间）

图 173　联系手信号之股道号码信号（九道）（昼间）

图 174　联系手信号之股道号码信号（九道）（夜间）

图 175　联系手信号之股道号码信号（十道）（昼间）

图 176　联系手信号之股道号码信号（十道）（夜间）

图 6.25　联系手信号之股道号码信号

7.4.4.3　连结信号，表示连挂作业。

a）昼间为两臂高举头上，使拢起的手信号旗杆成水平末端相接，如图 6.26 第 177 图所示；

b）夜间为红、绿色灯光（无绿色灯光的人员，用白色灯光）交互显示数次，如图 6.26 第 178 图所示。

图 177　联系手信号之连结信号（昼间）

图 178　联系手信号之连结信号（夜间）

图 6.26　联系手信号之连结信号

7.4.4.4　溜放信号：表示溜放作业。

昼间为拢起的手信号旗两臂高举头上交叉后，急向左右摇动数次，如图 6.27 第 179 图所示；夜间为红色灯光作圆形转动，如图 6.27 第 180 图所示。

图 179　联系手信号之溜放信号（昼间）

图 180　联系手信号之溜放信号（夜间）

图 6.27　联系手信号之溜放信号

7.4.4.5　停留车位置信号，表示车辆停留地点。

夜间为白色灯光左右小摇动，如图 6.28 第 181 图所示。

图 181　联系手信号之停留车位置信号（夜间）

图 6.28　联系手信号之停留车位置信号

7.4.4.6　十、五、三车距离信号，表示推进车辆的前端与被连挂车辆的距离。

昼间为展开的绿色信号旗单臂平伸，如图 6.29 第 182 图所示；夜间为绿色灯光，如图 6.29 第 183 图所示；在距离停留车十车（约 110 m）时连续下压三次，五车（约 55 m）时连续下压两次，三车（约 33 m）时下压一次。

图 182　联系手信号之十、五、三车距离信号（昼间）

图 183　联系手信号之十、五、三车距离信号（夜间）

图 6.29　联系手信号之十、五、三车距离信号

7.4.4.7 取消信号，通知将前发信号取消。

昼间为拢起的手信号旗，两臂于前下方交叉后，急向左右摇动数次，如图 6.30 第 184 图所示；夜间为红色灯光作圆形转动后，上下摇动，如图 6.30 第 185 图所示。

图 184　联系手信号之取消信号（昼间）

图 185　联系手信号之取消信号（夜间）

图 6.30　联系手信号之取消信号

7.4.4.8 要求再度显示信号，前发信号不明，要求重新显示。

昼间为拢起的手信号旗右臂向右方上下摇动，如图 6.31 第 186 图所示；夜间为红色灯光上下摇动，如图 6.31 第 187 图所示。

图 186　联系手信号之要求再度显示信号（昼间）

图 187　联系手信号之要求再度显示信号（夜间）

图 6.31 联系手信号之要求再度显示信号

7.4.4.9　告知显示错误的信号，告知对方信号显示错误。

昼间为拢起的手信号旗两臂左右平伸同时上下摇动数次，如图 6.32 第 188 图所示；夜间为红色灯光左右摇动，如图 6.32 第 189 图所示。

图 188　联系手信号之告知显示错误的信号（昼间）

图 189　联系手信号之告知显示错误的信号（夜间）

图 6.32　联系手信号之告知显示错误的信号

【考点 6-32】临时降弓升弓手信号

7.4.5.2　发现接触网故障，需要机车临时降弓通过时，发现的人员应在规定地点显示下列手信号。

a）降弓手信号：

1）昼间为左臂垂直高举，右臂前伸并左右水平重复摇动，如图 6.33 第 196 图所示；

2）夜间为白色灯光上下左右重复摇动，如图 6.33 第 197 图所示。

b）升弓手信号：

1）昼间为左臂垂直高举，右臂前伸并上下重复摇动，如图 6.33 第 198 图所示；

2）夜间为白色灯光作圆形转动，如图 6.33 第 199 图所示。

图 196　发现接触网故障时的降弓手信号（昼间）

图 197　发现接触网故障时的降弓手信号（夜间）

图 198　发现接触网故障时的升弓手信号（昼间）

图 199　发现接触网故障时的升弓手信号（夜间）

图 6.33　临时降弓升弓手信号

注：考点原文对照与案例解读可通过扫描附录 G 中的对应二维码获取，供学习者随时对照、研读。

任务 5　信号表示器及标志考点原文对照与案例解读

【任务描述】

信号表示器及标志考点原文对照与案例解读图片原图

按照“铁路机车车辆驾驶人员资格考试大纲（L3 类—轨道车、接触网作业车）”中理论考试对《铁路信号显示规范》的要求，“信号表示器及标志”部分主要包含 8.1.1、8.1.2、8.1.3、8.1.4、8.1.5、8.1.6、8.1.7、8.2.1.1、

8.2.1.2、8.2.1.3、8.2.2.1、8.2.2.2、8.2.2.3、8.2.2.4、8.2.2.5、8.2.2.6、8.2.2.7、8.2.2.8、8.2.2.9（a）、8.2.2.10、8.2.2.11、8.2.2.12、8.2.2.13、8.2.2.17、8.2.2.18、8.3.1、8.3.2、8.4.1、8.4.2、8.4.4 等共 30 个考点，其原文对照如下。

【考点原文对照与案例解读】

一、信号表示器

【考点 6-33】道岔表示器

8.1.1　道岔表示器

道岔表示器的显示方式如下：

a）昼间无显示；夜间为紫色灯光，如图 6.34 第 200、201 图所示，表示道岔位置开通直向。

b）昼间为中央划有一条鱼尾形黑线的黄色鱼尾形牌，夜间为黄色灯光，如图 6.34 第 202、203 图所示，表示道岔位置开通侧向。

图 200　道岔表示器显示道岔开通直向（昼间）

图 201　道岔表示器显示道岔开通直向（夜间）

图 202　道岔表示器显示道岔开通侧向（昼间）

图 203　道岔表示器显示道岔开通侧向（夜间）

图 6.34　道岔表示器

【考点 6-34】脱轨表示器

8.1.2　脱轨表示器

脱轨表示器的显示方式如下：

a）带白边的红色长方牌及红色灯光，表示线路在遮断状态，如图 6.35 第 204 图所示。

b）带白边的绿色圆牌及月白色灯光，表示线路在开通状态，如图 6.35 第 205 图所示。

图 204　脱轨表示器显示线路在遮断状态

图 205　脱轨表示器显示线路在开通状态

图 6.35　脱轨表示器

【考点 6-35】进路表示器

8.1.3　进路表示器

8.1.3.1　采用进路表示器区分发车方向时，应符合本文件的规定。

8.1.3.2　进路表示器在其主体信号机开放时点亮，用于区别进路开通方向或双线区段反方向发车，不能独立构成信号显示。

8.1.3.3　两个发车方向，当信号机在开放的条件下，分别按左、右两个白色灯光，区别进路开通方向，如图 6.36 第 206 图所示。

8.1.3.4　三个发车方向，其显示方式如下：

a）信号机在开放状态及表示器左方显示一个白色灯光，表示进路开通，准许列车向左侧线路发车，如图 6.36 第 207 图所示；

b）信号机在开放状态及表示器中间显示一个白色灯光，表示进路开通，准许列车向中间线路发车，如图 6.36 第 208 图所示；

c）信号机在开放状态及表示器右方显示一个白色灯光，表示进路开通，准许列车向右侧线路发车，如图 6.36 第 209 图所示。

8.1.3.5　四个及其以上发车方向，进路表示器按灯光排列表示。

8.1.3.6　四个发车方向（由左至右 A、B、C、D 方向）的显示方式：

a）信号机在开放状态及表示器左方横向显示两个白色灯光，表示进路开通，准许列车向左侧 A 方向线路发车，如图 6.36 第 210 图所示；

b）信号机在开放状态及表示器左方斜向显示两个白色灯光，表示进路开通，准许列车向左侧 B 方向线路发车，如图 6.36 第 211 图所示；

c）信号机在开放状态及表示器右方斜向显示两个白色灯光，表示进路开通，准许列车向右侧 C 方向线路发车，如图 6.36 第 212 图所示；

d）信号机在开放状态及表示器右方横向显示两个白色灯光，表示进路开通，准许列车向右侧 D 方向线路发车，如图 6.36 第 213 图所示。

8.1.3.7　五个发车方向（由左至右 A、B、C、D、E 方向）的显示方式：

a）信号机在开放状态及表示器左方横向显示两个白色灯光，表示进路开通，准许列车向左侧 A 方向线路发车，如图 6.36 第 210 图所示；

b）信号机在开放状态及表示器左方斜向显示两个白色灯光，表示进路开通，准许列车向左侧 B 方向线路发车，如图 6.36 第 211 图所示；

c）信号机在开放状态及表示器中间竖向显示两个白色灯光，表示进路开通，准许列车向中间 C 方向线路发车，如图 6.36 第 214 图所示；

d）信号机在开放状态及表示器右方斜向显示两个白色灯光，表示进路开通，准许列车向右侧 D 方向线路发车，如图 6.36 第 212 图所示；

e）信号机在开放状态及表示器右方横向显示两个白色灯光，表示进路开通，准许列车向右侧 E 方向线路发车，如图 6.36 第 213 图所示。

8.1.3.8　六个发车方向（由左至右 A、B、C、D、E、F 方向）的显示方式：

a）信号机在开放状态及表示器左方竖向显示两个白色灯光，表示进路开通，准许列车向左侧 A 方向线路发车，如图 6.36 第 215 图所示；

b）信号机在开放状态及表示器左方横向显示两个白色灯光，表示进路开通，准许列车向左侧 B 方向线路发车，如图 6.36 第 216 图所示；

c）信号机在开放状态及表示器左方斜向显示两个白色灯光，表示进路开通，准许列车向左侧 C 方向线路发车，如图 6.36 第 217 图所示；

d）信号机在开放状态及表示器右方斜向显示两个白色灯光，表示进路开通，准许列车向右侧 D 方向线路发车，如图 6.36 第 218 图所示；

e）信号机在开放状态及表示器右方横向显示两个白色灯光，表示进路开通，准许列车向右侧 E 方向线路发车，如图 6.36 第 219 图所示；

f）信号机在开放状态及表示器右方竖向显示两个白色灯光，表示进路开通，准许列车向右侧 F 方向线路发车，如图 6.36 第 220 图所示。

8.1.3.9　七个发车方向（由左至右 A、B、C、D、E、F、G 方向）的显示方式：

a）信号机在开放状态及表示器左方竖向显示两个白色灯光，表示进路开通，准许列车向左侧 A 方向线路发车，如图 6.36 第 215 图所示；

b）信号机在开放状态及表示器左方横向显示两个白色灯光，表示进路开通，准许列车向左侧 B 方向线路发车，如图 6.36 第 216 图所示；

c）信号机在开放状态及表示器左方斜向显示两个白色灯光，表示进路开通，准许列车向左侧 C 方向线路发车，如图 6.36 第 217 图所示；

d）信号机在开放状态及表示器中间竖向显示两个白色灯光，表示进路开通，准许列车向中间 D 方向线路发车，如图 6.36 第 221 图所示；

e）信号机在开放状态及表示器右方斜向显示两个白色灯光，表示进路开通，准许列车向右侧 E 方向线路发车，如图 6.36 第 218 图所示；

f）信号机在开放状态及表示器右方横向显示两个白色灯光，表示进路开通，准许列车向右侧 F 方向线路发车，如图 6.36 第 219 图所示；

g）信号机在开放状态及表示器右方竖向显示两个白色灯光，表示进路开通，准许列车向右侧 G 方向线路发车，如图 6.36 第 220 图所示。

8.1.3.10　CTCS-0 级线路，在双线区段仅用于区分反方向发车时，其显示方式如下：

a）信号机在开放状态且表示器不点亮，准许列车正方向发车，如图 6.36 第 222 图所示。

b）信号机在开放状态且表示器显示一个白色灯光，准许列车反方向发车，如图 6.36 第 223 图所示。

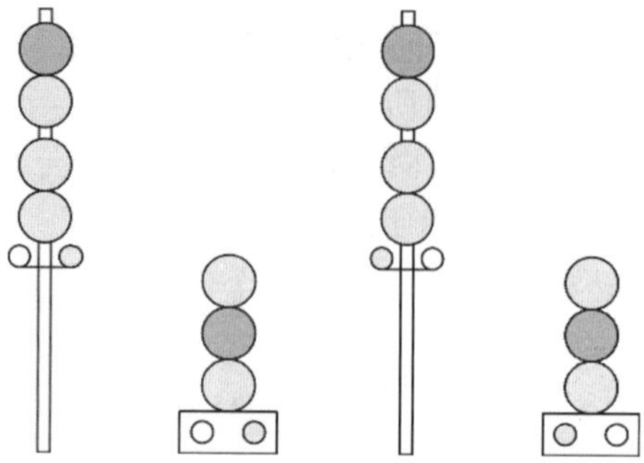

注：出站信号已开放，图中以主体信号显示一个绿色灯光示意。

图 206　两个发车方向时进路表示器的显示

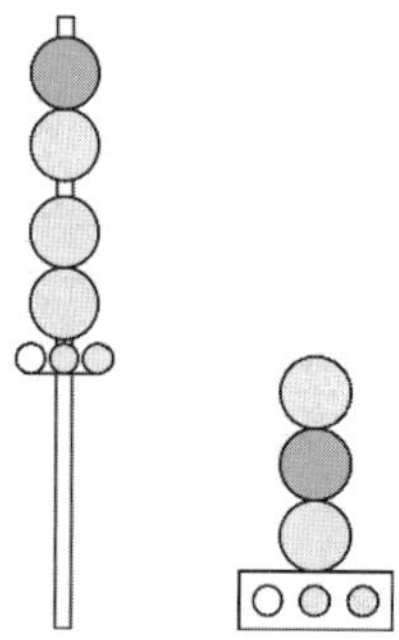

注：出站信号已开放，图中以主体信号显示一个绿色灯光示意。

图 207　三个发车方向时进路表示器的显示（向左侧方向发车）

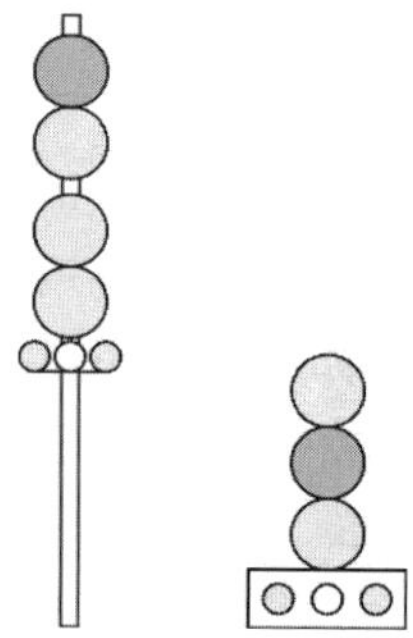

注：出站信号已开放，图中以主体信号显示一个绿色灯光示意。

图 208　三个发车方向时进路表示器的显示（向中间方向发车）

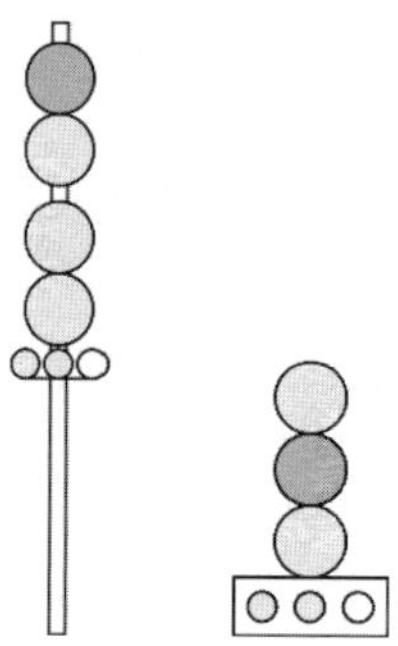

注：出站信号已开放，图中以主体信号显示一个绿色灯光示意。

图 209　三个发车方向时进路表示器的显示（向右侧方向发车）

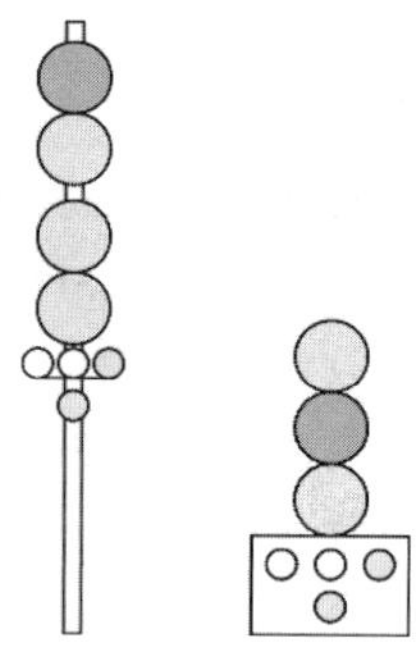

注：出站信号已开放，图中以主体信号显示一个绿色灯光示意。

图 210　四个、五个发车方向时进路表示器的显示（向最左侧方向发车）

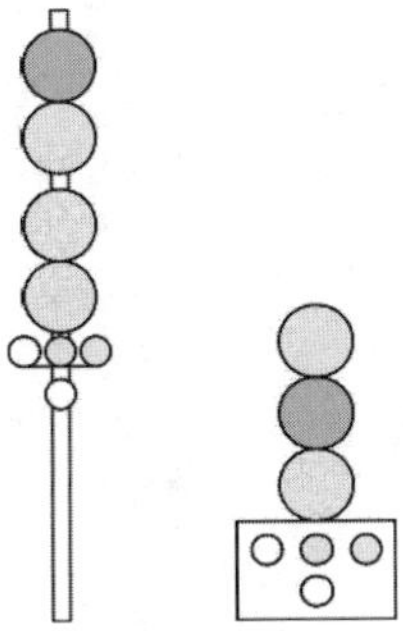

注：出站信号已开放，图中以主体信号显示一个绿色灯光示意。

图 211　四个、五个发车方向时进路表示器的显示（向左侧第二个方向发车）

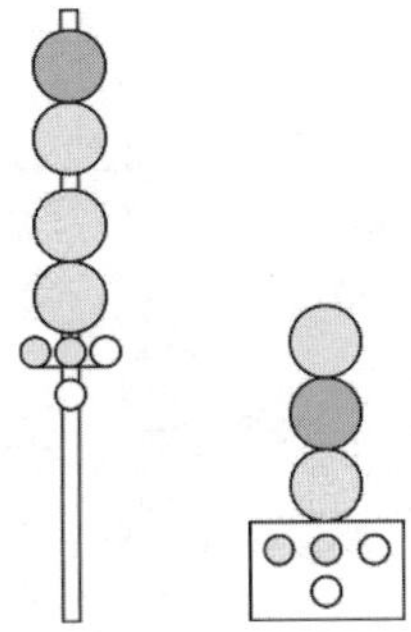

注：出站信号已开放，图中以主体信号显示一个绿色灯光示意。

图 212　四个、五个发车方向时进路表示器的显示（向右侧第二个方向发车）

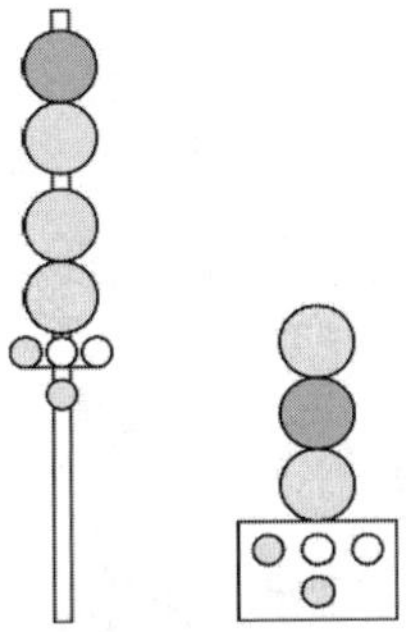

注：出站信号已开放，图中以主体信号显示一个绿色灯光示意。

图 213　四个、五个发车方向时进路表示器的显示（向最右侧方向发车）

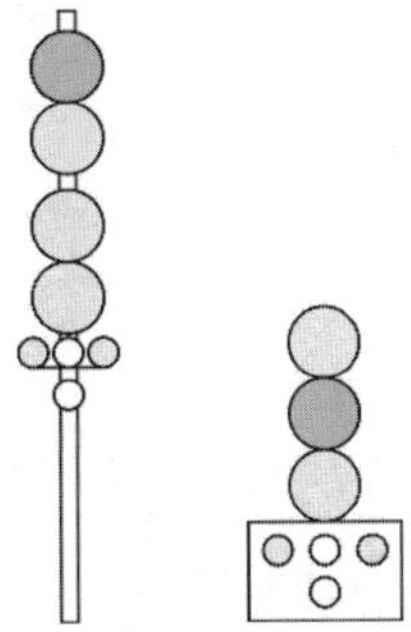

注：出站信号已开放，图中以主体信号显示一个绿色灯光示意。

图 214　五个发车方向时进路表示器的显示（向中间方向发车）

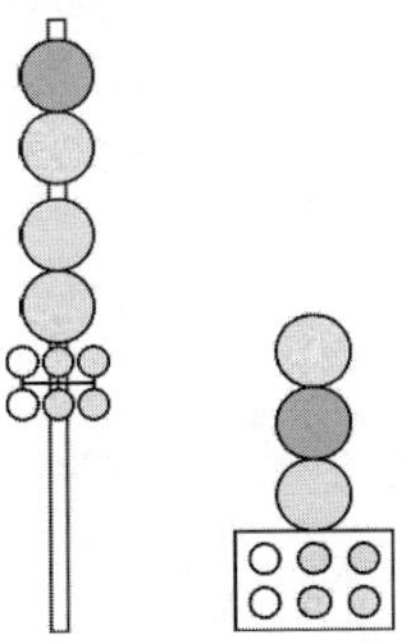

注：出站信号已开放，图中以主体信号显示一个绿色灯光示意。

图 215　六个、七个发车方向时进路表示器的显示（向最左侧方向发车）

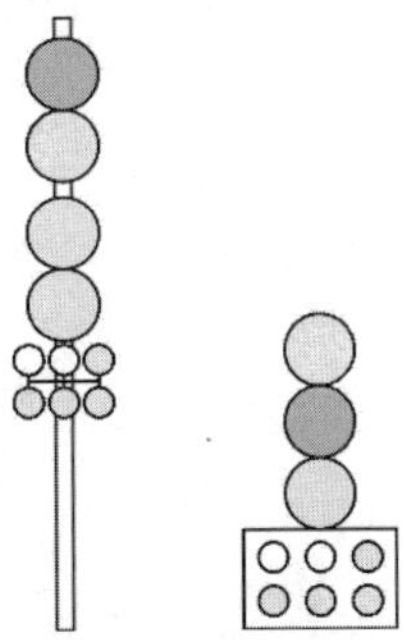

注：出站信号已开放，图中以主体信号显示一个绿色灯光示意。

图 216　六个、七个发车方向时进路表示器的显示（向左侧第二个方向发车）

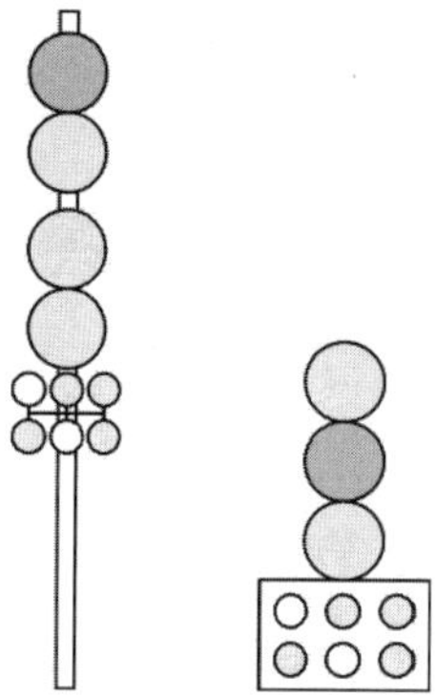

注：出站信号已开放，图中以主体信号显示一个绿色灯光示意。

图 217　六个、七个发车方向时进路表示器的显示（向左侧第三个方向发车）

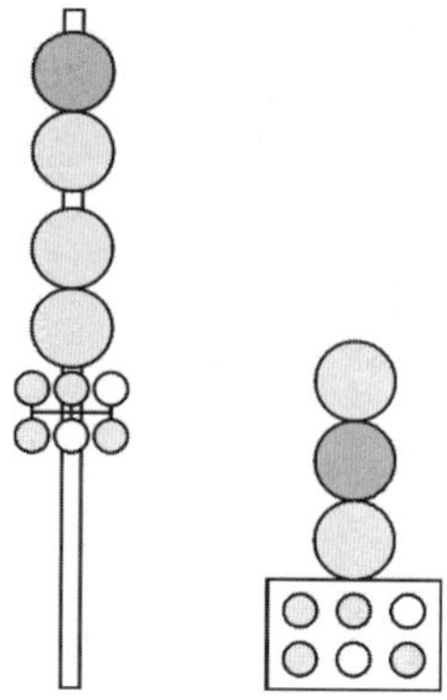

注：出站信号已开放，图中以主体信号显示一个绿色灯光示意。

图 218　六个、七个发车方向时进路表示器的显示（向右侧第三个方向发车）

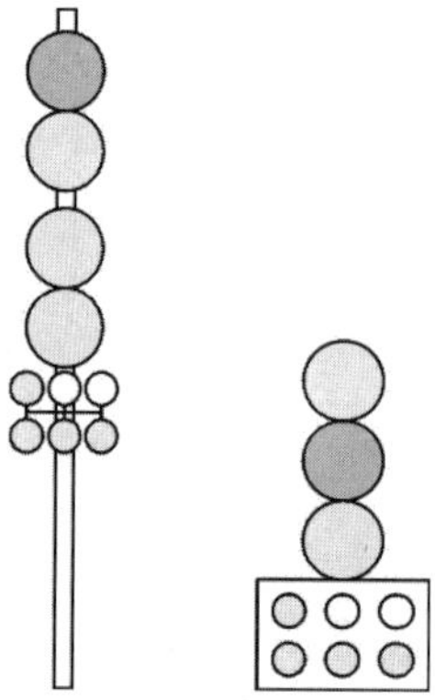

注：出站信号已开放，图中以主体信号显示一个绿色灯光示意。

图 219　六个、七个发车方向时进路表示器的显示（向右侧第二个方向发车）

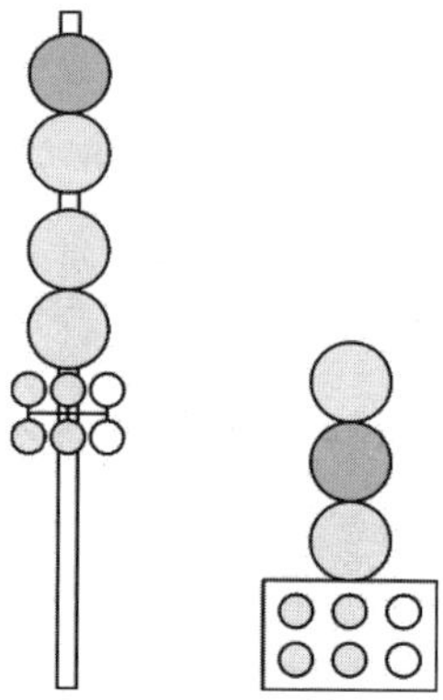

注：出站信号已开放，图中以主体信号显示一个绿色灯光示意。

图 220　六个、七个发车方向时进路表示器的显示（向最右侧方向发车）

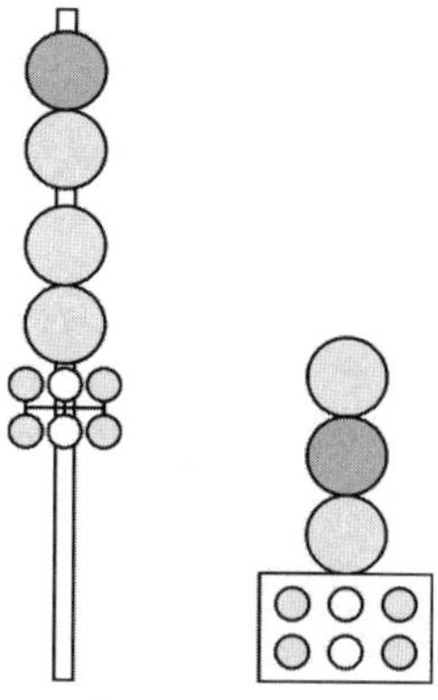

注：出站信号已开放，图中以主体信号显示一个绿色灯光示意。

图 221　七个发车方向时进路表示器的显示（向中间方向发车）

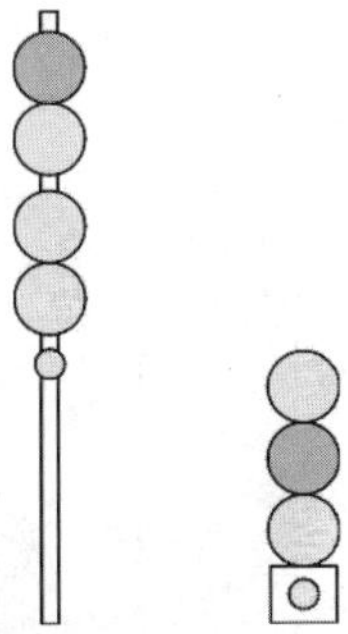

注：出站信号已开放，图中以主体信号显示一个绿色灯光示意。

图 222　CTCS-0 级线路双线区段进路表示器不点亮（正方向发车）

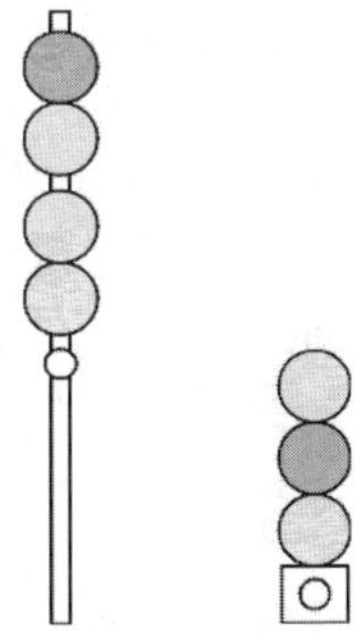

注：出站信号已开放，图中以主体信号显示一个绿色灯光示意。

图 223　CTCS-0 级线路双线区段进路表示器点亮（反方向发车）

图 6.36　进路表示器的显示

【考点 6-36】发车线路表示器

8.1.4　发车线路表示器在线群出站信号机开放后显示一个白色灯光，准许该线路上的列车发车，如图 6.37 第 224 图所示。

不许发车的线路，所属该线路的发车线路表示器不能点亮。

发车线路表示器可用于驼峰调车场，作为调车线路表示器，显示一个白色灯光，准许调车。

【考点 6-37】发车表示器

8.1.5　发车表示器常态不显示；显示一个白色灯光，表示车站人员准许发车，如图 6.37 第 225 图所示。

图 224　发车线路表示器显示一个白色灯光

图 225　发车表示器显示一个白色灯光

图 6.37　发车线路表示器与发车表示器

【考点 6-38】调车表示器

8.1.6　调车表示器的显示方式如下：

a）向调车区方向显示一个白色灯光，准许机车车辆自调车区向牵出线运行，如图 6.38 第 226 图所示；

b）向牵出线方向显示一个白色灯光，准许机车车辆自牵出线向调车区运行，如图 6.38 第 227 图所示；

c）向牵出线方向显示两个白色灯光，准许机车车辆自牵出线向调车区溜放，如图 6.38 第 228 图所示。

图 226 调车表示器向调车区方向显示一个白色灯光

图 227 调车表示器向牵出线方向显示一个白色灯光

图 228 调车表示器向牵出线方向显示两个白色灯光

图 6.38 发车线路表示器与发车表示器

【考点 6-39】车挡表示器

8.1.7 车挡表示器设置在线路终端的车挡上，昼间一个红色方牌，如图 6.39 第 229 图所示；夜间显示一个红色灯光，如图 6.39 第 230 图所示。

安全线及避难线可不设置车挡表示器。

图 229 车挡表示器的显示（昼间）

图 230 车挡表示器的显示（夜间）

图 6.39 车挡表示器

【考点 6-40】线路标志之里程标

8.2.1.1 线路标志包括公里标、半公里标等。

【考点 6-41】线路标志的设置

8.2.1.2 线路标志应设在其内侧距线路中心不小于 3.1 m 处（设在接触网支柱上的标志除外）。

线路标志，按计算公里方向设在线路左侧。双线区段须另设线路标志时，应设在列车运行方向左侧。

【考点 6-42】里程标的设置

8.2.1.3 公里标如图 6.40 第 231 图所示，设在一条线路自起点计算每一整公里处；半公里标如图 6.40 第 232 图所示，设在一条线路自起点计算每半公里处。

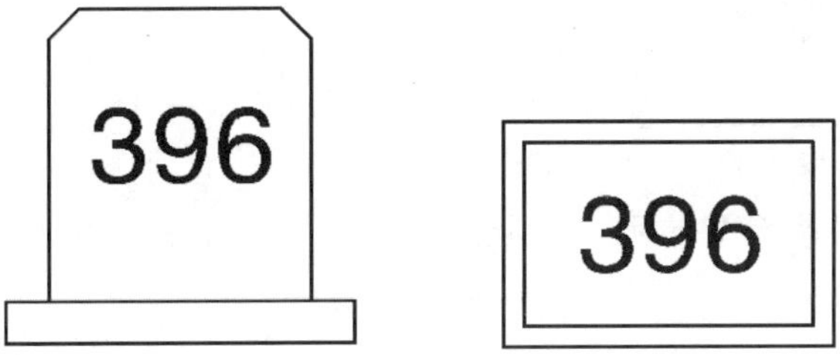

图 231　公里标

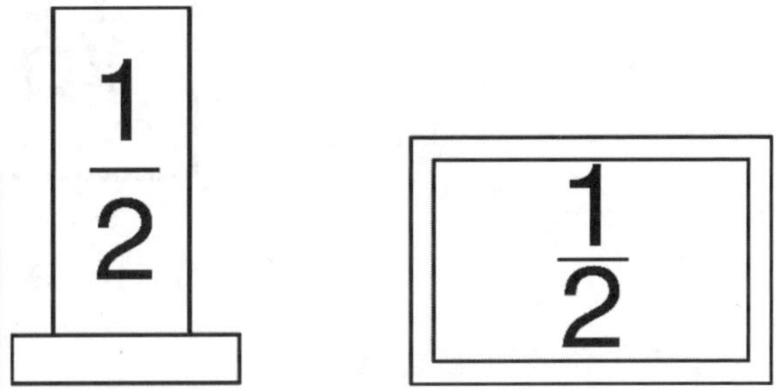

图 232　半公里标

图 6.40　线路标志之里程标

【考点 6-43】**信号标志的分类**

8.2.2.1　信号标志包括警冲标，站界标，预告标，引导员接车地点标，鸣笛标，电力机车禁停标，断电标、合电标，接触网终点标，减速地点标，补机终止推进标、机车停车位置标，四显示机车信号接通标和断开标，轨道电路调谐区标志，动车组列车停车位置标、中继站标、闭塞分区信号标志牌、级间转换标，通信模式转换标。

【考点 6-44】**信号标志的设置**

8.2.2.2　信号标志应设在其内侧距线路中心不小于 3.1 m 处（警冲标除外、设在接触网支柱上的标志除外）。

信号标志，设在列车运行方向左侧（警冲标、动车组停车位置标除外）。

【考点 6-45】**警冲标**

8.2.2.3　警冲标，设在两会合线路线间距离为 4 m 的中间；线间距离不足 4 m 时，设在两线路中心线最大间距的起点处，如图 6.41 第 233 图所示。

在线路曲线部分所设道岔附近的警冲标与线路中心线间的距离应按限界的加宽增加。

【考点 6-46】**站界标**

8.2.2.4　站界标设在双线区间列车运行方向左侧最外方顺向道岔（对向出站道岔的警冲标）外不少于 50 m 处，或邻线进站信号机相对处，如图 6.41 第 234 图所示。

图 233　警冲标

图 234　站界标

图 6.41　警冲标与站界标

【考点 6-47】预告标

8.2.2.5　预告标如图 6.42 第 235 图所示，设在进站信号机及线路所通过信号机外方 900 m、1 000 m 及 1 100 m 处；在设有预告信号机、接近信号机或同方向通过信号机时，均不设预告标；设置示意如图 6.42 第 236、237 图所示。

在双线区间，退行的列车看不见邻线的预告标时，在距站界外 1 100 m 处特设一个预告标，如图 6.42 第 238 图所示。

图 235　预告标的式样

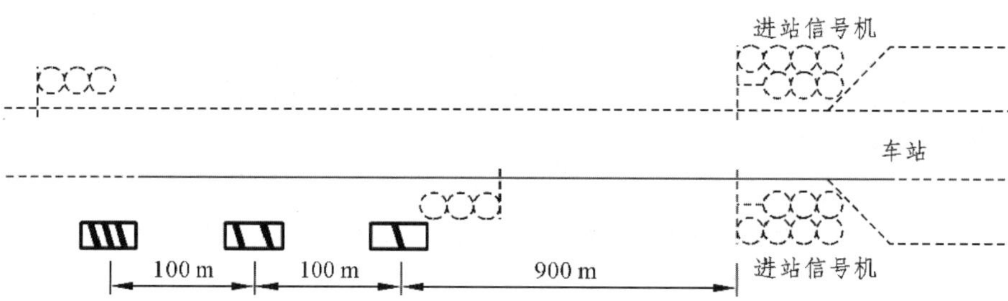

图 236　预告标的设置示意（CTCS-0 级线路）

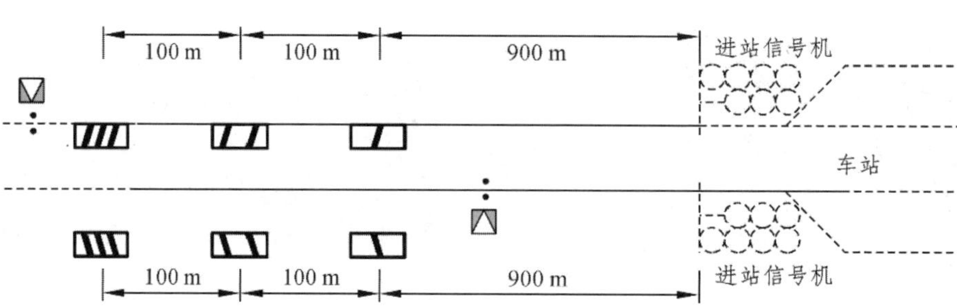

图 237　预告标的设置示意（不设区间通过信号机的 CTCS-2 级、CTCS-3 级线路）

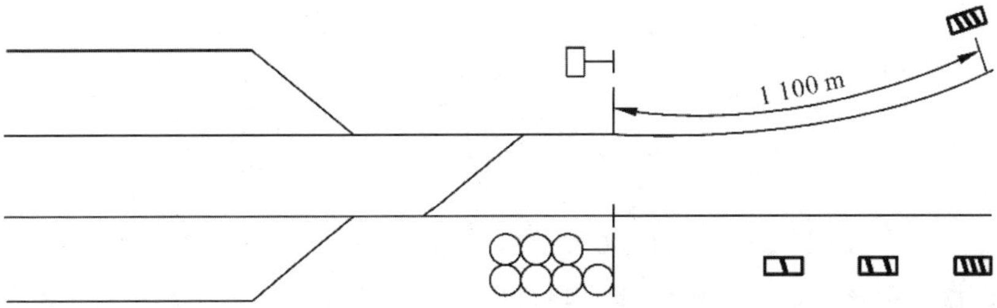

图 238　特设的预告标

图 6.42　预告标的设置示意

【考点 6-48】引导员接车地点标

8.2.2.6　CTCS-0 级线路，列车在距站界 200 m 以外不能看见引导人员在进站信号机或站界标处显示的手信号时，应在列车距站界 200 m 外能清晰地看见引导人员手信号的地点设置引导人员接车地点标，如图 6.43 第 239 图所示。

【考点 6-49】鸣笛标

8.2.2.7　无人看守道口应设鸣笛标，在非限鸣区域视线不良的大桥、隧道等地点根据需要设置鸣笛标，位置为前方 500～1 000 m 处，如图 6.43 第 240 图所示。司机见此标志应长声鸣笛；在限鸣区域内，除遇危及行车安全等情况外，限制鸣笛，装备机车限鸣示警系统的应开启灯显示警设备。

【考点 6-50】电力机车禁停标

8.2.2.8　电力机车禁停标，设在站场、区间接触网锚段关节式电分段两端，电力机车（动车组）在该标志提示的禁停区域内不应停留，如图 6.43 第 241 图所示。

【考点 6-51】断电标、合电标的设置

8.2.2.9　断电标、合电标的设置

a）CTCS-0 级线路：

1）在电气化区段接触网电分相前方设断电标，如图 6.43 第 242 图所示。在接触网电分相后方设合电标，如图 6.43 第 243 图所示，设置位置如图 6.43 第 244 图所示。

2）在双线电气化区段，在“合”“断”电标背面可分别加装“断”“合”字标，作为反方向行车的“断”“合”电标使用。

图 239　引导员接车地点标

图 240　鸣笛标

图 241　电力机车禁停标

图 242　断电标

图 243　合电标

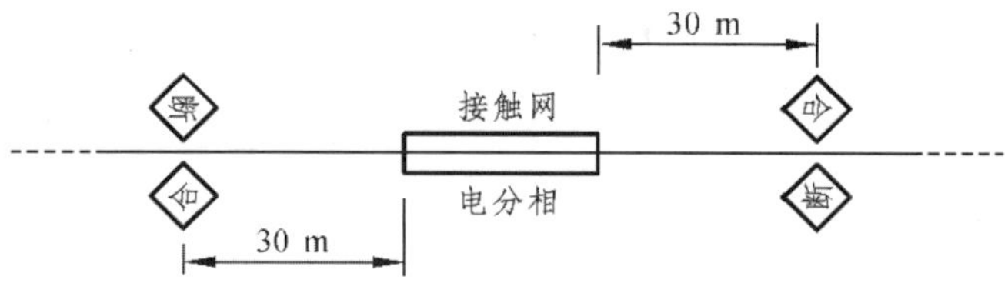

图 244　CTCS-0 级线路断电标、合电标的设置

图 6.43　引导人员接车地点标、鸣笛标、电力机车禁停标、断电标与合电标

【考点 6-52】接触网终点标

8.2.2.10　接触网终点标，设在接触网边界，如图 6.44 第 246 图所示。

【考点 6-53】减速地点标

8.2.2.11　减速地点标设在需要减速地点的两端各 20 m 处。正面表示列车应按规定限速通过地段的始点，如图 6.44 第 247 图所示；背面表示列车应按规定限速通过地段的终点，如图 6.44 第 248 图所示。

【考点 6-54】机车信号接通、断开标

8.2.2.12　CTCS-0 级线路的机车信号接通标、断开标：

a）四显示机车信号接通标（机车信号接通标）为涂有白底色、黑竖线、黑框的反光菱形板及黑白相间的立柱标志，如图 6.44 第 249 图所示。

b）四显示机车信号断开标为涂有白底色、中间断开的黑横线、黑框的反光菱形板及黑白相间的立柱标志，如图 6.44 第 250 图所示。

【考点 6-55】轨道电路调谐区标志的设置

8.2.2.13　轨道电路调谐区标志的设置

a）Ⅰ型为反方向区间停车位置标，涂有白底色、黑框、黑“停”字、斜红道，标明调谐区长度的反光方形板标志，如图 6.44 第 251 图所示。

b）Ⅱ型为反方向行车困难区段的容许信号标，涂有黄底色、黑框、黑“停”字、斜红道，标明调谐区长度的反光方形板标志，如图 6.44 第 252 图所示。

c）Ⅲ型用于反方向运行合并轨道区段之间的调谐区或因轨道电路超过允许长度而设立分隔点的调谐区，为涂有蓝底色、白“停”字、斜红道，标明调谐区长度的反光方形板标志，如图 6.44 第 253 图所示。

【考点 6-56】级间转换标

8.2.2.17　级间转换标设置于 CTCS-0/CTCS-2 级、CTCS-2/CTCS-3 级转换边界一定距离前方的级间转换应答器组对应的线路左侧。

该标志采用涂有白底色、黑框、写有黑“C0”“C2”或“C3”标记的反光菱形板，如图 6.44 第 258、259、260 图所示。

【考点 6-57】通信模式转换标

8.2.2.18　通信模式转换标，在始发站列车停车标内方或需要转换通信模式的相应地点设机车综合无线通信设备通信模式转换提示标志，标志牌顶边距轨面 2.5 m。

该标志标面采用涂有白底色、黑框、写有黑“通信转换”字样的方形板，如图 6.44 第 261 图所示。

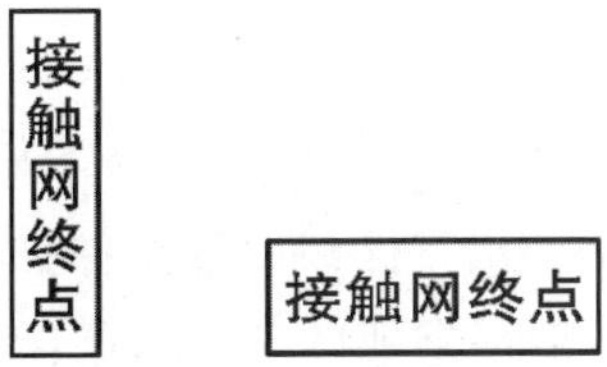

图 246　接触网终点标

图 247　减速地点标（正面）

图 248　减速地点标（背面）

图 249　四显示机车信号接通标（机车信号接通标）

图 250　四显示机车信号断开标

图 251　轨道电路调谐区标志（Ⅰ型）

图 252　轨道电路调谐区标志（Ⅱ型）

图 253　轨道电路调谐区标志（Ⅲ型）

图 258　级间转换标（CTCS-0 级）

图 259　级间转换标（CTCS-2 级）

图 260　级间转换标（CTCS-3 级）

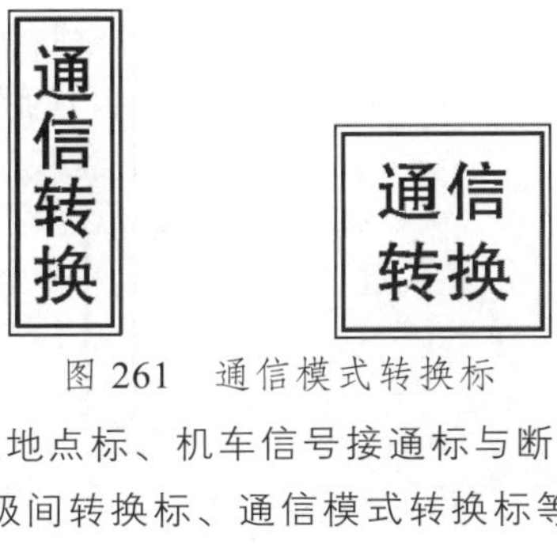

图 261　通信模式转换标

图 6.44　接触网终点标、减速地点标、机车信号接通标与断开标、轨道电路调谐区标志、级间转换标、通信模式转换标等

【考点 6-58】铁路线路安全保护区标桩

8.3.1 铁路线路安全保护区标桩应符合下列规定：

a）线路安全保护区标桩分为 A 型、B 型两种：

1）A 型标桩为基本型，如图 6.45 第 262 图所示，沿铁路线路安全保护区边界每 200 m 左右设置一个，特殊地段可增加或减少设置数量，人烟稀少地区可不设置；

2）B 型标桩为辅助型，如图 6.45 第 263 图所示，适于在人员活动频繁地段的道口、桥隧两端、公路立交桥附近醒目地点、居民区附近和人身伤害事故多发地段的铁路线路安全保护区边界设置。

b）标桩在铁路线路两侧规定距离设置时，应与线路另一侧标桩相错埋设。

【考点 6-59】应设置警示、保护标志的地点

8.3.2 在下列地点应设置警示、保护标志：

a）在未全封闭的铁路桥梁、隧道两端的线路两侧，设严禁通过标，如图 6.45 第 264 图所示；

b）在铁路桥梁跨越河道上下游规定的地点，设严禁采砂标，如图 6.45 第 265 图所示；

c）在铁路信号、通信光（电）缆埋设、铺设地点，设电缆标，如图 6.45 第 266 图所示；

d）在电气化铁路接触网，自动闭塞供电线路和电力贯通线路等电力设施附近易发生危险的地方，设严禁进入标，如图 6.45 第 267 图所示。

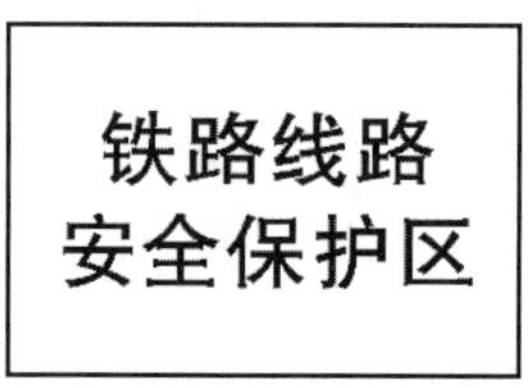

图 262 线路安全保护区标桩（A 型）

图 263 线路安全保护区标桩（B 型）

图 264 严禁通过标

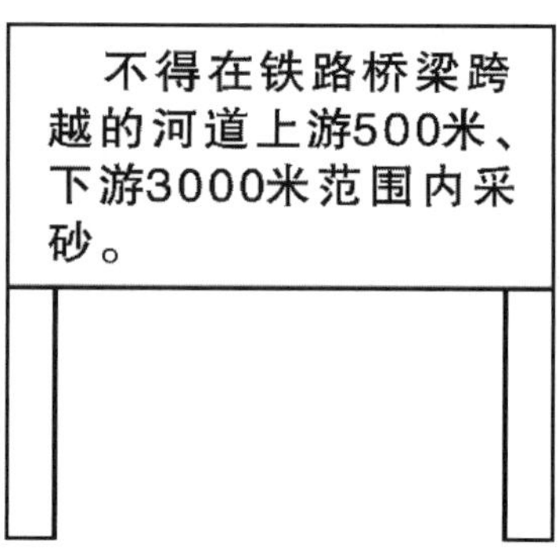

图 265 严禁采砂标

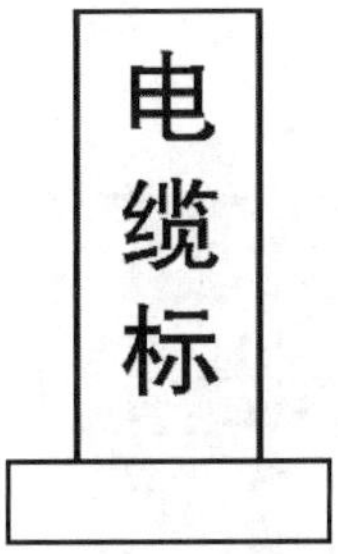

图 266　电缆标

图 267　严禁进入标

图 6.45　铁路线路安全保护区标桩

【考点 6-60】列车标志

8.4.1　列车标志一般要求

8.4.1.1 列车应在头部和尾部分别显示不同的列车标志。

8.4.1.2 列车标志的显示方式，昼间与夜间相同。动车组以外的列车，昼间可不点灯。

【考点 6-61】动车组以外的列车标志

8.4.2　动车组以外的列车

8.4.2.1　列车牵引运行时，机车前端一个头灯及中部两侧各一个白色灯光，如图 6.46 第 269 图所示。列车尾部两个侧灯，向后显示红色灯光，向前显示白色灯光；挂有货物列车列尾装置时，为列尾装置向后显示红白相间的反射标志和一个红色闪光灯光，如图 6.46 第 270 图所示。

动车组以外的旅客列车尾部加挂客车时，侧灯位置不作调整，最后一辆客车的制动软管、总风软管应吊起。

8.4.2.2　列车推进运行时，列车前端两个侧灯，向前显示红色灯光，向后显示白色灯光；挂有货物列车列尾装置时，为列尾装置向前显示红白相间的反射标志和一个红色闪光灯光，如图 6.46 第 271 图所示。机车后端中部两侧各显示一个红色灯光，如图 6.46 第 272 图所示。

8.4.2.3　列车后端挂有补机时，机车后端标志与 8.4.2.2 相同。

图 269　列车牵引运行时机车前端标志

图 270　列车牵引运行时列车尾端标志

图 271　列车推进运行时列尾装置的显示

图 272　列车推进运行时机车后端标志

图 6.46　列车标志

【考点 6-62】单机及轨道车的列车标志

8.4.4　单机及轨道车

8.4.4.1　单机运行时，机车前端标志与 8.4.2.1 相同；后端标志与 8.4.2.2 相同。

8.4.4.2　调车机车及机车出入段时，机车前端标志与 8.4.2.1 相同；机车后端标志与 8.4.2.2 相同。

8.4.4.3　轨道车运行时，前端一个白色灯光，如图 6.47 第 275 图所示；后端一个红色灯光，如图 6.47 第 276 图所示。

图 275　轨道车运行时的前端标志

图 276　轨道车运行时的后端标志

图 6.47　单机及轨道车的列车标志

注：考点原文对照与案例解读可通过扫描附录 G 中的对应二维码获取，供学习者随时对照、研读。

任务 6　听觉信号考点原文对照与案例解读

【任务描述】

按照“铁路机车车辆驾驶人员资格考试大纲（L3 类-轨道车、接触网作业车）”中理论考试对《铁路信号显示规范》的要求，“听觉信号”部分主要包含 9，共 1 个考点，其原文对照如下。

【考点原文对照与案例解读】

【考点 6-63】听觉信号

9　听觉信号

9.1　听觉信号，长声为 3 s，短声为 1 s，音响间隔为 1 s。重复鸣示时，应间隔 5 s 以上。

9.2　机车、动车组、自轮运转特种设备作业中提示注意、相互联系等应使用通信设备方式。遇联系不通或危及行车人身安全时，应采用鸣笛方式。

机车、动车组、自轮运转特种设备鸣笛鸣示方式应符合表 6.1 所示。

表 6.1　机车、动车组、自轮运转特种设备鸣笛鸣示方式表

名　称	鸣示方式		使用时机
注意信号	一长声	—	接近鸣笛标、行人时
退行信号	二长声	— —	列车、机车车辆、单机开始退行时，遇通信设备联系不通时
召集信号	三长声	— — —	要求防护人员撤回，遇通信设备联系不通时
牵引信号	一长一短声	— ·	途中本务机车要求补机牵引运行，遇通信设备联系不通时；补机应以同样信号回答
惰行信号	一长二短声	— · ·	本务机车要求补机惰力推进或要求补机断开主断路器，遇通信设备联系不通时；补机应以同样信号回答
途中降弓信号	一短一长声	· —	电力机车双机牵引中，本务机车司机要求补机降下受电弓，遇通信设备联系不通时；补机应以同样信号回答
途中升弓信号	一短二长声	· — —	电力机车双机牵引中，本务机车司机要求补机升起受电弓，遇通信设备联系不通时；补机应以同样信号回答
呼唤信号	二短一长声	· · —	1. 机车要求出入段，遇通信设备联系不通时 2. 在车站要求显示信号，遇通信设备联系不通时
警报信号	一长三短声	— · · ·	发现线路有危及行车安全的不良处所时
试验自动制动机及复示信号	一短声	·	1. 试验制动机开始减压，遇联系不通时 2. 接到试验制动结束的手信号，回答试风人员，遇联系不通时 3. 调车作业中，表示已接受调车长所发出的手信号，遇联系不通时
缓解及溜放信号	二短声	· ·	1. 试验制动机缓解，遇联系不通时 2. 要求列车乘务组缓解人力制动机，遇通信设备联系不通时 3. 复示溜放调车信号，遇通信设备联系不通时
拧紧人力制动机信号	三短声	· · ·	1. 要求列车乘务组拧紧人力制动机，遇通信设备联系不通时 2. 要求就地制动，遇通信设备联系不通时
紧急停车信号	连续短声	·······	司机发现（或接到通知）邻线发生障碍，向邻线上运行的列车发出紧急停车信号时。邻线列车司机听到此种信号后，应紧急停车

9.3 口笛、号角鸣示方式如表 6.2 所示。

表 6.2 口笛、号角鸣示方式表

用途及时机	鸣示方式	
发车、指示机车向显示人反方向移动	一长声	—
指示机车向显示人方向移动	一短一长声	· —
试验制动机减压	一短声	·
试验制动机缓解	二短声	· ·
试验制动机结束及安全信号	一短一长二短声	· — · ·
一道	一短声	·
二道	二短声	· ·
三道	三短声	· · ·
四道	四短声	· · · ·
五道	五短声	· · · · ·
六道	一长一短声	— ·
七道	一长二短声	— · ·
八道	一长三短声	— · · ·
九道	一长四短声	— · · · ·
十道	二长声	— —
二十道	二短二长声	· · — —
十、五、三车距离信号：十车	三短声	· · ·
十、五、三车距离信号：五车	二短声	· ·
十、五、三车距离信号：三车	一短声	·
连结及停留车位置	一长一短一长声	— · —
停车	连续短声	·······
要求司机鸣笛	二长三短声	— — · · ·
试拉	一短声	·
减速	连续二短声	· · · ·
溜放	三长声	— — —
取消	二长一短声	— — ·
再显示	二长二短声	— — · ·
列车接近通报信号：上行	二长声	— —
列车接近通报信号：下行	一长声	—

注：考点原文对照与案例解读可通过扫描附录 G 中的对应二维码获取，供学习者随时对照、研读。

项目 7 《铁路交通事故调查处理规则》考点解析

项目描述

为了加强铁路交通事故的应急救援工作，规范铁路交通事故调查处理，减少人员伤亡和财产损失，保障铁路运输安全和畅通，中国国家铁路集团有限公司根据《中华人民共和国铁路法》和其他有关法律的规定，制定《铁路交通事故调查处理规则》(以下简称“《事规》”)。

《事规》适用于铁路机车车辆在运行过程中与行人、机动车、非机动车、牲畜及其他障碍物相撞，或者铁路机车车辆发生冲突、脱轨、火灾、爆炸等影响铁路正常行车的铁路交通事故（以下简称事故）的应急救援和调查处理。

国务院铁路主管部门应当加强铁路运输安全监督管理，建立健全事故应急救援和调查处理的各项制度，按照国家规定的权限和程序、负责组织、指挥、协调事故的应急救援和调查处理工作。铁路管理机构应当加强日常的铁路运输安全监督检查，指导、督促铁路运输企业落实事故应急救援的各项规定，按照规定的权限和程序，组织、参与、协调本辖区内事故的应急救援和调查处理工作。

铁路运输企业和其他有关单位、个人应当遵守铁路运输安全管理的各项规定，防止和避免事故发生。事故发生后，铁路运输企业和其他有关单位应当及时、准确地报告事故情况，积极开展应急救援工作，减少人员伤亡和财产损失，尽快恢复铁路正常行车。任何单位和个人不得干扰、阻碍事故应急救援、铁路线路开通、列车运行和事故调查处理。

本项目在重点解读铁路机车车辆驾驶人员资格考试相关考点的同时，尝试通过挑战答题的方式，以练促学，引导学习者理解并掌握《事规》的基础知识，包括总则、事故等级、事故报告、事故应急救援、事故调查处理、事故赔偿、法律责任、附则等。

任务列表

任务 1　基础知识挑战答题

任务 2　考点原文对照与案例解读

任务 1　基础知识挑战答题

【任务描述】

《事规》基础知识挑战答题包含单选题(共 4 题)、多选题(共 14 题)、填空题(共 14 题)、判断题（共 17 题）等四种题型，共 49 题，其分值、测试时长、及格标准等均可自行设置，也可以根据需要选择题目组合。学习者可自制答题卡答题或扫描附录 G 中的对应二维码，进行在线测试，请自觉控制好答题时间。答题后，可对照附录中的参考答案及解析开展自我评价和小结，提出自我改进措施。

【挑战答题】

一、单选题（共 4 题）

1. 当列车发生高压电气火灾须扑救时，特别适合选用（　　）。

A. 二氧化碳灭火器　　B. 四氯化碳灭火器

C. 干粉灭火器　　D. 1211 灭火器

2. 负有事故主要责任的单位承担损失费用的（　　）。

A. 30%以下　　B. 50%以上

C. 30% ~ 50%　　D. 100%

3. 铁路机车车辆在运行过程中与行人、机动车、非机动车、牲畜及其他障碍物相互碰、撞、轧造成人员伤亡、设备设施损坏被称为（　　）。

A. 脱轨　　B. 冲突

C. 相撞　　D. 火灾

4.（　　）不是铁路起复作业的工具。

A. 海参形复轨器　　B. 脱轨器

C. 逼轨器　　D. 人字形复轨器

二、多选题（共 14 题）

1. 电流流过人体叫触电，主要有（　　）等形式。

A. 人体碰撞带电的导体

B. 人体碰撞因绝缘损坏的电器设备外壳承受接触电压

C. 人站在接地电流通过的地面，两脚承受跨步电压

D. 强烈电弧波及人体

E. 人体与高压带电体之间距离太近，带电体对人体放电

2.（　　）等情形可能引发机车或列车火灾。

A. 机车乘务员在机械间吸烟　　B. 电气线路发生短路或接地

C. 牵引电动机过载放炮　　D. 熔焊作业后未及时消除熔渣

E. 电器触头接触良好，转换到位

3. 铁路机车车辆在运行过程中发生（　　）等情况，均为铁路交通事故。

A. 冲突　　B. 脱轨

C. 火灾　　D. 会让

E. 相撞

4. 铁路交通事故的责任可分为（　　）及同等责任。

A. 全部责任　　B. 部分责任

C. 重要责任　　D. 主要责任

E. 次要责任

5.（　　）是判定事故等级的主要因素。

A. 人员伤亡　　B. 直接经济损失

C. 列车脱轨辆数
D. 中断铁路行车时间
E. 是否请求救援

6. 铁路交通事故的等级主要划分为（　　）等。
A. 特别重大事故
B. 一般事故
C. 微小事故
D. 重大事故
E. 较大事故

7.（　　）是构成特别重大事故的要件之一。
A. 造成 10 人以上 30 人以下死亡
B. 造成 100 人以上重伤
C. 繁忙干线客运列车脱轨 18 辆及以上
D. 中断铁路行车 48 h 及以上
E. 造成 5 000 万元以上经济损失

8. 一般事故又可以分为（　　）等。
A. 一般 E 类事故
B. 一般 A 类事故
C. 一般 B 类事故
D. 一般 C 类事故
E. 一般 D 类事故

9.（　　）铁路属于繁忙干线。
A. 京哈
B. 成昆
C. 京广
D. 京九
E. 陇海

10. 铁路机车车辆在运行过程中发生（　　）等情况，影响铁路正常行车的事故叫铁路交通事故。
A. 冲突
B. 火灾
C. 爆炸
D. 脱轨
E. 相撞

11. 事故发生后，现场工作人员应当立即向（　　）报告。
A. 邻近车站（车站值班员）
B. 列车调度员
C. 相关单位负责人
D. 当地群众
E. 公安机关

12. 事故报告中应包括（　　）等内容。
A. 事故发生的时间地点
B. 对铁路行车的影响
C. 机车车辆脱轨辆数
D. 对事故原因的初步判断
E. 事故列车的车次及运行速度

13.（　　）是救援工作的总体要求。
A. 救援出动快速
B. 不需要制订方案
C. 救援装备精良
D. 信息传递快捷
E. 线路开通迅速

14. 铁路机车车辆在运行过程中与（　　）相撞，或者铁路机车车辆发生冲突、脱轨、火灾、爆炸等影响铁路正常行车的铁路交通事故（以下简称事故）的应急救援和调查处理，适用于《事规》。
A. 行人
B. 机动车

C. 非机动车　　D. 牲畜

E. 其他障碍物

三、填空题（共 14 题）

1. 途经电气化区段的电力机车，严禁登上（　　）作业，禁止用（　　）冲洗机车上部。

2. 电力机车发生火灾时，机务乘务员应断开（　　），降下（　　），紧急停车并保持机车（　　）状态，及时鸣示（　　）信号，并向车站值班员或列车调度员报告（　　）。

3. 铁路交通事故的调查处理应坚持以（　　）为依据，以（　　）、（　　）、（　　）为准绳。

4. 中断铁路行车是指不论事故发生在（　　）或（　　），造成铁路单线、双线区间或双线区间之一线不能（　　）。

5. 擅自开车指司机未得到车站发车人员的（　　）而开车；擅自（　　）是指在正常情况下不应停车而停车。

6. 事故报告后，人员伤亡、脱轨辆数、设备损坏等情况发生变化时应及时（　　）。

7. 救援列车是铁路交通行车事故（　　）的专业队伍，强化救援队伍建设，坚持（　　）救援与（　　）救援相结合，日常训练与专业培训相结合。

8. 发生铁路交通事故后，由铁路局（　　）根据需要分别向救援列车、接触网工区和接触网检修作业车或接触网抢修列车发布（　　）命令和（　　）命令，向救援队发布出动命令。

9. 事故发生后，列车司机应当立即（　　），采取紧急处置措施。

10. 事故造成中断铁路行车的，铁路运输企业应当立即组织（　　），尽快恢复铁路正常（　　）。

11. 任何单位和个人不得破坏事故（　　），不得伪造、隐匿或者毁灭相关（　　）。

12. 进行起复作业时，事故车辆前后必须设立（　　）并指定专人负责看管。

13. 起复工作应由（　　）统一指挥，不得乱指挥和乱显示信号。

14. 事故发生后，列车司机或者运转车长应当立即（　　），采取紧急处置措施；对无法处置的，应当立即报告邻近铁路（　　）、列车调度员进行处置。

四、判断题（共 17 题）

1. 铁路运输企业或及其职工违反法律法规、规章造成事故的，如果构成犯罪将依法追究刑事责任。（　　）

2. 在铁路交通事故中负有同等责任的单位，应承担相同比例的损失费用。（　　）

3. 铁路机车车辆包括铁路机车、客车、货车、动车、动车组等，但不包括各类自轮运转特种设备。（　　）

4. 运行过程中是指铁路机车车辆运行的全过程，但不包括在其运行中的停车状态。（　　）

5. 正线是指连接车站并贯穿或直股伸入车站的线路。（　　）

6. 旅客列车发生事故后，须报告伤亡人数、性别、年龄以及救助情况，是否涉及境外人员伤亡不必报告。（　　）

7. 擅自停车是指在正常情况下不应停车而停车。（　）

8. 擅自开车是指司机在得到车站发车人员的发车信号后再开车。（　）

9. 电力机车带电进入停电区是指电力机车未降弓断电就进入了已经停电的接触网区域。（　）

10. 列车冒进信号是指列车后端任何一部分越过地面固定信号机显示的停车信号。（　）

11. 挤道岔是指车轮挤过或挤坏道岔。（　）

12. 救援列车的日常管理由车务段负责，实行段长负责制。（　）

13. 列车调度员下达救援出动命令，救援列车接到出动命令后，确保 20 min 内出动。（　）

14. 现场应急救援机构可以借用有关单位和个人的设施、设备和其他物资，不必归还，也不用支付费用。（　）

15. 当地驻军、武装警察部队必须参与铁路交通事故救援。（　）

16. 优先开通线路，后清理现场是救援指挥的原则之一，即“先通后复”。（　）

17. 国务院其他有关部门和有关地方人民政府应当按照各自的职责和分工，组织、参与事故的应急救援和调查处理工作。（　）

任务 2　考点原文对照与案例解读

【任务描述】

按照“铁路机车车辆驾驶人员资格考试大纲（L3 类—轨道车、接触网作业车）”中理论考试对《铁路交通事故调查处理规则》的要求，主要包含第 2 条、第 5 条、第 7 条、第 11 条、第 14 条、第 15 条、第 18 条等共 7 个考点，其原文对照如下。

【考点原文对照与案例解读】

【考点 7-1】适用范围

第 2 条　铁路机车车辆在运行过程中与行人、机动车、非机动车、牲畜及其他障碍物相撞，或者铁路机车车辆发生冲突、脱轨、火灾、爆炸等影响铁路正常行车的铁路交通事故（以下简称事故）的应急救援和调查处理，适用本条例。

【考点 7-2】应参与事故应急救援和调查处理的部门

第 5 条　国务院其他有关部门和有关地方人民政府应当按照各自的职责和分工，组织、参与事故的应急救援和调查处理工作。

【考点 7-3】事故等级

第 7 条　依据《条例》规定，事故分为特别重大事故、重大事故、较大事故和一般事故四个等级。

【考点 7-4】一般事故的分类

第 11 条　一般事故分为：一般 A 类事故、一般 B 类事故、一般 C 类事故、一般 D 类事故。

【考点 7-5】一般 C 类事故

第 14 条 有下列情形之一，未构成一般 B 类以上事故的，为一般 C 类事故：

C1. 列车冲突。

C2. 货运列车脱轨。

C3. 列车火灾。

C4. 列车爆炸。

C5. 列车相撞。

C6. 向占用区间发出列车。

C7. 向占用线接入列车。

C8. 未准备好进路接、发列车。

C9. 未办或错办闭塞发出列车。

C10. 列车冒进信号或越过警冲标。

C11. 机车车辆溜入区间或站内。

C12. 列车中机车车辆断轴，车轮崩裂，制动梁、下拉杆、交叉杆等部件脱落。

C13. 列车运行中碰撞轻型车辆、小车、施工机械、机具、防护栅栏等设备设施或路料、坍体、落石。

C14. 接触网接触线断线、倒杆或塌网。

C15. 关闭折角塞门发出列车或运行中关闭折角塞门。

C16. 列车运行中刮坏行车设备设施。

C17. 列车运行中设备设施、装载货物（包括行包、邮件）、装载加固材料（或装置）超限（含按超限货物办理超过电报批准尺寸的）或坠落。

C18. 装载超限货物的车辆按装载普通货物的车辆编入列车。

C19. 电力机车、动车组带电进入停电区。

C20. 错误向停电区段的接触网供电。

C21. 电化区段攀爬车顶耽误列车。

C22. 客运列车分离。

C23. 发生冲突、脱轨的机车车辆未按规定检查鉴定编入列车。

C24. 无调度命令施工，超范围施工，超范围维修作业。

C25. 漏发、错发、漏传、错传调度命令导致列车超速运行。

【考点 7-6】一般 D 类事故

第 15 条 有下列情形之一，未构成一般 C 类以上事故的，为一般 D 类事故：

D1. 调车冲突。

D2. 调车脱轨。

D3. 挤道岔。

D4. 调车相撞。

D5. 错办或未及时办理信号致使列车停车。

D6. 错办行车凭证发车或耽误列车。

D7. 调车作业碰轧脱轨器、防护信号，或未撤防护信号动车。

D8. 货运列车分离。

D9. 施工、检修、清扫设备耽误列车。

D10. 作业人员违反劳动纪律、作业纪律耽误列车。

D11. 滥用紧急制动阀耽误列车。

D12. 擅自发车、开车、停车、错办通过或在区间乘降所错误通过。

D13. 列车拉铁鞋开车。

D14. 漏发、错发、漏传、错传调度命令耽误列车。

D15. 错误操纵、使用行车设备耽误列车。

D16. 使用轻型车辆、小车及施工机械耽误列车。

D17. 应安装列尾装置而未安装发出列车。

D18. 行包、邮件装卸作业耽误列车。

D19. 电力机车、动车组错误进入无接触网线路。

D20. 列车上工作人员往外抛掷物体造成人员伤害或设备损坏。

D21. 行车设备故障耽误本列客运列车 1 h 以上，或耽误本列货运列车 2 h 以上；固定设备故障延时影响正常行车 2 h 以上（仅指正线）。

【考点 7-7】事故发生后的应急处置

第 18 条 事故发生后，列车司机或者运转车长应当立即停车，采取紧急处置措施；对无法处置的，应当立即报告邻近铁路车站、列车调度员进行处置。

为保障铁路旅客安全或者因特殊运输需要不宜停车的，可以不停车；但是，列车司机或者运转车长应当立即将事故情况报告邻近铁路车站、列车调度员，接到报告的邻近铁路车站、列车调度员应当立即进行处置。

注：考点原文对照与案例解读可通过扫描附录 G 中的对应二维码获取，供学习者随时对照、研读。

参考文献

[1] 国家铁路局. 2024 年铁路机车车辆驾驶人员资格考试大纲[S]. 北京：国家铁路局，2024.

[2] 国家铁路局. 铁路信号显示规范：TB/T 30010—2023[S]. 北京：国家铁路局，2023.

[3] 中国铁路总公司. 铁路技术管理规程（普速铁路部分）（铁总科技〔2014〕172 号，2017 年修订）[S]. 北京：中国铁道出版社，2018.

[4] 中国铁路总公司. 铁路技术管理规程（高速铁路部分）（铁总科技〔2014〕172 号，2017 年修订）[S]. 北京：中国铁道出版社，2018.

[5] 《技规》条文说明编写组. 铁路技术管理规程（普速铁路部分）条文说明（上、中、下册）[M]. 北京：中国铁道出版社，2018.

[6] 中华人民共和国铁道部. 铁路交通事故调查处理规则（原铁道部令第 30 号）[S]. 北京：中国铁道出版社，2007.

[7] 中国铁路总公司. 铁路特有工种技能培训规范（轨道车司机）[M]. 北京：中国铁道出版社，2017.

[8] 李志峰，徐其瑞. 轨道车及接触网作业车驾驶资格理论考试专业知识培训教材[M]. 北京：中国铁道出版社，2015.

[9] 徐其瑞，李志峰. 铁路自轮运转车辆驾驶资格理论考试安全规章培训教材[M]. 北京：中国铁道出版社，2015.

[10] 王辉，中国中铁电气化局集团有限公司. 轨道作业车标准化作业管理规范[M]. 北京：中国铁道出版社，2021.

[11] 秦怀兵，李云红. 高速铁路轨道车司机[M]. 北京：中国铁道出版社，2021.

[12] 《铁路接触网安全工作规则学习与案例分析》编委会. 铁路接触网安全工作规则学习与案例分析[M]. 北京：中国铁道出版社，2020.

[13] 律起海、李荣强. 机车、轨道车车载设备运用维护作业配合[M]. 北京：中国铁道出版社，2018.

[14] 中国铁路总公司. 轨道车司机[M]. 北京：中国铁道出版社，2016.

[15] 《接触网作业车作业指导书》编委会. 接触网作业车作业指导书[M]. 北京：中国铁道出版社，2016.

[16] 《轨道车运行控制设备 GYK 使用手册》编委会. 轨道车运行控制设备 GYK 使用手册[M]. 北京：中国铁道出版社，2014.

[17] 秦怀兵，李云红，李志红. 普速铁路轨道车司机[M]. 北京：中国铁道出版社，2014.

[18] 中国铁路总公司. 高速铁路轨道车司机岗位[M]. 北京：中国铁道出版社，2014.

[19] 武永清，周智慧. 自轮运转特种设备安全运用知识问答[M]. 北京：中国铁道出版社，2013.

[20] 中国铁路总公司. 重型轨道车年修规则铁总运〔2013〕70 号[M]. 北京：中国铁道出版社，2013.

[21] 铁道部劳动和卫生司，铁道部运输局. 高速铁路轨道车司机岗位[M]. 北京：中国铁道出版社，2012.

[22] 济南铁路局. 接触网与电力安全警示案例分析[M]. 北京：中国铁道出版社，2011.

[23] 方金海. JW-4 型接触网作业车全面检查程序[M]. 北京：中国铁道出版社，2011.

[24] 金鹰重型工程机械有限公司培训中心. 轨道车、接触网作业车驾驶实作训练辅导[M]. 北京：中国铁道出版社，2011

[25] 梁东，辛彬，张文仁，伍江杭. 自轮运转设备管理[M]. 北京：中国铁道出版社，2011.

[26] 铁路职工岗位培训教材编审委员会. 轨道车司机[M]. 北京：中国铁道出版社，2010.

[27] 中华人民共和国铁道部. 接触网作业车管理规则[M]. 北京：中国铁道出版社，2009.

[28] 方金海，夏建国. 接触网作业车、轨道车辆全面检查程序[M]. 北京：中国铁道出版社，2007.

[29] 吴海洪，郭劼. 接触网检修作业车、轨道车乘务员出乘作业与运用安全[M]. 北京：中国铁道出版社，2006.

附录

附录 A 《轨道车运行控制设备运用维护管理办法》挑战答题参考答案及解析

一、单选题（共 4 题）

1. 答案：D

解析：GYK 设备是中国列车运行控制系统的组成部分，是防止轨道车冒进信号、运行超速并辅助司机提高操纵能力的重要行车设备。

2. 答案：C

解析：GYK 基本数据、GYK 基础数据的依据是铁路局集团公司发布的《列车运行图技术资料》。

3. 答案：C

解析：轨道车跨局到达运用局运用前，轨道车运用单位须提前向当地电务段提出 GYK 设备数据文件更换申请，由当地电务段负责更换本局数据文件。

4. 答案：B

解析：GYK 设备运行揭示数据文件须打印保存，与相关记录一并按日存档，保存期不少于 3 个月。

二、多选题（共 10 题）

1. 答案：ABC

解析：在国家铁路营业线上运行的轨道车、接触网作业车、大型养路机械等具有自运行能力的自轮运转特种设备（以下简称轨道车）须安装 GYK 设备。

2. 答案：ABCDE　　解析：全选。

3. 答案：CDE

解析：GYK 相关设备包括装设于轨道车上的公用数据箱、GYK 设备远程维护监测系统（GMS）车载设备、车载 UPS 电源等。

4. 答案：ABCDE　　解析：全选。

5. 答案：ABCD

解析：轨道车运用管理部门应组织编写、发布 GYK 设备司机操作使用手册，遇 GYK 设备数据变更、控制模式调整、升级改造、操作规定改变等引起 GYK 设备操作发生变化时，应及时修订或重新发布轨道作业车司机 GYK 设备操作使用手册。司机操作使用手册应随车配备。

6. 答案：ABCDE　　解析：全选。

7. 答案：ACE

解析：遇停用基本闭塞法改用电话闭塞、使用绿色许可证、使用引导信号等非正常行车办法时，轨道作业车司机须在确认行车凭证正确后，方可进行 GYK 设备“解锁”相关的确认操作。

8. 答案：ABCDE　　　　解析：全选。

9. 答案：ABCDE　　　　解析：全选。

10. 答案：ABCDE　　　　解析：全选。

三、填空题（共 12 题）

1. 答案：第 1 空：轨道作业车司机　　第 2 空：更换

解析：运用单位在收到 GYK 设备数据文件及修改说明后，结合操作手册组织轨道作业车司机等有关人员学习，并按更换电报的要求根据轨道车运用需要及时提报更换计划，并配合完成更换工作。

2. 答案：第 1 空：参数　第 2 空：控制　第 3 空：数据　第 4 空：规定

解析：轨道作业车司机须按规定正确输入 GYK 设备参数、选用控制模式、调用数据文件，在运行和作业时严格按规定操作。

3. 答案：第 1 空：补机　　第 2 空：本务

解析：轨道车担当补机任务时，应将 GYK 设备转为补机状态，担当本务时须立即转为本务状态。

4. 答案：第 1 空：运转　　第 2 空：关机　　第 3 空：隔离

解析：轨道车运行时，GYK 设备须按规定全程运转，严禁擅自关机或隔离运行。

5. 答案：第 1 空：列车无线调度通信　第 2 空：速度　第 3 空：停车　第 4 空：20

解析：轨道车运行途中，遇 GYK 设备发生故障时，轨道作业车司机应立即使用列车无线调度通信设备报告车站值班员或列车调度员，并根据实际情况掌握速度运行，操纵轨道车以规定的速度运行至前方站停车处理；在自动闭塞区间，轨道车运行速度不超过 20 km/h。

6. 答案：第 1 空：最低　第 2 空：最长　第 3 空：车站值班员或列车调度员

解析：轨道车运行途中，遇 GYK 设备运行揭示数据与地面移动减速信号牌、列车无线调度通信设备通知的限速值、限速地点等不一致时，轨道作业车司机须按最低限速值和最长限速距离控制轨道车运行，并立即报告车站值班员或列车调度员，做好记录，运行作业完毕后按规定报告。

7. 答案：调度命令 或　行车调度命令

解析：轨道车运行途中，遇须取消 GYK 设备运行揭示数据文件控制时，轨道作业车司机以列车调度员发布的行车调度命令为依据，解除相应 GYK 设备运行揭示数据文件的控制，并作好记录。

8. 答案：运行揭示调度命令

解析：轨道车运用单位根据运行揭示调度命令编制 GYK 设备运行揭示数据文件，编制完成的 GYK 设备运行揭示数据文件须对照运行揭示调度命令原件进行核对，做到“编、核分离”，并使用模拟运行测试设备对 GYK 设备运行揭示数据文件进行模拟运行验证，模拟运行验证通过后由专人负责审核、发布。

9. 答案：第 1 空：人工　　第 2 空：核对　　第 3 空：记录

解析：遇运行途中接收到临时限速的调度命令时，轨道作业车司机根据调度命令人工输入运行揭示并核对，同时做好记录。

10. 答案：第 1 空：取用　　第 2 空：毁损

解析：GYK 设备产生的运行记录数据是轨道车运行安全分析的重要依据，各业务部门根据业务需求取用，任何单位和人员均不得毁损。

11. 答案：第 1 空：修程周期　　第 2 空：检修　　第 3 空：运用

解析：定期检修是根据 GYK 设备修程周期和范围所开展的设备维修工作；定期检修需在具备车载设备检修条件的地点进行，由电务检修人员和轨道车运用单位共同完成。

12. 答案：第 1 空：签认　　第 2 空：6 个月

解析：电务段和运用单位共同按计划对 GYK 设备进行检修，检修合格后电务段发放“GYK 设备合格证”，并由双方签认，电务段收回旧合格证。“GYK 设备合格证”有效期为 6 个月。

四、判断题（共 13 题）

1. 答案：正确

2. 答案：错误

解析：错误，“可以随意”应改为“未经批准，不得”。即 GYK 设备功能、结构、控制软件须符合国铁集团发布的技术条件。GYK 设备的软、硬件变更应符合国铁集团相关规定，未经批准，任何单位和个人不得进行扩充、删减或变更。

3. 答案：错误

解析：错误，“LKJ”应改为“GYK”。轨道作业车司机应熟悉 GYK 设备的基本结构、基本功能和控制模式，按照铁路局集团公司发布的轨道车 GYK 设备司机操作使用手册规范操作。

4. 答案：正确

5. 答案：错误

解析：错误，轨道车跨局运用时，司机须按运用线路正确选用 GYK 设备数据文件。而不能沿用本局线路对应的数据文件。

6. 答案：错误

解析：错误，“45 km/h”应改为“20 km/h”。轨道车运行途中，遇 GYK 设备发生故障时，轨道作业车司机应立即使用列车无线调度通信设备报告车站值班员或列车调度员，并根据实际情况掌握速度运行，操纵轨道车以规定的速度运行至前方站停车处理；在自动闭塞区间，轨道车运行速度不超过 20 km/h。

7. 答案：错误

解析：错误，“最高限速值”应改为“最低限速值”，“最短限速距离”应改为“最长限速距离”。

8. 答案：正确

9. 答案：错误

解析：错误，轨道车运行作业前，轨道作业车司机须将 GYK 设备运行揭示数据文件载入 GYK 设备，并对载入的 GYK 运行揭示数据文件逐条核对，核对无误后方可上线运行。

10. 答案：正确

11. 答案：错误

解析：错误，“1 年”和“6 个月”须交换一下。轨道车运用单位对 GYK 设备运行记录数据保存时间不少于 6 个月。发生事故的 GYK 设备运行记录数据，保存时间不得少于 1 年。

12. 答案：错误

解析：错误，“机务段”应改为“电务段”。由电务段会同运用单位共同编制 GYK 设备检修计划，按计划将轨道车停放在规定地点。按照 GYK 设备维护管理分工，电务段和运用单位共同按计划对 GYK 设备进行检修。

13. 答案：错误

解析：错误，“48”应改为“72”。轨道车新配属到段或经委外修理后返段，及长期备用解备后，运用单位负责在轨道车投入运用 72 h 前通知对口电务段，电务段负责将 GYK 设备调整到运用状态。

附录 B 《铁路车机联控作业》挑战答题参考答案及解析

一、单选题（共 3 题）

1. 答案：C　　解析：车站值班员。
2. 答案：A　　解析：T8 次读作“客车特 8 次”。
3. 答案：D　　解析：车机联控。

二、多选题（共 6 题）

1. 答案：ABCDE　　解析：全选。
2. 答案：ABCD　　解析：除了 E，都有。
3. 答案：ACDE　　解析：“C”应读作“城”。
4. 答案：ABCD　　解析：“6”应读作“liu 六”。
5. 答案：ABCD　　解析：“列车被迫停车”时应由列车司机首先发起呼唤。
6. 答案：BCDE　　解析：“列车通过晃车地段”时应由列车司机首先发起呼唤。

三、填空题（共 8 题）

1. 答案：第 1 空：行车　第 2 空：列车无线调度通信；无线列调　第 3 空：互控

解析：行车；列车无线调度通信或无线列调；互控。

2. 答案：第 1 空：站站列列　第 2 空：规范　第 3 空：普通

解析：站站列列；规范；普通。

3. 答案：第 1 空：指路　第 2 空：问路

解析：指路；问路。

4. 答案：第 1 空：彻底　第 2 空：呼唤应答；车机联控

解析：彻底；呼唤应答或车机联控。

5. 答案：第 1 空：行车凭证　第 2 空：呼唤　第 3 空：联控　第 4 空：鸣笛

解析：行车凭证；呼唤；联控；鸣笛。

6. 答案：第 1 空：车机

解析：车机。

7. 答案：第 1 空：列车司机　　　　第 2 空：车站值班员

解析：列车司机，车站值班员。

8. 答案：第 1 空：××（次）××（站）×（道）停车

解析：车站值班员首先呼唤：“××（次）××（站）×（道）停车”。

四、判断题（共 4 题）

1. 答案：正确
2. 答案：正确
3. 答案：正确
4. 答案：错误

解析：错误，列车司机应报告车站值班员被迫停车的具体地点“××（站）××（次）在××公里（处）被迫停车”。

附录 C　《铁路技术管理规程（普速铁路部分）》挑战答题参考答案及解析

模块 1　技术装备基础知识参考答案及解析

一、单选题（共 11 题）

1. 答案：B　　解析：连接车站并贯穿或直股伸入车站的铁路线路被称为正线。

2. 答案：B

解析：正线用罗马数字编号，为直股伸入车站并贯穿整个车站的主要线路，连接区间和车站。

3. 答案：A

解析：段管线是指由机务、车辆、工务、电务等段专用，并由其管理的线路。如机车整备线、机车转头用的三角线、转盘线以及机车车辆检修作业用的库线、工务、电务轨道车库线等。

4. 答案：C　　解析：岔线。

5. 答案：B　　解析：安全线。

6. 答案：D　　解析：北京。

7. 答案：B　　解析：站房。

8. 答案：D　　解析：警冲标。

9. 答案：A　　解析：开往北京方向。

10. 答案：C　　解析：4 条。

11. 答案：C　　解析：5，3，Ⅰ，Ⅱ，4。

二、多选题（共 9 题）

1. 答案：ABCDE　　解析：全选。
2. 答案：ABCE　　解析：除了“单线”，其他都对。
3. 答案：ACD　　解析：分界点主要有车站、线路所、通过色灯信号机等。
4. 答案：ABCDE　　解析：全选。
5. 答案：ABCD　　解析：防跳装置属于车钩缓冲装置。
6. 答案：ABCE　　解析：除了 D，其他都对。
7. 答案：ABCDE　　解析：全选。
8. 答案：ABCDE　　解析：全选。
9. 答案：ABCDE　　解析：全选。

三、填空题（共 19 题）

1. 答案：第 1 空：区间　第 2 空：站内

解析：正线可分为区间正线及站内正线，连接车站的部分为区间正线，贯穿或直股伸入车站的部分为站内正线。

2. 答案：第 1 空：接轨　　解析：接轨。
3. 答案：第 1 空：末端　　解析：末端。
4. 答案：第 1 空：长大下坡道　　解析：长大下坡道。
5. 答案：第 1 空：正　　解析：正。
6. 答案：第 1 空：左侧单方向　　解析：左侧单方向。
7. 答案：第 1 空：单　　第 2 空：双

解析：下行方向一侧编单数，上行方向一侧编双数。

8. 答案：第 1 空：终点　　解析：终点。
9. 答案：第 1 空：经常保持　　第 2 空：反位　　解析：经常保持；反位。
10. 答案：第 1 空：安全线　　解析：安全线。
11. 答案：第 1 空：避难线　　解析：避难线。
12. 答案：第 1 空：区间　　第 2 空：分界点　　解析：区间；分界点。
13. 答案：第 1 空：分界点　　第 2 空：区间　　解析：分界点；区间。
14. 答案：第 1 空：进站色灯信号机　　第 2 空：站界标

解析：进站色灯信号机；站界标。

15. 答案：第 1 空：站间　　第 2 空：所间

解析：区间又可以进一步划分为站间区间、所间区间和闭塞分区。

16. 答案：发车线路

解析：设有线群出站信号机时，在线群每一条发车线路的警冲标内方适当地点，应装设发车线路表示器。

17. 答案：第 1 空：联锁　　第 2 空：闭塞

解析：站内正线及到发线上的道岔，均须与有关信号机联锁。区间内正线上的道岔，须与有关信号机或闭塞设备联锁。

18. 答案：第 1 空：不能　　　　　　第 2 空：扳动

解析：当进路上的有关道岔开通位置不对或敌对信号机未关闭时，防护该进路的信号机不能开放；信号机开放后，该进路上的有关道岔不能扳动，其敌对信号机不能开放。

19. 答案：第 1 空：良好　　　　　　第 2 空：限界

解析：轨道车等自轮运转特种设备按列车运行时，轨道车运行控制设备、列车无线调度通信设备应作用良好，运行状态下应满足机车车辆限界的规定。

四、判断题（共 15 题）

1. 答案：错误

解析：错误，安全线有效长，一般应不少于 50 m，约为 1 台机车加 2 辆货车的长度，并要求向车挡方向不应采用下坡道。

2. 答案：正确

3. 答案：正确

4. 答案：正确

5. 答案：错误

解析：错误，我国铁路规定车站上的站线用阿拉伯数字编号，正线用罗马数字编号。

6. 答案：正确

7. 答案：错误

解析：错误，道岔均使用阿拉伯数字编号。

8. 答案：错误

解析：错误，道岔的号数与编号是两个概念，道岔号数是指其辙叉角 α 的余切值。

9. 答案：正确

10. 答案：错误

解析：错误，双线铁路车站正线进站道岔的定位规定为由各站线向正线开通的位置。

11. 答案：错误。解析：错误，是防止侧面冲撞。

12. 答案：错误

解析：错误，新建、改建铁路正线采用 60 kg/m 钢轨的跨区间无缝线路，重载铁路正线宜采用 60 kg/m 及以上类型钢轨的无缝线路。

13. 答案：错误

解析：错误，线路两股钢轨顶面，在直线地段应保持同一水平。在曲线地段，应按有关规定的办法和标准确定外轨超高。

14. 答案：正确

15. 答案：错误

解析：错误，机车、动车组及自轮运转特种设备，根据运行区段装备相应的车载无线通信设备。

模块 2　编组列车一般要求参考答案及解析

一、单选题（共 8 题）

1. 答案：B　　解析：军用列车。
2. 答案：C　　解析：路用列车。
3. 答案：A　　解析：动车组列车。
4. 答案：B　　解析：路用列车。
5. 答案：B　　解析：路徽。
6. 答案：C　　解析：某局某段。
7. 答案：A　　解析：“电化区段严禁攀登”。
8. 答案：A　　解析：$HXN_{1C}1003$。

二、多选题（共 12 题）

1. 答案：ACDE　　解析：除了 B。
2. 答案：ABCDE　　解析：全选。
3. 答案：ABCDE　　解析：全选。
4. 答案：ABCDE　　解析：全选。
5. 答案：ABDE　　解析：除了 C。
6. 答案：ABCD　　解析：除了 E。
7. 答案：ABC　　解析：除了 DE。
8. 答案：ABCDE　　解析：全选。
9. 答案：ABCE　　解析：除了“特快货物班列”，其他都对。
10. 答案：ABCDE　　解析：全选。
11. 答案：ABCD　　解析：除了列车供电设备，其他都是。
12. 答案：ABCD　　解析：除了特大修，其他都对。

三、填空题（共 9 题）

1. 答案：第 1 空：重量　　第 2 空：长度　　解析：重量；长度。
2. 答案：第 1 空：有效长度；股道有效长　　解析：有效长度或股道有效长。
3. 答案：第 1 空：815 ~ 890　　解析：815 ~ 890。
4. 答案：第 1 空：75　　解析：75。
5. 答案：第 1 空：折角塞门　　解析：折角塞门。
6. 答案：第 1 空：天窗　　解析：天窗。
7. 答案：第 1 空：施工　第 2 空：维修　　解析：施工天窗、维修天窗。
8. 答案：第 1 空：运用时间　第 2 空：走行公里　　解析：运用时间或走行公里。
9. 答案：第 1 空：过渡　　第 2 空：电气　　第 3 空：软管

解析：动车组采用机车调车作业时，随车机械师或动车段（所）胜任人员负责过渡车钩和专用风管的安装与拆卸、电气连接线的连结与摘解，并打开车门，调车人员负责车钩连结与摘解、软管摘结。

四、判断题（共 13 题）

1. 答案：正确
2. 答案：错误　　解析：错误，“100”改为“80”。
3. 答案：错误　　解析：错误，“1.5”改为“1.3”。
4. 答案：正确
5. 答案：错误　　解析：错误，“可以”改为“不准”。
6. 答案：正确
7. 答案：错误

解析：错误，“完全一样”改为“不一样”；“没有区别”改为“区别很大”。

8. 答案：正确
9. 答案：正确
10. 答案：错误　解析：错误，是必须配置的。
11. 答案：正确
12. 答案：正确
13. 答案：错误　　解析：错误，列车中车辆的连挂，由调车作业人员负责。

模块 3　调车工作一般要求参考答案及解析

一、单选题（共 18 题）

1. 答案：A　　解析：列车运行监控装置。
2. 答案：A　　解析：调车长。
3. 答案：D　　解析：调车机车司机。
4. 答案：C　　解析：调车长。
5. 答案：C　　解析：15 km/h。
6. 答案：B　　解析：2 人。
7. 答案：B　　解析：到发。
8. 答案：C　　解析：车站值班员。
9. 答案：A　　解析：影响列车进路。
10. 答案：B　　解析：开放信号机。
11. 答案：A　　解析：时间。
12. 答案：B　　解析：6‰。
13. 答案：A　　解析：拧紧人力制动机。
14. 答案：B　　解析：区间或每一闭塞分区。
15. 答案：C　　解析：500 m。
16. 答案：A　　解析：正。
17. 答案：A　　解析：降雾、暴风雨雪时。

18. 答案：A

解析：车站的调车工作，由车站调度员（未设车站调度员的由调车区长，未设调车区长的由车站值班员）统一领导。分场（区）时，各场（区）的调车工作，由负责该场（区）的车站调度员或该场（区）的调车区长领导。

二、多选题（共 10 题）

1. 答案：AD　　解析：按调车设备可分为驼峰调车和平面牵出线调车。

2. 答案：ABDE　　解析：除了驼峰调车，其他都是按调车目的来分类的。

3. 答案：BC　　解析：单机时；牵引车辆运行时。

4. 答案：ABCE　　解析：除了棚车，其他都禁止溜放。

5. 答案：ABDE

解析：客车、长大货物车和装载了危险货物的货车都不能通过驼峰进行溜放作业。

6. 答案：ADE

解析：凡占用或穿过三种列车进路的调车作业都是影响列车进路的调车作业。

7. 答案：CD　　解析：安全线和避难线。

8. 答案：ABE　　解析：铁鞋、防溜枕木、止轮器。

9. 答案：ABCDE　　解析：全选。

10. 答案：ABCD

解析：“正确、及时地回应调车指令，操纵并移动调车机车”不是调车长的职责，是调车机车司机的职责。

三、填空题（共 18 题）

1. 答案：第 1 空：车站　第 2 空：区间　第 3 空：有目的的移动；有目的移动

解析：车站；区间；有目的的移动或有目的移动。

2. 答案：第 1 空：技术　第 2 空：调车　　解析：技术；调车。

3. 答案：第 1 空：列车运行图　第 2 空：接车　　解析：列车运行图；接车。

4. 答案：第 1 空：调车　第 2 空：最少；尽可能少

解析：调车机车；最少的时间或尽可能少的时间。

5. 答案：第 1 空：线路　第 2 空：调车　第 3 空：人员　第 4 空：交接班　第 5 空：存放

解析：九固定分别是：固定调车作业区域；固定线路使用；固定调车机车；固定人员和班次；固定交接班的时间和地点；固定工具数量及存放地点。

6. 答案：第 1 空：通话　第 2 空：手　　解析：通话；手。

7. 答案：第 1 空：调车长；调车领导人　　解析：调车长或调车领导人。

8. 答案：第 1 空：确认　第 2 空：瞭望　第 3 空：正确　第 4 空：及时

解析：确认；瞭望；正确、及时。

9. 答案：第 1 空：调车作业通知单；调车作业计划

解析：调车作业通知单或调车作业计划。

10. 答案：第 1 空：信号；手信号　第 2 空：司机　　解析：信号或手信号；司机。

11. 答案：第 1 空：防溜　第 2 空：妥当　　解析：防溜；妥当。

12. 答案：第 1 空：1.5　　第 2 空：1　　解析：1.5 m，1 m。
13. 答案：第 1 空：停留　解析：停留。
14. 答案：第 1 空：连挂；连接 第 2 空：防溜　　解析：连挂或者连接；防溜。
15. 答案：第 1 空：司机；机车乘务员　　解析：司机或机车乘务员。
16. 答案：第 1 空：基本闭塞法　第 2 空：出站调车　解析：基本闭塞法；出站调车。
17. 答案：第 1 空：电话记录　　解析：电话记录。
18. 答案：调车长
解析：调车长在调车作业前，必须亲自并督促组内人员充分做好准备，认真进行检查。

四、判断题（共 16 题）

1. 答案：错误
解析：错误，在车站上进行调车作业会缩短车辆停留时间，加快车辆周转，保证能够按运行图组织行车。
2. 答案：错误　　解析：错误，调车工作既针对货车车辆，也包括客车车辆。
3. 答案：正确
4. 答案：错误　　解析：错误，只有装备符合调车作业要求的机车才能担当调车机车。
5. 答案：正确
6. 答案：正确
7. 答案：错误　　解析：错误，不得少于 1.5 m。
8. 答案：正确
9. 答案：错误　　解析：错误，不准超过 15 km/h。
10. 答案：错误　　解析：错误，应还有"通过进路"，共三种列车进路。
11. 答案：正确
12. 答案：正确
13. 答案：错误　　解析：错误，是进入区间。
14. 答案：正确
15. 答案：正确
16. 答案：错误　　解析：错误，应取得邻站车站值班员承认的电话记录号码。

模块 4　行车闭塞一般要求参考答案及解析

一、单选题（共 13 题）

1. 答案：B　　解析：其作用是保持列车运行间隔。
2. 答案：A　　解析：电话闭塞。
3. 答案：C　　解析：进站信号机。
4. 答案：B　　解析：站界标。
5. 答案：B　　解析：通过信号机。
6. 答案：C　　解析：由车站值班员办理闭塞手续。

7. 答案：D

解析：黄灯。发车站向接车站请求发车：甲站值班员按下闭塞按钮，乙站响铃，甲站值班员松开闭塞按钮后，乙站自动回执信息使甲站响铃，并使甲站发车表示灯亮黄灯，然后乙站接车表示灯亮黄灯。

8. 答案：B

解析：基本闭塞设备故障时，不能使用基本闭塞法指挥行车，须改用代用闭塞法。

9. 答案：A　　解析：按站间区间办理。

10. 答案：A　　解析：路票。

11. 答案：B　　解析：机车乘务员。

12. 答案：D

解析：《行车日志》是车站值班员的工作记录，不能反映司机出乘的趟数。

13. 答案：C　　解析：红色许可证。

二、多选题（共 5 题）

1. 答案：AE　　解析：时间间隔法和空间间隔法。

2. 答案：ABC　　解析：基本闭塞法有自动闭塞、半自动闭塞和自动站间闭塞法。

3. 答案：ADE　　解析：红灯、黄灯、绿灯。

4. 答案：ABDE　　解析：没有红白灯光。

5. 答案：BE

解析：规定使用半自动闭塞方法行车时，列车凭出站信号机或线路所通过信号机显示的允许运行的信号进入区间。

三、填空题（共 16 题）

1. 答案：第 1 空：追尾　　第 2 空：相撞　　解析：追尾；相撞。

2. 答案：第 1 空：时间　　第 2 空：列车　　解析：时间；列车。

3. 答案：第 1 空：区间　　第 2 空：闭塞分区　　解析：区间；闭塞分区。

4. 答案：第 1 空：半自动　　第 2 空：出站

解析：半自动闭塞是区间两端车站各装设一台具有相互电气锁闭关系的半自动闭塞机，并以出站信号机开放显示为行车凭证的闭塞方法。

5. 答案：第 1 空：区间　　解析：区间。

6. 答案：第 1 空：允许运行信号；绿灯　　解析：允许运行信号或绿灯。

7. 答案：第 1 空：有车占用；空闲　　第 2 空：站间区间

解析：是否有车占用或空闲；以站间区间为间隔。

8. 答案：第 1 空：区间；站间区间　第 2 空：闭塞　　解析：区间或站间区间；闭塞。

9. 答案：第 1 空：电话记录　　第 2 空：发车　　解析：电话记录；发车。

10. 答案：第 1 空：行车日志　　解析：行车日志。

11. 答案：第 1 空：电话记录　　第 2 空：车次　第 3 空：站名印；站场名印

解析：电话记录；车次；站名印或站场名印。

12. 答案：第 1 空：车站值班员　第 2 空：助理值班员

解析：车站值班员；助理值班员。

13. 答案：第 1 空：行车闭塞　　第 2 空：调度　　　　第 3 空：自动

解析：是指行车闭塞电话、调度电话、自动电话全部中断。

14. 答案：第 1 空：时间　　　　　　　　　　　　　　解析：时间。

15. 答案：第 1 空：车站值班员　第 2 空：电话记录

解析：需要停基改电时，遇列车调度电话不通时，闭塞法的变更或恢复，应由该区间两端站的车站值班员确认区间空闲后，直接以电话记录办理。

16. 答案：第 1 空：3　　第 2 空：13

解析：一切电话中断后，连续发出同一方向的列车时，两列车的间隔时间，应按区间规定的运行时间另加 3 min，但不得少于 13 min。

四、判断题（共 18 题）

1. 答案：错误

解析：为了进一步提高运输效率，我国铁路不允许两趟列车在同一时间内进入同一条铁路线路。

2. 答案：错误　　解析：错误，单线铁路区间主要采用半自动闭塞或自动站间闭塞法。

3. 答案：正确

4. 答案：正确

5. 答案：错误

解析：错误，进入闭塞分区的行车凭证应为出站信号机或通过信号机的黄灯或绿灯。

6. 答案：错误

解析：错误，在车站进站信号机内侧设有一小段专用轨道电路，它和闭塞机、出站信号机间也具有电气锁闭关系。不是信号机点灯电路。

7. 答案：错误　　解析：错误，自动闭塞才是目前我国双线铁路区间闭塞的主要类型。

8. 答案：正确

9. 答案：错误

解析：错误，是到达信号。在双线铁路区间，必须得到前次列车到达前方站的到达信号，出站信号机才能开放。

10. 答案：错误　解析：错误，发车站在办理发车进路前，必须确认区间空闲。

11. 答案：错误　解析：错误，电话闭塞法是我国铁路的代用闭塞法。

12. 答案：正确

13. 答案：错误　解析：错误，自动站间闭塞法是基本闭塞法。

14. 答案：正确

15. 答案：错误　解析：错误，不能使用两种不同的闭塞方法。

16. 答案：错误　解析：错误，填写路票时，要内容齐全、字迹清楚，不得涂改。

17. 答案：错误

解析：错误，“车站调度员”应改为“列车调度员”，车站调度员只负责调车工作的领导与指挥。

18. 答案：正确。

模块 5　行车组织与列车运行一般要求参考答案及解析

一、单选题（共 7 题）

1. 答案：B　解析：车辆乘务人员。
2. 答案：C　解析：响墩。
3. 答案：B　解析：300。
4. 答案：D　解析：列车编组计划是全路的车流组织计划。
5. 答案：B　解析：列车运行图是铁路行车组织工作的基础。
6. 答案：C　解析：施工负责人可指派驻站联络员负责题干上的相关工作。
7. 答案：A

解析：在线间距不足 6.5 m 地段施工维修而邻线行车时，邻线列车应限速 160 km/h 及以下，并按规定设置防护。

二、多选题（共 15 题）

1. 答案：ABC　解析：ABC。
2. 答案：AC　解析：AC。
3. 答案：ABD　解析：ABD。
4. 答案：ABD　解析：ABD。
5. 答案：ABCE　解析：ABCE。
6. 答案：BCDE　解析：BCDE。
7. 答案：ABD　解析：ABD。
8. 答案：ABCDE　解析：全选。
9. 答案：ABCDE　解析：全选。
10. 答案：BD　解析：BD。
11. 答案：ABCD　解析：ABCD。
12. 答案：ABCDE　解析：全选。
13. 答案：ABCDE　解析：全选。
14. 答案：BCD　解析：车站按技术作业分为编组站、区段站、中间站。
15. 答案：ABE

解析：车站按业务性质分为营业站、非营业站，营业站分为客运站、货运站、客货运站。

三、填空题（共 31 题）

1. 答案：第 1 空：领导　第 2 空：指挥　第 3 空：逐级　解析：领导；指挥；逐级。
2. 答案：第 1 空：铁路局；各铁路局　解析：铁路局或各铁路局。
3. 答案：第 1 空：列车调度员　解析：列车调度员。
4. 答案：第 1 空：车机　解析：车机。
5. 答案：第 1 空：登乘机车证　解析：登乘机车证。
6. 答案：第 1 空：紧急制动　解析：紧急制动。

7. 答案：第 1 空：25

解析：应按照标明的速度，未标明时为 25 km/h 的速度运行。

8. 答案：第 1 空：列车自动制动机　第 2 空：良好　　解析：列车自动制动机；良好。

9. 答案：第 1 空：列车运行　　解析：列车运行。

10. 答案：第 1 空：闭塞　第 2 空：进路　第 3 空：凭证　第 4 空：列车

解析：闭塞；进路（包括听取进路准备妥当的报告）；凭证；列车。

11. 答案：第 1 空：列车无线调度通信设备　第 2 空：运行　第 3 空：装载

解析：列车无线调度通信设备；运行；装载。

12. 答案：第 1 空：原因；位置　第 2 空：位置；原因　第 3 空：救援

解析：原因或位置；位置或原因；救援。

13. 答案：第 1 空：火炬　第 2 空：短路　　解析：火炬；短路

14. 答案：第 1 空：司机；机车乘务员；机车司机　第 2 空：车辆乘务员；随车机械师　第 3 空：列车乘务员；指定人员

解析：司机或机车乘务员或机车司机；车辆乘务员（随车机械师）；列车乘务员或指定人员。

15. 答案：第 1 空：车站值班员　第 2 空：列车调度员

解析：车站值班员；列车调度员。

16. 答案：第 1 空：防溜　第 2 空：防护　　解析：防溜；防护

17. 答案：第 1 空：车辆乘务员　第 2 空：胜任人员　第 3 空：注视

解析：车辆乘务员；胜任人员；注视。

18. 答案：第 1 空：列车调度员　第 2 空：进站信号机　第 3 空：引导　第 4 空：站内

解析：列车调度员；进站信号机；引导；站内。

19. 答案：第 1 空：停车　　解析：停车

20. 答案：第 1 空：放行；发出　第 2 空：邻线　第 3 空：停车

解析：放行或发出；邻线；停车。

21. 答案：第 1 空：未着火　第 2 空：着火　　解析：未着火；着火。

22. 答案：第 1 空：限速；限制速度；速度

解析：限速 或限制速度或速度。

23. 答案：第 1 空：停车　第 2 空：安全；安全无误

解析：停车；安全或安全无误。

24. 答案：第 1 空：彻底　第 2 空：呼唤应答；车机联控

解析：彻底；呼唤应答或车机联控。

25. 答案：第 1 空：停车　第 2 空：抢救　　解析：停车；抢救。

26. 答案：第 1 空：接发　第 2 空：客货运

解析：车站应设有配线，并办理列车接发、会让和客货运业务。

27. 答案：第 1 空：车站值班员　第 2 空：列车调度员　第 3 空：施工负责人　第 4 空：起止　第 5 空：防护

解析：封锁区间施工时，车站值班员根据封锁或开通命令，在信号控制台或规定位置上揭挂或摘下封锁区间表示牌。列车调度员应保证施工时间，并向施工区间的两端站、有关单位及施工负责人及时发出实际施工调度命令。施工负责人接到调度命令，确认施工起止时刻，设好停车防护后，方可开工，并保证在规定时间内完成。

28. 答案：第 1 空：避车　　第 2 空：安全

解析：施工、维修及各种上道检查巡视作业，应严格遵守作业人员和机具避车制度，采取措施保证邻线列车和施工作业人员安全。

29. 答案：第 1 空：驻站联络员　　第 2 空：现场防护人员

解析：在区间或站内线路、道岔上封锁施工作业时，施工单位在车站行车室设驻站联络员，施工地点设现场防护人员。二者职责不同。

30. 答案：第 1 空：维修地点　　第 2 空：防护　　第 3 空：停车手信号

解析：在区间线路、站内线路、站内道岔上维修时，现场防护人员应站在维修地点附近、且瞭望条件较好的地点进行防护，在天窗内作业时，显示停车手信号。

31. 答案：天窗　　解析：影响设备使用的检修均纳入天窗进行。

四、判断题（共 22 题）

1. 答案：错误

解析：错误，列车调度员才是本区段行车工作的组织者和指挥者，车站值班员负责车站的行车组织工作。

2. 答案：错误

解析：错误，动车组列车以自走行、固定编组的旅客列车为主，现在也有了货物列车。

3. 答案：正确

4. 答案：正确

5. 答案：正确

6. 答案：正确

7. 答案：错误　　解析：错误，应由车辆乘务人员（随车机械师）通知司机开车。

8. 答案：错误

解析：错误，立即组织列车乘务人员拧紧全列车辆的人力制动机，以保证列车就地制动。

9. 答案：正确

10. 答案：正确

11. 答案：正确

12. 答案：正确

13. 答案：错误　　解析：错误，不得超过 15 km/h，以便发现情况能随时停车。

14. 答案：正确

15. 答案：错误　　解析：错误，“增加列车改编次数”应改为“减少列车改编次数”。

16. 答案：错误

解析：错误，凡影响行车的施工（特别规定的慢行施工除外）、维修作业，都必须纳入天窗，不得利用列车间隔进行。

17. 答案：正确

18. 答案；错误　　解析：错误，“也可”应改为“不得”。

19. 答案：正确

20. 答案：正确

21. 答案：正确

22. 答案：错误　　解析：错误，“也可以”应改为“严禁”。

模块 6　信号显示一般要求参考答案及解析

注：因考点较少，“信号显示一般要求”模块的挑战答题合并到“项目 6　铁路信号显示规范考点解析”的挑战答题中，参考答案及解析详见“附录 E《铁路信号显示规范》挑战答题参考答案及解析”。

模块 7　相关词语释义参考答案及解析

一、单选题（共 9 题）

1. 答案：C

解析：列车运行图等规定的列车从始发站到终到站所经过的线路是径路。

2. 答案：A

解析：进路是在站内、岔线、段管线，列车、机车（自轮运转特种设备）或车列由一个地点运行（移动）到另一个地点，所经由（或为此准备）的一段线路。

3. 答案：B

解析：经路可以是一条进路，也可以是多条进路或进路与区间线路、联络线、走行线等综合构成。

4. 答案：D

解析：列检作业是指在车站的列检作业场由现场检车员对列车进行的技术检查作业，或在客列检所在站由现场检车员对旅客列车和特快货物班列进行的技术检查作业。

5. 答案：C

解析：双线是指区间内设有两条正线，上下行列车分别在各自正线上按左侧单方向运行的线路。

6. 答案：B

解析：两线是指区间内设有两条正线，分别按两条单独的线路组织行车的线路。

7. 答案：A　　解析：多线是指区间内设有三条及以上正线的线路。

8. 答案：D　　解析：单线是指区间内只设有一条正线的线路。

9. 答案：B

解析：临时定点列车在本规程中是指列车运行图文件及有关文电以外以调度命令加开的列车。

二、判断题（共 6 题）

1. 答案：正确

2. 答案：错误　解析：错误，列车进路包括接车进路、发车进路和通过进路三种，延续进路为接车进路的一部分。

3. 答案：错误

解析：错误，运行途中包含所有停站时间。

4. 答案：错误

解析：错误，“相同”应改为“不同”。在站折返是指旅客列车、特快货物班列到达终到站，车底不入库作业，仅完成客列检或车辆乘务技术检查等作业后，折返运行。折角运行是指列车在运行途中因变更列车运行方向或运行线路，需变更列车首尾方向运行。

5. 答案：错误

解析：错误，立即停车是指立即采取停车措施。司机根据现场实际情况，自行决定采取何种停车措施，不一定是紧急制动方式。

6. 答案：错误

解析：错误，尽头线是指站内股道终端设置车挡的线路。

附录 D 《铁路技术管理规程（高速铁路部分）》挑战答题参考答案及解析

一、单选题（共 4 题）

1. 答案：C

解析：动车组以外的列车司机在列车运行中，应按规定对列车自动制动机进行试验，在制动保压状态下列车制动主管的压力 1 min 内漏泄不得超过 20 kPa，确认列尾装置作用良好。

2. 答案：A

解析：机车综合无线通信设备故障时，应由司机报告列车调度员（车站值班员），车站值班员报告列车调度员。

3. 答案：D

解析：调车作业时，调车人员必须正确及时地显示信号，机车乘务人员要认真确认信号，并回示。

4. 答案：C

解析：同一股道只允许一端调车作业，禁止两端同时向同一股道排列调车进路。

二、多选题（共 5 题）

1. 答案：ABCDE　　解析：全选。

2. 答案：ABCDE　　解析：全选。

3. 答案：ABCD

解析：机车信号、列车无线调度通信设备、列车运行监控装置（轨道车运行控制设备）和列尾装置必须全程运转，严禁擅自关机。

4. 答案：ABCDE　　解析：全选。

5. 答案：ABCDE　　解析：全选。

三、填空题（共 12 题）

1. 答案：第 1 空：司机；　第 2 空：列车调度员；　第 3 空：车站值班员

解析：列车和单机由司机负责指挥。列车或单机在车站时，所有乘务人员应按列车调度员（车站控制时为车站值班员）的指挥进行工作。

2. 答案：第 1 空：独立；　第 2 空：纳入

解析：高速铁路列车调度台原则上应独立设置。高速铁路与普速铁路间联络线的行车调度指挥原则上纳入高速铁路调度指挥。

3. 答案：第 1 空：瞭望；　第 2 空：信号；　第 3 空：呼唤应答；　第 4 空：行车

解析：彻底瞭望，确认信号，认真执行呼唤应答制度，严格按信号显示要求行车，确保列车安全正点。遇有信号显示不明或危及行车和人身安全时，应立即采取减速或停车措施。

4. 答案：第 1 空：制动主管　第 2 空：完整

解析：在区间内列车停车进行防护、分部运行、装卸作业或使用紧急制动阀停车后再开车时，司机必须检查试验列车制动主管的贯通状态，确认列车完整，具备开车条件后，方可起动列车。

5. 答案：第 1 空：现场　第 2 空：完整

解析：调度命令发布前，应详细了解现场情况，听取有关人员的意见，命令内容、受令处所必须正确、完整、清晰。

6. 答案：第 1 空：目标距离；　第 2 空：四显示

解析：高速铁路闭塞分区的划分，应满足动车组列控车载设备按照目标距离模式控车和未装备列控车载设备的列车按四显示自动闭塞行车的要求。

7. 答案：第 1 空：司机　第 2 空：随车机械师　第 3 空：止轮器

解析：动车组无动力停留时，有停放制动装置的动车组，由司机负责将动车组处于停放制动状态；动车组无停放制动装置或在坡度为 20‰以上的区间无动力停留时，由司机通知随车机械师进行防溜，防溜时应使用止轮器牢靠固定。

8. 答案：第 1 空：轨道车运行控制设备；第 2 空：禁止

解析：施工路用列车进入高速铁路运行必须装备列车运行监控装置或轨道车运行控制设备、机车综合无线通信设备，未装设或设备故障的，禁止进入高速铁路运行。

9. 答案：第 1 空：通过；　第 2 空：返回

解析：天窗内所有影响施工路用列车运行的施工维修作业必须在施工路用列车通过后方可进行，并须在施工路用列车返回前结束。

10. 答案：列车无线调度通信

解析：施工路用列车进入封锁区间时，施工单位应指派胜任人员携带列车无线调度通信设备值乘，并在区间协助司机作业。

11. 答案：第 1 空：报告　第 2 空：空闲　第 3 空：20

解析：动车组以外的列车，在自动闭塞区间内运行遇机车信号或 LKJ（GYK）故障时，司机应立即报告列车调度员（车站值班员），车站值班员报告列车调度员。列车调度员确认该列车至前方站（线路所）间空闲后通知司机，列车按地面信号显示以不超过 20 km/h 的速度运行至前方站停车处理或更换机车。

12. 答案：列车调度员

解析：出站（发车进路）信号机故障且暂时无法修复，具备放行列车条件时，由列车调度员（车站控制时为车站值班员）根据设备管理单位登记的行车限制条件组织行车。

四、判断题（共 18 题）

1. 答案：正确
2. 答案：正确
3. 答案：错误

解析：错误，“可以不”应改为“应”，列车在出发前应输入监控装置有关数据。

4. 答案：正确
5. 答案：正确
6. 答案：正确
7. 答案：正确
8. 答案：错误　　解析：高速铁路车站须设进站信号机。
9. 答案：错误

解析：错误，通过信号机或区间信号标志牌应设在闭塞分区或所间区间的分界处，不应设在牵引供电分相的处所。

10. 答案：正确
11. 答案：正确
12. 答案：正确
13. 答案：错误

解析：错误，在常态灭灯的区段，接发施工路用列车时，进站信号机、出站信号机、进路信号机、线路所通过信号机应点灯。

14. 答案：正确
15. 答案：正确
16. 答案：正确
17. 答案：正确
18. 答案：正确

附录 E 《铁路信号显示规范》挑战答题参考答案及解析

一、单选题（共 34 题）

1. 答案：C　　解析：固定信号。
2. 答案：C　　解析：固定信号。
3. 答案：B　　解析：手信号。
4. 答案：D　　解析：移动信号。
5. 答案：B　　解析：司机室。
6. 答案：C　　解析：注意信号。

7. 答案：D　　　　解析：停车。
8. 答案：C　　　　解析：调车。
9. 答案：A　　　　解析：预告。
10. 答案：C　　　　解析：通过。
11. 答案：B　　　　解析：800。
12. 答案：D　　　　解析：移动信号。
13. 答案：A　　　　解析：红色方牌。
14. 答案：C　　　　解析：红色方牌。
15. 答案：D　　　　解析：紧急停车。
16. 答案：C　　　　解析：4。
17. 答案：A　　　　解析：一个红灯。
18. 答案：D　　　　解析：绿、黄灯交替后绿灯长亮。
19. 答案：C　　　　解析：一个绿灯。
20. 答案：B　　　　解析：绿、红灯交替后绿灯长亮。
21. 答案：B　　　　解析：手。
22. 答案：B　　　　解析：展开的红色信号旗。
23. 答案：B　　　　解析：绿色灯光沿上弧线向列车方向作圆形转动。
24. 答案：B　　　　解析：调车机车。
25. 答案：D　　　　解析：绿色灯光在下部左右摇动。
26. 答案：A　　　　解析：道岔开通信号。
27. 答案：B　　　　解析：预告标。
28. 答案：B　　　　解析：道岔表示器。
29. 答案：A　　　　解析：脱轨表示器。
30. 答案：B　　　　解析：警冲标。
31. 答案：A　　　　解析：一个头灯及中部右侧一个白色灯光。
32. 答案：A　　　　解析：列车前端两个侧灯，向前显示红色灯光，向后显示白色灯光。
33. 答案：A　　　　解析：一长声。
34. 答案：C　　　　解析：在铁路桥梁跨越河道上下游规定的地点，设严禁采砂标。

二、多选题（共18题）

1. 答案：AD　　　　解析：视觉信号和听觉信号。
2. 答案：BDE　　　　解析：信号旗、信号灯、火炬。
3. 答案：ACD　　　　解析：响墩、鸣笛、号角。
4. 答案：ACD　　　　解析：红、黄、绿。
5. 答案：ABE　　　　解析：白、紫、蓝。
6. 答案：AE　　　　解析：信号机和信号表示器。
7. 答案：AD　　　　解析：主体信号机、从属信号机。
8. 答案：CE　　　　解析：固定信号和移动信号。
9. 答案：AC　　　　解析：地面信号和机车信号

10. 答案：AD　　　解析：绝对信号和容许信号。
11. 答案：AC　　　解析：AC。
12. 答案：ACDE　　解析：ACDE。
13. 答案：ACD　　解析：ACD。
14. 答案：ACD　　解析：ACD。
15. 答案：ABCD　　解析：ABCD。
16. 答案：CDE　　解析：CDE。
17. 答案：BCD　　解析：BCD。
18. 答案：ABCDE　解析：全选。

三、填空题（共 26 题）

1. 答案：第 1 空：列车运行　第 2 空：调车作业　第 3 空：执行
解析：列车运行；调车作业；执行。
2. 答案：第 1 空：亮　第 2 空：灭　第 3 空：闪　　解析：亮、灭、闪。
3. 答案：第 1 空：昼间　第 2 空：夜间　第 3 空：昼夜
解析：视觉信号分为昼间、夜间及昼夜通用信号。
4. 答案：第 1 空：保持　　解析：保持。
5. 答案：第 1 空：红灯；停车信号　　解析：红灯或停车信号。
6. 答案：第 1 空：蓝灯；停车信号；禁止调车　　解析：蓝灯或停车信号或禁止调车。
7. 答案：第 1 空：绿灯；绿黄灯；黄灯；进行信号
解析：绿灯或绿黄灯或黄灯或进行信号。
8. 答案：第 1 空：熄灭　　解析：熄灭。
9. 答案：第 1 空：进站　　解析：进站。
10. 答案：第 1 空：越过　　解析：越过。
11. 答案：第 1 空：出站　　解析：出站。
12. 答案：第 1 空：闭塞分区　　解析：闭塞分区。
13. 答案：第 1 空：复示　　解析：复示。
14. 答案：第 1 空：司机室　　解析：司机室。
15. 答案：第 1 空：防护　　解析：防护。
16. 答案：第 1 空：调车　　解析：调车。
17. 答案：第 1 空：竖直　第 2 空：圈圆　　解析：竖直；圈圆。
18. 答案：第 1 空：检查锤　第 2 空：白色灯光　　解析：检查锤；白色灯光。
19. 答案：第 1 空：左右　　解析：左右。
20. 答案：第 1 空：左臂　第 2 空：右臂　　解析：左臂；右臂。
21. 答案：第 1 空：直向　　解析：直向。
22. 答案：第 1 空：进路　第 2 空：进路　　解析：进路；进路。
23. 答案：第 1 空：调车　　解析：调车。
24. 答案：第 1 空：红色方牌　第 2 空：红色灯光　　解析：红色方牌；红色灯光。
25. 答案：第 1 空：3　第 2 空：1　第 3 空：1　　解析：3；1；1。

26. 答案：200 m。

四、判断题（共 34 题）

1. 答案：错误　　解析：错误，是立即停车。
2. 答案：错误　　解析：错误，是视觉信号。
3. 答案：错误　　解析：错误，应将“固定信号”改为“移动信号”。
4. 答案：正确
5. 答案：正确
6. 答案：错误　　解析：错误，右侧应改为左侧。
7. 答案：正确
8. 答案：正确
9. 答案：正确
10. 答案：错误　　解析：错误，应不得少于 200 m。
11. 答案：错误　　解析：错误，蓝灯应改为绿灯。
12. 答案：正确
13. 答案：正确
14. 答案：错误　　解析：错误，半绿半黄表示按规定速度注意运行。
15. 答案：错误　　解析：错误，一个红灯表示列车已越过地面上显示红灯的信号机。
16. 答案：错误　　解析：错误，移动信号是临时设置的，可以撤除。
17. 答案：错误　　解析：错误，必须有人看守。
18. 答案：错误　　解析：错误，扳道员右手持黄旗。
19. 答案：正确
20. 答案：正确
21. 答案：错误

解析：错误，昼间指挥人员将拢起的信号旗两臂高举，头上交叉后，急向左右摇动数次是溜放信号。连接信号是两臂高举头上，使拢起的手信号旗杆成水平末端相接。

22. 答案：错误　　解析：错误，信号表示器没有严格的防护意义。
23. 答案：正确
24. 答案：正确
25. 答案：正确
26. 答案：正确
27. 答案：正确
28. 答案：正确
29. 答案：错误　　解析：错误，线路标志应设在计算公里方向或列车运行方向左侧。
30. 答案：正确
31. 答案：正确
32. 答案：错误

解析：B 型适合在人员活动频繁地段的道口、桥隧两端、公路立交桥附近醒目地点、居民区附近和人身伤害事故多发地段的铁路线路安全保护区边界设置。

33. 答案：错误

解析：错误，在未全封闭的铁路桥梁、隧道两端的线路两侧，应设严禁通过标。

34. 答案：错误

解析：错误，轨道车运行时，为前端一个白色灯光，后端一个红色灯光。

附录 F 《铁路交通事故调查处理规则》挑战答题参考答案及解析

一、单选题（共 4 题）

1. 答案：B　　解析：四氯化碳灭火器。
2. 答案：B　　解析：50%以上。
3. 答案：C　　解析：相撞。
4. 答案：B　　解析：脱轨器。

二、多选题（共 14 题）

1. 答案：ABCDE　　解析：全选。
2. 答案：ABCD　　解析：ABCD。
3. 答案：ABCE　　解析：除了会让，其他都对。
4. 答案：ACDE　　解析：除了部分责任，其他都对。
5. 答案：ABCD　　解析：除了是否请求救援，其他都对。
6. 答案：ABDE　　解析：除了微小事故，其他都对。
7. 答案：BCD

解析：造成 100 人以上重伤；繁忙干线客运列车脱轨 18 辆及以上；中断铁路行车 48 h 及以上

8. 答案：BCDE　　解析：除了一般 E 类，其他都对。
9. 答案：ACDE　　解析：除了“成昆”，其他都对。
10. 答案：ABCDE　　解析：全选。
11. 答案：ABCE　　解析：除了“当地群众”，其他都对。
12. 答案：ABCDE　　解析：全选。
13. 答案：ACDE　　解析：除了“不需要制订方案”，其他都对。
14. 答案：ABCDE　　解析：全选。

三、填空题（共 14 题）

1. 答案：第 1 空：车顶　第 2 空：水　　解析：车顶；水。
2. 答案：第 1 空：主断路器　第 2 空：受电弓　第 3 空：制动　第 4 空：警报　第 5 空：火情

解析：主断路器；受电弓；制动；警报；火情。

3. 答案：第 1 空：事实　第 2 空：法律；法规；规章　第 3 空：法律；法规；规章　第 4 空：法律；法规；规章

解析：事实；法律；法规；规章。

4. 答案：第 1 空：区间　第 2 空：站内；车站　第 3 空：行车；或运行

解析：区间；站内或车站；行车或运行。

5. 答案：第 1 空：发车信号　第 2 空：停车　　解析：发车信号；停车。

6. 答案：第 1 空：补报　　解析：补报。

7. 答案：第 1 空：应急救援　第 2 空：专业　第 3 空：兼职

解析：应急救援；专业；兼职。

8. 答案：第 1 空：列车调度员　第 2 空：出动　第 3 空：行车

解析：列车调度员；出动；行车。

9. 答案：第 1 空：停车　　解析：停车。

10. 答案：第 1 空：抢修　第 2 空：行车　　解析：抢修；行车。

11. 答案：第 1 空：现场　第 2 空：证据　　解析：现场；证据。

12. 答案：第 1 空：防护　　解析：防护。

13. 答案：第 1 空：一人　　解析：一人。

14. 答案：第 1 空：停车　第 2 空：车站

解析：事故发生后，列车司机或者运转车长应当立即停车，采取紧急处置措施；对无法处置的，应当立即报告邻近铁路车站、列车调度员进行处置。

四、判断题（共 17 题）

1. 答案：正确

2. 答案：正确

3. 答案：错误　　解析：错误，也包括各类自轮运转特种设备。

4. 答案：错误　　解析：错误，也包括在运行过程中的停车状态。

5. 答案：正确

6. 答案：错误　　解析：错误，涉及境外人员伤亡必须报告。

7. 答案：正确

8. 答案：错误　　解析：错误，是指未得到发车信号时开车。

9. 答案：正确

10. 答案：错误　　解析：错误，应为列车前端，而不是后端。

11. 答案：正确

12. 答案：错误　　解析：错误，由机务段负责。

13. 答案：错误　　解析：错误，应为 30 min 内出动。

14. 答案：错误　　解析：错误，必须及时归还并支付适当费用。

15. 答案：错误

解析：错误，根据救援实际需要，可以请求当地驻军、武装警察部队参与事故救援。

16. 答案：正确

17. 答案：正确

附录 G　配套数字媒体资源

【挑战答题资源链接】

学习者可扫描对应二维码进行在线答题。

《轨道车运行控制设备运用维护管理办法》挑战答题

《铁路车机联控作业》挑战答题

技术装备基础知识挑战答题

编组列车一般要求挑战答题

调车工作一般要求挑战答题

行车闭塞一般要求挑战答题

行车组织与列车运行一般要求挑战答题

相关词语释义挑战答题

《技规》(高速铁路部分)挑战答题

《铁路信号显示规范》挑战答题

《事规》基础知识挑战答题

【各类规章“考点原文对照与案例解读”资源链接】

学习者可扫描图 7.12 至图 7.26 所示的二维码，观看规章原文对照内容。

图 7.12　《轨道车运行控制设备运用维护管理办法》原文对照与解读

图 7.13　《铁路车机联控作业》原文对照与解读

图 7.14　技术装备基础知识原文对照与解读

图 7.15　编组列车一般要求原文对照与解读

图 7.16　调车工作一般要求原文对照与解读

图 7.17　行车闭塞一般要求原文对照与解读

图 7.18　行车组织与列车运行一般要求原文对照与解读

图 7.19　相关词语释义原文对照与解读

图 7.20　《技规》(高速铁路部分)原文对照与解读

图 7.21　信号显示的基本要求原文对照与解读

图 7.22　固定信号原文对照与解读

图 7.23　移动信号及手信号原文对照与解读

图 7.24　信号表示器及标志原文对照与解读

图 7.25　听觉信号原文对照与解读

图 7.26　《事规》原文对照与解读

附录 H 《技规》中的附表、附件若干

1. 第 261 条对应第 19～26 表。

第 261 条—第 19 表　机车计算重量及每台换算闸瓦压力表

种类	机　型	计算重量/t	换算闸瓦压力/kN
电力	SS_3、SS_6	138	700
	SS_1	138	830
	SS_{3B}、SS_{6B}	138	680
	SS_4	184	900
	SS_7	138	1100
	SS_{7E}、SS_9	126	770
	SS_8	90	520
	DJ_1	184	1120
	6K	138	780
	8G、8K	184	880
	HXD_1、HXD_2	200	900（320）
	HXD_{1B}、HXD_{2B}、HXD_{3B}	150	680（240）
	HXD_{1C}、HXD_{2C}、HXD_3、HXD_{3C}	138/150	680（240）
	HXD_{1D}、HXD_{3D}	126	790（280）
内燃	DF_4、DF_5、DF_7、DF_8、DF_{11}	138	680
	DF_{11G}、DF_{11Z}	145	770
	DF_{7B}、DF_{7C}、DF_{7D}	138	680
	DF_{8B}	150	900
	BJ	90	680
	ND_5	135	800
	HXN_5、HXN_3	150	680（240）
	NJ_2	138	620（220）

注：1. 表中为按铸铁闸瓦换算闸瓦压力。

2. 新型机车根据 120 km/h 速度下紧急制动距离在 1 100 m 以内的要求计算，括弧内为按 H 高摩合成闸瓦换算闸瓦压力。

第 261 条—第 20 表　车辆换算闸瓦压力表

<table>
<tr><th rowspan="3">种类</th><th rowspan="3" colspan="3">车　　型</th><th colspan="3">每辆换算闸瓦压力/kN</th></tr>
<tr><th colspan="2">自动制动机列车主管压力</th><th rowspan="2">人力制动机</th></tr>
<tr><th>500 kPa</th><th>600 kPa</th></tr>
<tr><td rowspan="11">客车
客车</td><td>普通客车（120 km/h）</td><td colspan="2">（踏面制动）</td><td></td><td>（350）</td><td>（80）</td></tr>
<tr><td rowspan="10">新型客车（盘形制动，120 km/h，140 km/h，160 km/h）</td><td rowspan="4">120 km/h</td><td>自重 41～45 t</td><td></td><td>137（412）</td><td rowspan="4">13</td></tr>
<tr><td>自重 46～50 t</td><td></td><td>147（441）</td></tr>
<tr><td>自重 51～55 t</td><td></td><td>159（477）</td></tr>
<tr><td>自重≥56 t</td><td></td><td>173（519）</td></tr>
<tr><td colspan="2">双层</td><td></td><td>178（534）</td><td>13</td></tr>
<tr><td rowspan="4">140 km/h 及 160 km/h</td><td>自重 41～45 t</td><td></td><td>146（438）</td><td rowspan="4">13</td></tr>
<tr><td>自重 46～50 t</td><td></td><td>156（468）</td></tr>
<tr><td>自重 51～55 t</td><td></td><td>167（501）</td></tr>
<tr><td>自重≥56 t</td><td></td><td>176（528）</td></tr>
<tr><td colspan="4">特快货物班列中的车辆（盘形制动，160 km/h）</td><td></td><td>180（540）</td><td>13</td></tr>
<tr><td rowspan="8">货车</td><td rowspan="2">快速货物班列中的车辆（18 t 轴重）</td><td colspan="2">重车位</td><td></td><td>140</td><td>40</td></tr>
<tr><td colspan="2">空车位</td><td></td><td>55</td><td>40</td></tr>
<tr><td rowspan="2">普通货车（21 t 轴重）</td><td colspan="2">重车位</td><td>145</td><td>165</td><td>40</td></tr>
<tr><td colspan="2">空车位</td><td>60</td><td>70</td><td>40</td></tr>
<tr><td rowspan="2">普通货车（23 t 轴重）</td><td colspan="2">重车位</td><td>160</td><td>180</td><td>40</td></tr>
<tr><td colspan="2">空车位</td><td>65</td><td>75</td><td>40</td></tr>
<tr><td rowspan="2">重载货车（25 t 轴重）</td><td colspan="2">重车位</td><td>170</td><td>195</td><td>50</td></tr>
<tr><td colspan="2">空车位</td><td>70</td><td>80</td><td>50</td></tr>
</table>

注：1. 按 H 高摩合成闸瓦计算，括弧内为按铸铁闸瓦计算。

2. 空重车自动调整装置的空重位压力比为 1：2.5；对装有空重车手动调整装置的车辆，当车辆总重（自重+载重）达到 40 t 时，按重车位调整。

3. 旅客列车、特快及快速货物班列自动制动机主管压力为 600 kPa；其他列车为 500 kPa。长大下坡道区段货物列车及重载货物列车的自动制动机主管压力，由铁路局根据管内相关试验结果和列车实际操纵需要可提高至 600 kPa；遇机车换挂需将自动制动机列车主管压力由 600 kPa 改为 500 kPa 时，摘机前应对列车主管实施一次 170 kPa 的最大减压量操纵。

4. 快运货物班列车辆和货车以外的其他车辆，在列车主管压力为 500 kPa 时的闸瓦压力，按 600 kPa 时的闸瓦压力的 1：1.15 换算。

第 261 条—第 21 表　普通货物列车制动限速表（km/h）

（计算制动距离 800 m，H 高摩合成闸瓦/L 低摩合成闸瓦）

P v i	每百吨列车重量（机车除外）的换算闸瓦压力/kN													
	100	120	140	160	180	200	220	240	260	280	300	320	340	360
0	78/55	83/59	88/63	94/66	/69	/72	/75	/78	/81	/83	/85	/87	/89	/91
1	76/53	81/57	87/61	93/64	/67	/71	/74	/77	/80	/82	/84	/86	/88	/90
2	75/52	80/56	86/60	92/63	/66	/70	/73	/76	/79	/81	/83	/85	/87	/89
3	74/51	79/55	85/58	91/61	/65	/69	/72	/75	/78	/81	/83	/85	/87	/89
4	73/49	78/53	84/57	90/60	95/64	/68	/71	/74	/77	/80	/82	/84	/86	/88
5	72/48	77/52	83/55	89/59	94/63	/67	/70	/73	/76	/79	/81	/83	/85	/87
6	71/46	76/50	82/54	88/58	93/62	/66	/69	/72	/75	/78	/80	/82	/84	/86
7	70/44	75/48	81/52	87/56	92/60	/64	/67	/71	/74	/77	/80	/82	/84	/86
8	69/43	74/47	80/51	86/55	91/59	/63	/67	/70	/73	/76	/79	/81	/83	/85
9	68/41	73/46	79/50	85/54	90/58	/62	/66	/69	/72	/75	/78	/80	/82	/84
10	67/39	72/44	78/49	84/53	89/57	95/61	/65	/68	/71	/74	/77	/79	/81	/83
11	65/37	70/42	76/47	82/51	87/55	93/60	/64	/67	/70	/73	/76	/78	/80	/82
12	64/36	69/41	75/45	81/50	86/54	92/59	/63	/66	/69	/72	/75	/77	/79	/81
13	63/34	68/39	74/43	80/48	85/53	91/58	/62	/65	/68	/71	/74	/76	/78	/80
14	61/32	67/37	72/42	78/47	84/52	90/57	/61	/64	/67	/70	/73	/75	/77	/79
15	60/31	66/36	71/41	77/46	83/51	89/55	95/59	/63	/67	/70	/72	/74	/76	/78
16	59/30	65/35	70/40	76/45	82/50	88/54	94/58	/62	/66	/69	/71	/73	/75	/77
17	58/28	64/33	69/38	75/43	81/48	87/53	93/57	/61	/65	/68	/70	/73	/75	/77
18	56/27	62/32	68/37	74/42	80/47	86/52	92/56	/60	/64	/67	/70	/72	/74	/76
19	55/26	61/31	67/36	73/41	79/46	85/50	91/55	/59	/63	/66	/69	/71	/73	/75
20	54/24	60/29	66/34	72/39	78/44	84/49	90/54	95/58	/62	/65	/68	/71	/73	/75

注：1. 根据第 20 表普通货物列车最高速度为 90 km/h 时，每百吨列车重量按 H 高摩合成闸瓦换算闸瓦压力不得低于 150 kN。

2. 列车装备条件：H 高摩合成闸瓦/L 低摩合成闸瓦。

3. 对于超过 20‰的下坡道，列车制动限速表由铁路局根据实际试验规定。

4. i 为下坡道千分数（‰）；P 为每百吨列车重量的换算闸瓦压力，单位 kN；v 为货物列车制动限速，单位 km/h。

5. 适用计长 88.0 及以下、速度 90 km/h 及以下的货物列车（快速货物班列除外）。

第 261 条—第 22 表　120 km/h 货物列车制动限速表（km/h）

（计算制动距离 1 400 m，H 高摩合成闸瓦）

P v i	每百吨列车重量（机车除外）的换算闸瓦压力/kN						
	140	150	160	170	180	190	200
0	120						
1	119						
2	118						
3	117						
4	115	119					
5	114	118					
6	113	117					
7	112	116	119				
8	110	114	118				
9	109	113	117				
10	108	112	116	119			
11	106	110	114	117			
12	105	109	113	116			
13	104	108	112	115			
14	102	106	110	114	117		
15	101	105	109	113	116		
16	100	104	108	112	115		
17	98	102	106	110	114		
18	97	101	105	109	113	116	
19	96	100	104	108	112	115	
20	95	99	103	107	111	114	117

注：1. 根据第 20 表普通货物列车最高速度为 120 km/h 时，每百吨列车重量按 H 高摩合成闸瓦换算闸瓦压力不得低于 150 kN。

2. 由于制动热负荷限制，最高速度不超过 120 km/h。

3. 本表中的闸瓦压力为按照 H 高摩合成闸瓦的换算闸瓦压力。

4. i 为下坡道千分数（‰）；P 为每百吨列车重量的换算闸瓦压力，单位 kN；v 为货物列车制动限速，单位 km/h。

5. 适用计长 88.0 及以下、速度 120 km/h 的货物列车（快速货物班列除外）。

第 261 条—第 23 表　快速货物班列制动限速表（km/h）

（计算制动距离 1 100 m，H 高摩合成闸瓦，30 辆以下编组，18 t 轴重）

P v i	每百吨列车重量（机车除外）的换算闸瓦压力/kN							
	130	140	150	160	170	180	190	200
0	106	109	113	116	119			
1	105	108	112	115	118			
2	104	107	111	114	117			
3	103	106	110	113	116	119		
4	102	105	109	112	115	118		
5	100	103	107	111	114	117	120	
6	99	102	106	110	113	116	119	
7	98	101	105	109	112	115	118	
8	97	100	104	108	111	114	117	
9	96	99	103	107	110	113	116	119
10	94	98	101	105	108	111	115	118
11	93	97	100	104	107	110	114	117
12	92	96	99	103	106	109	113	116
13	91	95	98	102	105	109	112	115
14	90	94	97	101	104	108	111	114
15	88	92	95	99	103	107	110	113
16	87	91	94	98	102	106	109	112
17	86	90	94	98	101	105	108	111
18	85	89	93	97	100	104	107	110
19	84	88	92	96	99	103	106	109
20	82	86	90	94	98	102	105	108

注：1. 根据第 20 表快速货物班列最高速度为 120 km/h 时，每百吨列车重量按 H 高摩合成闸瓦换算闸瓦压力不得低于 175 kN。

2. 由于制动热负荷限制，最高速度不超过 120 km/h。

3. 本表中的闸瓦压力为按照 H 高摩合成闸瓦的换算闸瓦压力。

4. i 为下坡道千分数（‰）；P 为每百吨列车重量的换算闸瓦压力，单位 kN；v 为货物列车制动限速，单位 km/h。

第 261 条—第 24 表 旅客列车制动限速表（km/h）（计算制动距离 800 m，高磷铸铁闸瓦）

P v i	每百吨列车重量的换算闸瓦压力/kN													
	500	520	540	560	580	600	620	640	660	680	700	720	740	760
0	106	107	109	110	111	112	113	114	115	116	117	118	119	120
1	105	107	108	109	110	111	113	114	115	116	117	118	118	119
2	105	106	107	109	110	111	112	113	114	115	116	117	118	118
3	104	105	107	108	109	110	111	112	114	115	116	117	117	118
4	103	105	106	107	109	110	111	112	113	114	115	116	117	117
5	102	104	106	107	108	109	110	111	112	113	114	115	116	116
6	102	104	105	106	107	109	110	111	112	113	114	115	116	116
7	101	103	104	106	107	108	109	110	111	112	113	114	115	115
8	100	102	103	105	106	107	109	110	111	112	113	114	115	115
9	99	101	102	104	105	107	108	109	110	111	112	113	114	114
10	98	100	102	103	104	106	107	109	110	111	112	112	113	113
11	97	99	101	103	104	105	107	108	109	110	111	112	113	113
12	97	99	101	102	103	105	106	107	109	110	111	111	112	112
13	96	98	100	102	103	104	106	107	108	109	110	111	112	112
14	96	98	100	101	102	104	105	106	107	109	110	110	111	111
15	95	97	99	101	102	103	105	106	107	108	109	110	111	111
16	95	97	99	100	101	103	104	105	106	107	108	109	110	110
17	94	96	98	100	101	102	103	105	106	107	108	109	109	110
18	94	96	98	99	100	102	103	104	105	106	107	108	108	109
19	93	95	97	99	100	101	102	103	104	105	106	107	108	109
20	93	95	97	98	99	100	101	102	103	104	105	106	107	108

注：1. 每百吨列车重量的闸瓦压力低于 760 kN 需限速运行。例如 22 型客车（踏面制动）编成列车在每百吨列车重量的闸瓦压力 660 kN 条件下的制动限速为 115 km/h。

2. 对于超过 20‰的下坡道，列车制动限速由铁路局根据实际试验规定。

3. i 为下坡道千分数（‰）；P 为每百吨列车重量的换算闸瓦压力，单位 kN；v 为旅客列车制动限速，单位 km/h。

4. 本表每百吨列车重量的换算闸瓦压力计算包括机车。

5. 本表适用于 120 km/h 旅客列车。

第 261 条—第 25 表 140 km/h 旅客列车制动限速表（km/h）（计算制动距离 1 100 m，盘形制动）

P v i	每百吨列车重量的换算闸瓦压力/kN							
	230	240	250	260	270	280	290	300
0	138	140						
1	137	139						
2	136	138						
3	135	137	140					
4	135	137	139					
5	134	136	138					
6	133	135	137	140				
7	132	134	136	139				
8	132	134	136	139				
9	131	133	135	138				
10	130	132	134	137	140			
11	129	131	133	136	139			
12	128	130	132	135	138			
13	128	130	132	134	137	140		
14	127	129	131	133	136	139		
15	126	128	130	132	135	138		
16	125	127	129	131	134	137	140	
17	125	127	129	131	134	137	139	
18	124	126	128	130	133	136	139	
19	123	125	127	129	132	135	138	
20	122	124	126	128	131	134	137	139

注：1. 新型客车（盘形制动）每百吨列车重量按高摩合成闸片换算闸瓦压力应在 275 kN 以上。

2. 对于超过 20‰的下坡道，列车制动限速由铁路局根据实际试验规定。

3. *i* 为下坡道千分数（‰）；*P* 为每百吨列车重量的换算闸瓦压力，单位 kN；*v* 为旅客列车制动限速，单位 km/h。

4. 本表每百吨列车重量的换算闸瓦压力计算包括机车。

第 261 条—第 26 表　160 km/h 旅客列车制动限速表（km/h）（计算制动距离 1 400 m，盘形制动）

P v i	每百吨列车重量的换算闸瓦压力/kN								
	230	240	250	260	270	280	290	300	310
0	155	158	160						
1	154	157	159						
2	153	156	159						
3	152	155	158	160					
4	151	154	157	159					
5	150	153	156	159					
6	149	152	155	158	160				
7	148	151	154	157	159				
8	147	150	153	156	159				
9	146	149	152	155	158	160			
10	146	149	152	155	157	159			
11	145	148	151	154	156	159			
12	144	147	150	153	155	158	160		
13	143	146	149	152	155	157	159		
14	142	145	148	151	154	156	158		
15	141	144	147	150	153	155	157	160	
16	140	143	146	149	152	154	157	159	
17	139	142	145	148	151	154	156	159	
18	138	141	144	147	150	153	155	158	160
19	137	140	143	146	149	152	154	157	159
20	137	140	143	146	149	151	153	156	158

注：1. 新型客车（盘形制动）每百吨列车重量按高摩合成闸片换算闸瓦压力应在 275 kN 以上。

2. 对于超过 20‰的下坡道，列车制动限速由铁路局根据实际试验规定。

3. i 为下坡道千分数（‰）；P 为每百吨列车重量的换算闸瓦压力，单位 kN；v 为旅客列车制动限速，单位 km/h。

4. 本表每百吨列车重量的换算闸瓦压力计算包括机车。

5. 本表也适用于特快货物班列。

2. 第 263 条对应第 27 表。

第 263 条—第 27 表　列车紧急制动距离限值表

列车类型	最高运行速度/（km/h）	紧急制动距离限值/m
旅客列车（动车组列车除外）	120	800
	140	1 100
	160	1 400
特快货物班列	160	1 400
快速货物班列	120	1 100
货物列车（货车轴重<25 t，快速货物班列除外）	90	800
	120	1 400
货物列车（货车轴重≥25 t）	100	1 400

3.《技规》附件集。

附件 1　路票

路　　票

电话记录　第　　　号

车　　次________

延安 → 延安北

延安站（站名印）　　　　　　　　编号 123456

注：1.路票为预先印好区间（即站名）和编号的硬卡片:（规格75 mm×88 mm）

2.加盖副字戳记者，为路票副页。

附件 2　绿色许可证

许　可　证

第…………号

在出站（进路）信号机故障、未设出站信号机、列车头部越过出站（进路）信号机的情况下，准许第…………次列车由…………线上发车。

站（站名印）车站值班员（签名）

年　　月　　日填发

注：1.绿色纸，复写一式两份，司机一份，存根一份：（规格90 mm×130 mm）

2.不用的字句抹消。

附件 3　红色许可证

许 可 证

第…………号

现在一切电话中断，准许第…………次列车自…………站至…………站，本列车前于…………时…………分发出的第…………次列车，邻站到达通知已/未收到。

通 知 书

1.第…………次列车到达你站后，准接你站发出的列车。

2.于…………时…………分发出第…………次列车，并于…………时…………分再发出第…………次列车

站（站名印）车站值班员（签名）

年　　月　　日填发

注：1.红色纸，复写一式两份，司机一份，存根一份；（规格90 mm×130 mm）

2.不用的字句抹消。

附件 5　出站/跟踪调车通知书

出站/跟踪 调车通知书

对方站承认的号码第……………………………………号，

准许自/至　时　分起/止…………机车由车站向…………区间出站/跟踪调车。

站（站名印）车站值班（扳道）员（签名）

年　　月　　日填发

注:不用的字句抹消。　　（规格90 mm×130 mm）

附件 7　调度命令登记簿

调度命令登记簿

月日	发出时刻	命令			复诵人姓名	接受命令人姓名	调度员姓名	阅读时刻（签名）
		号码	受命及抄知处所	内容				

（规格190 mm×265 mm）

附件 8　书面通知

书　面　通　知

第____次司机：

监督器上不能确认第一个闭塞分区空闲，以在瞭望距离内能随时停车的速度，最高不超过20km/h，运行至第一架通过信号机，按其显示的要求执行。

站（站名印）车站值班员（签名）

年　　月　　日填发

注：白色纸，复写一式两份，司机一份，存根一份。（规格90 mm×130 mm）

附件 9　半自动闭塞发车进路通知书

半自动闭塞发车进路通知书

第________号

1.在列车头部越过发车进路信号机的情况下，准许第_____次列车由_____线发车。

2.在_____发车进路信号机故障的情况下，准许第_____次列车越过该发车进路信号机。

站（站名印）车站值班员（签名）

年　　月　　日填发

注:1.白色纸，复写一式两份，司机一份，存根一份；（规格90 mm×130 mm）
2.不用的字句抹消。